严群文集·第一卷

柏拉图及其思想

严 群 著

创于1897
The Commercial Press

图书在版编目（CIP）数据

柏拉图及其思想 / 严群著. —北京：商务印书馆，
2021
（严群文集）
ISBN 978-7-100-19629-1

Ⅰ. ①柏… Ⅱ. ①严… Ⅲ. ①柏拉图(Platon 前427—
前347)－哲学思想－研究 Ⅳ. ①B502.232

中国版本图书馆CIP数据核字（2021）第037310号

严群文集

柏拉图及其思想

严群 著

商务印书馆出版
（北京王府井大街36号 邮政编码 100710）
商务印书馆发行
北京兰星球彩色印刷有限公司印刷
ISBN 978-7-100-19629-1

2021年7月第1版　　　开本 640×960　1/16
2021年7月第1次印刷　　印张 16 3/4

定价：98.00元

《严群文集》序

吴小如

一

先师严群先生（1907—1985），字孟群，号不党（取"君子群而不党"之义），福建侯官人，是严几道先生（复）的侄孙。先生幼时即甚受几道先生钟爱，认为可成大器。七岁即开始入私塾读四书五经。入中学后，因阅读英国哲学家罗素的著作，受其影响，遂立志终身致力于哲学的研究。1931 年毕业于燕京大学哲学系，继入燕大研究院深造，于 1934 年获硕士学位。次年赴美国留学，先后在哥伦比亚大学和耶鲁大学就读，同时教授中文，贴补生活。先生对古希腊文、拉丁文有深厚造诣，并兼通梵文、希伯来文、马来文、泰文等多种古文字，即是在美国刻苦学习所结的硕果。当时先生立志要从古希腊文翻译柏拉图全集，竟放弃攻读博士学位的机会，在美国一面读书，一面译书，先后译出柏拉图著作达全集的三分之二以上。1937 年抗日战争爆发，先生竟拒绝在美国教书的聘约，以全部积蓄购买大量西方哲学书籍回到祖国，执教于母校燕大哲学系。[①]

在先师的众多门人中，我是唯一不曾学过哲学的学生。说来有缘，1945 年抗战胜利，我重新上大学，考入燕大文学院（一年级不

[①] 关于先生生平小传，请参考北京大学出版社 2001 年出版的《燕京大学人物志》第一辑（第 355—356 页），这里从略。

分系），随即受业于先生。先是 1941 年太平洋战争骤起，燕大被敌占而停办。先生乃任教于私立中国大学以勉强维持生活。当时亡友高庆琳兄曾到中国大学遍听名教授讲课，向我提到过严群先生。故我一到北京，便访知先生在城内的寓所，登门拜谒。与先生素昧平生，第一次见面，先生即留我午饭，倾谈良久，宛如旧时相识。1946 年我又考上清华大学中文系三年级当插班生，因宿舍太吵无法用功，乃恳求先生，允我于先生当时在燕大南门甲八号的寓所，借住了两学期。当时同寄住于先生处的，尚有先生的弟子王维贤、穆民瞻等。我与维贤兄虽见过面，却因同住一处近一年之久而订交。在寄住期间，早晚承先生謦欬，获益反较在课堂听讲为大。先生虽以治西方古典哲学为主，然承家学，谙国故，于孔、孟、老、庄及诸子之学亦精研有心得，其思想与主张全盘西化者迥异。又喜收藏名家书法手迹，精于鉴赏。且先生对青年人提携不遗余力，视门人如子侄，故师生间共同语言甚多。我在清华就读的一学年中，竟成了先生的一个对哲学外行的"入室"弟子。1947 年先生南下，就浙江大学聘，我亦转学入北大，彼此未相见者十余年。60 年代初，先生来北京开会，遂侍先生在城内盘桓数日。未几"文革"开始，天各一方，从此未再与先生晤面。而十年浩劫中，使先生最痛心的，除藏书有些损失外，是先生积累多年而尚未付梓的大量译稿几乎"全军覆没"。这对先生的打击实在太大，自此身心交瘁，精神饱受摧残。故与先生通信时，先生极想让我到杭州见面，并几次托人带过口信。1984 年春我南下讲学，原拟到杭州拜谒先生，不料病倒在上海，只得铩羽而归。谁想 1985 年新年刚过，先生竟猝然病逝。人天永隔，抱憾终生，至今思之，犹怅恨无已也。

二

先师逝世已 16 年，几位师弟师妹一直搜求遗著，谋为先生出版文集。2001 年春，接王维贤兄自杭州来信，告以已辑得先生遗文 35 篇，有不少是从未发表过的系统论文，及专著五部。并寄来部分遗稿，嘱我写序。其中以研究古希腊哲学的论著为多，尤集中在对柏拉图和亚里士多德两哲人的思想的分析与探讨。有关我国先秦哲学的论著，则主要是对《老子》一书，及《中庸》、《大学》两篇带总结性质的儒家哲学经典的系统研究。我对西方哲学（尤其是古希腊哲学）实在外行得近于无知，不敢妄加评说。但通过对先师原稿的学习，却给了我一个进修的机会。根据我读后粗浅的体会，其中分量较重的还是论述古希腊哲学的文章。自苏格拉底而柏拉图而亚里士多德，先师似对后两人兴趣更大，体会也更深。由于当时国人对西方哲学还比较陌生，先生的文章写法总是偏于以述为作，或者说述中有作，即对他研究的对象和课题都带有介绍性质和阐释的内容。而在阐释中进行发挥，表述了自己的主张和意见，于浅出中蕴含着深入。又由于先生在论文写作方面受过严格的科学训练，逻辑性极强，文章的条理与层次极为清晰明白，使人读了毫无艰涩深奥之感。如先生论《老子》的"道"，全篇条贯分明，眉目疏朗，宛如一幅生理解剖图，把"玄之又玄"的内容写得了如指掌。又如论《中庸》与《大学》的思想内容，不仅纲举目张，而且用图表方式进行系统的分析与诠释，而个人的独到见解即寓于其中。这是先生治中国哲学的一大特色。因此，像我这样对哲学所知有限的人，也能循文章的思维脉络而逐步深入膝理，有所领悟。更由于先生学贯中西，在论述某一家哲学思想时，往往用对比方法互相映照，进行研索。如对柏拉图和亚里士多德伦理思想之比较，对孔子与亚里士多德的中庸思想之比较，都能给读者以深层次的启发，从而留下鲜明印象，并提高了对这些哲人的思想内涵的认识。总之，先生著述中诸篇论著，都贯穿着这三个方面的特色：一、述中有作，深入浅出；二、文章逻辑性极强，有条理，有系统，引导读者循其思路而步步深入；三、用对比方法看中西哲学思想之异同，从中体现出先师本人的真知灼见。

读后掩卷深思，感到有两点想法，愿借此机会一申鄙见。这两点想法都关涉到以孔子为奠基人的先秦儒家学派。一点想法是当前学术界有个流行术语，叫作"新儒学"，我认为不必要。盖先秦时代承孔子衣钵而有专著传世者，主要是孟、荀两家。《孟子》书中所反映的思想即不全同于孔子，而《荀子》之学与孔子的思想则差距更大。如称"新儒学"，则孟、荀二氏之学已属于"新"的范畴了。至于汉之董仲舒、扬雄，则与孔子更有所不同。尤其是董仲舒所代表的今文学派，其学甚至与先秦儒家学派有枘凿矛盾处，已不是新不新的问题了。下而及于程朱理学，有的学者或以"新"称之。其实就其不同的一面而言，连程颢、程颐兄弟二人的见解都有所不同，遑论周濂溪和张横渠！至南宋朱熹，其思想之内涵更丰富，其理论之差距更大。如以朱熹为"新"，岂先于朱熹者皆"旧"乎？到了近现代，由于西风东渐，凡治中国哲学者或多或少皆吸收了西方哲学思想的内容，可谓"新"矣。然而每一位学者皆有其个人的见解，而且各不相同，可以说无人不"新"。既自孔子以下，凡属于儒家学派者，其学皆与孔子不尽相同，无不可称为"新"。然则又何必把"新儒学"的桂冠加诸当世某一学者或某一学派之上呢？天下没有完全相同的两个人（甚至被克隆出来的也未必完全一样），也就没有完全相同的哲学思想。如以此为"新"而彼为"旧"，岂不多此一举乎？

另一个想法是，有些学者把孔子当成"教主"，把儒家学派认作"儒教"（或称"孔教"），自康有为大张厥论，至当代某些学者仍力主此说。这种看法我不同意。夫孔子之不同于释迦牟尼、耶稣，《论语》、《孟子》之不同于《新约》、《旧约》、《可兰经》，中国读四书五经的知识分子之不同于天主教徒、伊斯兰教徒，此显而易见者也。就近取譬，即以孟群师之遗著而言，其论柏拉图和亚里士多德，完全不同于西方之神学；其论《老子》之"道"，亦完全不同于中国之道教；其论《中庸》、《大学》之思想与夫朱熹之学说，更是只见其哲学思想而一无阐发宗教教义之痕迹。何况后世之治儒家之学者（包括五经、四书），清代汉学家无论矣，即以近现代学者而论，自梁启超、胡适以下，如冯友兰、梁漱溟、熊十力、钱穆诸先生，无不以治儒家之学著称于当世。细绎诸家之说，归根结底，皆是论述儒学思想而非宣传所谓孔门之"教义"。以教主视孔子，和以宗教教义视儒家思想，皆小孔子与儒学者也。执此以读先师之文集，或可见鄙说之非妄谬。

2001 年 9 月，受业吴小如谨序。时客北京西郊中关园寓庐。

目　录

第一部分　柏拉图

第二部分　柏拉图之形上学与伦理思想

第三部分 《理想国》或《道德与国家论》(译文)

第一部分

柏拉图

自　序

著者写完此书，要向读者声明以下几点：

（一）记得从前看潘光旦先生的读书问题，里面有一句感叹的话，大概是说：吾国学术界不知何时能够脱离"概论"、"导言"的时期。著者对于潘先生的感叹很表同情。一般读者喜欢读"概论"、"导言"一类的书，作者为迎合他们的心理，尽管写这类书，书贾为牟利起见，也尽管印这类书。结果读者愈不想看"概论"、"导言"以外的书（要看也感到材料的缺乏），于是吾国学术总脱不了"概论"、"导言"的时期，这是很可痛心的事！西洋各国，教科书多而发达，"概论"、"导言"一类的书写得尽美尽善，可是往往许多书名为"……概论"或"……导言"，实际上很详尽，很深入。这才是学术发达的现象。著者此作，名称上属于"概论"、"导言"之类，内容上却要详尽、深入；不知果然办到没有，不过总是这样希望。

（二）中国人研究外国思想，总有我们特殊的立场与见地，这是不可避免，而同时也是应有的事。本书就是站在中国人的立场与见地写的。除叙述以外，兼重思想发展的程序，具体些说，柏氏思想的来源，及其对于西洋文明的影响与贡献（关于此点，可以参看拙文：《古希腊学者与今世科学文明》，载《再生》杂志第二卷第三期）是中国人研究外国思想所应当注意之点。此外，在可能的范围把它拿来和中国固有的思想比较，但是因为同异的参差，以及体裁的关系，不能有系统地来，只好随时随地比较罢了。

（三）此书每章后面，本有一个提要或大纲，原意以便读者。后来本丛书的总编辑东荪先生以为若有提要，读者便许走上捷径，不利！看本文，只看提要，那么"详尽"和"深入"的用意不是依样付诸东流？因此著者听东荪先生的话，把提要搁下。此外，每章之末，原有一个注脚，标明本章所叙述各点，在柏氏原书上的出处与根据；这在做学问的诚实和著者个人的信征上很有关系，只是怕与本丛书其他各种的体例不符，并且为避免立异之诮，也把它搁下。

（四）在中国目前的环境之下，很难安心研究学问，况且著者的生活尚未安定，更够不上谈到学问的事。但是年来竟然胡写些东西，大半得力于吾师东荪先生的诱掖与勉励；此书之成，更要感谢他。还有一层：著者半生一钱不名，吃穿全是出诸父母。吾父平生牺牲了自己的做学问的欲望与本能，把点点滴滴的血汗都灌注在著者弟兄们身上，此恩真是难以为报。是书脱稿，恰在吾父五十岁生日的前一个月，这正表明吾父整整五十年的辛苦，所见的结果只是这十万多字极幼稚的东西。但是，虽然无甚价值，所有只在于此，姑且献给吾父，做他五十生日的纪念品之一。

以上所提各点，除第四点以外，其他三点，读者如果觉得不满意，或发现著者有言过其实的地方，希望随时见告，著者将抱十二分的热诚接受读者的意见。

中华民国二十三年三月二十四日，严群序于北平西郊

这本书在三月里写成，那时把自序寄给先父，序上说，以此书做他五十生日的纪念品之一。谁知道才满两个月，先父便已弃世。唉！著者以前写东西，必把稿子寄给先父看，看完请他校正。先父虽然不曾学过哲学，却有很深的数理与论理的训练，所以关于思想

的系统、语言的次序，帮助不少；况且先父眼明心细，往往见到人家所不能见的地方。这是著者以往在家庭里所享的特殊权利！如今先父殁了，著者不但在感情上觉得空虚，物质上失去倚靠，而且在写作方面的损失更大。先父生前因为环境的逼迫，不得不寄身于政界，但是始终不曾失掉书生的本色，对于后起有志研究学问的人，十分赞助，尤其于著者是个骨肉的知己。丢了他，是著者毕生的莫大痛苦。可是人死了不能再活，著者此后只好于茫茫学海中自寻出路；现在以此书纪念先父，正也划分著者前后两个时期的界线。

中华民国二十三年六月十一日，著者谨识

第一章　生平　年谱

公元前 428/ 前 427 年五六月　柏拉图（原名亚力斯托克里斯 [Aristocles]），生于希腊之雅典（或云生于伊井拿 [Egina]）。那时正值希腊庶民政治全盛时代的领袖颇力克里斯（Pericles）死后第一二年。他的父亲名叫亚力斯敦（Ariston），母亲名叫颇力斯安尼（Perictioné），父母俱出望族。据说父族是雅典古代帝王之后。兄二人：爱丁曼图斯（Adimantus）和古老肯（Glaucon）。妹一人：波斯敦尼（Postoné），希腊后进的哲学家，名斯浦屑普斯（Speusippus），继柏氏而掌学院（Academy）者，便是波斯敦尼的儿子。

公元前 428/ 前 427 年至公元前 408/ 前 407 年（自 1 岁至 20 岁） 这 20 年中，重要的事有三：

（一）他父亲死去，母亲嫁与外家叔叔疲里浪皮斯（Pyrilampes）。此人是颇力克里斯时代政治舞台上的人。母亲改嫁后，将他带去，其后，就在她后夫家里长大。

（二）跟随三个先生：带奥尼锡亚斯（Dionysius）——文法教师，教他日常写、读的功课；亚力斯敦（Ariston）——体育教师，"柏拉图"这名字，就是这位老师给他起的，据说是因为他额宽、肩阔、胸大的缘故；都拉肯（Dracon）——音乐教师。除这三门主要功课之外，他还学些绘画和作诗。所以他的艺术天赋，在年少时期，已得到培养，这对他后来的著作影响颇大。

（三）风闻当时盛行的学说，即所谓的自然哲学（Philosophy of

Nature）、宇宙哲学（cosmological Philosophy）和爱安尼派（ionic School）、埃里亚派（eleatic School）、毕达哥拉派（Pythagoreans），以及赫拉克利图（Heraclitus）、亚那萨哥拉（Anaxagoras）诸家，都很能启发他，引起他对哲学的兴味。

公元前 408/ 前 407 年　柏氏年 20 岁。始执弟子礼于苏格拉底之门下。以前常做些文学的工作，至是尽弃前功，甚至把旧时诗稿付之一炬，以专心致志于苏氏之学。但是苏格拉底自从公元前 431 年始，就已认识柏拉图的母舅查尔米底斯（Charmides）和从舅克力锡亚斯（Critias），那时柏氏不过三四岁，想来必曾见过苏氏，或者和他相识。他跟苏氏 8 年，直到苏氏受刑为止。

公元前 399 年　柏氏年二十七八岁。其师苏格拉底被控处死刑。关于此事，柏氏大受刺激，他对当时所谓的庶民政治（democracy）发生反感，这事也是原因之一。他老师死后，便和一班同门弟子到麦加拉（Megara）去，半为暂避当时危险，半为领略境外风光。

公元前 399—前 396 年　柏拉图从麦加拉转去爱安尼亚（Ionia）、赛令尼（Cyrené）、埃及（Egypt）、小亚细亚（Asia Minor）等地。在麦加拉，他更得机会研究埃里亚派学说；在埃及，主要学习了数学。他在麦加拉时间最短，其余的时间，都在埃及等处。后又回到雅典。但有人说，他每到一地，之后皆会回到雅典，然后再出发向别的地方去。此说确否待考。

公元前 396/ 前 395 年　柏氏年 32 岁，至公元前 390 年，这四五年间他在雅典开始讲学，笔授、口授并进。

公元前 388 年　柏氏年 39 或 40 岁。游历意大利（Italy）、西西里（Sicily）等地。西西里岛中有一个国家叫西拉鸠斯（Syracuse），这国国主（名为百姓所公举的，其实乃据位不逊之暴君）的女婿名叫带恩（Dion），是柏拉图的弟子，他深信其师之说，欲使其师的理想国实现于西拉鸠斯，因此特荐于国王。不意柏氏与那国王——带奥尼锡亚斯第一（Dionysius Ⅰ）——在接谈之间，便激其暴怒。相传带氏问了几个问题，柏氏所答都大违其意。第一问：一切人之中，你想谁最快乐？柏氏答：苏格拉底最快乐。第二问：一个统治者的正经事业是什么？柏氏答：在改良百姓的生活，提高国民的程度。你想审判公平倒是小事么？（带氏素有善于听讼之誉。）柏氏答曰：是的，因为那不过如同把已破的衣服缝补起来，却不能做出新的呀！第三问：成一个专制之君（tyrant），你看如何？那不是极雄武的事么？柏氏答：最雌弱不过的事，因为他还怕理发匠的剃刀，唯恐伤他的命。这三个答案，把带奥尼锡亚斯气得要命，立刻命左右把这妄人撵出，交给斯巴达的使者（spartan embassador）——普里斯（Pollis）当奴隶卖去。普里斯把他带到伊井拿去发卖，刚上岸，便有人要捉柏拉图赴官服罪，因为当地法律规定：凡第一个入境的雅典人，不待审问便当处死。在那一发千钧的时候，有人说他是有德君子，不可虐待，但大家议论纷纷，主张不一，柏氏借此得以幸免，被当俘虏来卖。恰巧有一位刚从赛令尼来的旅客，名叫安尼赛里斯（Anniceris），以20明那（Minae）把他赎下，送回雅典。

公元前387/前386年　柏氏年41岁。自西西里脱险而归。他回雅典后，设立学校，专心讲学。他的学校名叫埃克当美（Academy）。关于这学校，有几点可以注意：

（一）关于地点和名称。雅典城里有个公共园场，是先前一位仁人捐置的。这人名叫Academus，这园就以他的名字命名的。这园四面围着短垣，树木森森，庙宇巍巍，景致非常幽闲。柏氏先在此中讲学，后来买了一块地，和此园相近，捐送学校，作为校产。先是借此园当校所，故以园名作校名，后来另设校所，因其与园毗邻，而且此名沿用已久，所以不改。

（二）关于性质。 先是希腊所谓辩士（sophists），都在街衢上与人论道谈理，所谓游行讲演（traveling lectures）者是。 至是埃克当美（Academy）成立，一变而为固定的学校，其中有管理，有组织，遂为后世大学（university）的滥觞。

（三）关于目的。 他创这所学校，目的是施行一种所谓"哲人帝王"（philosopher king）的教育，意在为国家栽培一般知识充足、科哲二学（science and philosophy）兼通的统治者。

（四）关于教材。 同时希腊一位哲人，名叫埃索苦辣蒂斯（Isocrates），也开了一所学校。 他为适应当时普通要求，所教的不过是修辞学、辩论术等等而已。 柏氏办学则别有目的，不为阿世之举，因此所教的纯是科哲两门的功课，而特重数学，为学子建坚固不拔之根基。

公元前 367 年 柏氏年 60 或 61 岁。 西拉鸠斯国暴主带奥尼锡亚斯第一逝世，其子带奥尼锡亚斯第二继立，年纪才满三十，带恩专政，复以书招柏拉图。 本想把这新主施以教育，使他向善，成为哲人之君，而柏氏的理想政治则可以实现。 这是他素来的愿望，也算是他此行的远因（remote cause）。 还有一个近因（immediate cause）：当时有一个民族，叫作迦太基（Cathageans），日益强大，在西西里岛中的希腊民族处势甚危，日见逼迫。 于是柏氏到西拉鸠斯去，原意是要把此国扶植起来，使其富强，能够抵得住迦太基民族，而维持那里希腊民族的地位和安宁。 起初带奥尼锡亚斯第二尚敬重其师，有志向学。 无奈他秉性塞野，加以左右的谗谮，年轻的国王便对他的姑丈带恩发生猜忌之心。 不久带恩被逐，柏氏也站不住，只好狼狈而去。 这次重到西拉鸠斯，不过几个月，又回雅典来。

公元前 361 年 柏氏年六十六七岁。 自从柏氏去后，带奥尼锡亚斯第二尚时时和他通信，请教功课上的事。 柏氏以为这暴主和他感情还是不坏，时常写信劝他和带恩言好如初，这暴主不独不受劝，而且没收带恩的财产，强迫其妻改嫁。此时，柏拉图觉得有出马的需要，所以他又跑到西拉鸠斯，当面劝国王。但是不但毫无效果，而且引来性命之忧（国王左右的人，诬他替带恩做间谍，图谋造反篡位），幸亚弃挞斯（Archytas）当时统治塔兰托（Tarentine）国，他是毕达哥拉派的人，和柏拉图是旧交，为向带奥尼锡亚斯第二力争，始能把他救出，送归雅典。柏拉图这次在西拉鸠斯滞留一年，结果如此，此后他对于政治活动非常失望。

公元前 360 年　柏氏年六十七八岁。自西拉鸠斯脱险而归，他无意于政治活动，专心讲学。但他所得于累次旅行的，也有可述的地方：（一）多涉希腊各地风土民情，对于人的知识增加不少。（二）和毕达哥拉派结识，老年学说颇受这派的影响。（三）多研究数学。

公元前 360 年至前 348/ 前 347 年　柏氏专在学院里讲学。这十二三年之间，著书尤多，他毕生最大而最成熟的作品 ——《立法篇》（*The Law*）—— 就是这时期写的；他的《理想国》也成于此时。

公元前 348/ 前 347 年　柏氏年 80 岁，逝也。他去世的日子和他的生日相近。据说一天他正在朋友家里吃结婚的喜酒，忽然宴然而长逝的。他死后，雅典人以厚礼葬之，并有波斯人，名叫 Mithridates，在他学校里立像以作永久纪念。

据说柏拉图这人，从其外貌观之，魁梧可敬，自其性情看来，则和蔼可亲。行事极有条理，循规蹈矩，甚至谈笑之间，也是有节制的。一件很奇怪的事，就是他毕生未尝一近女色，其纯洁有如此者。他是富于理想的人，而一方面不忘实行，所以处处想把他的理想国家推诸实现。他原来的愿望是要做个政治社会的改进者，科学家、哲学家，还在其次呢。但是有一点必须明白，就是他的救世方法是从科哲二学出发，所以他的政治理想是尚贤政治。后来他失意于政治舞台，置身教育，也是为了要实现他的理想：先替国家培养人才，这些人才将来秉政，便是他理想中的人物——所谓"哲人帝王"者是。他最反对的是庶民政治（democracy），以为在此种政治之下，一切所设施的，都不过是盲动的，理性的成分极少，无往而非感情用事。

上面说他不忘实行，但是从他的内才和处境来看，他的长处还在理论方面，而所成就也在这一方面。

假如把他的性格和他的老师苏格拉底做个比较，我们可以见到不同的两点：（一）苏氏出身寒微，所以生活简单，自奉极啬。柏氏出身富贵，所以生活的习惯，就不像苏氏那样简单，那样无所需于物质的供给；而对于美术的感觉，深而且敏。（二）苏格拉底非常平民化，他在市井之间，和屠夫走卒都能谈得来；柏氏则不然，他讲学要找个固定之地、幽闲之所，非好学深思之士，则不能与之论道说理。

第二章　著述

柏拉图是古代著书最多的人，他的著书生涯，在 50 年以上。最可喜的是，他的著作全部留传。可是这些著作，都是为一般人而写的；至于对弟子们的说法，他不曾打稿，听者写的笔记一概不传，我们只能在亚里士多德和与他并世的人的著作中，窥其一鳞半爪而已。这也算是美中不足、幸里不幸。我们现在所能得到的，有对话录三十五，书札十三，和一些零条的界说。此外尚有几个对话录，自古以来，便公认为假的，所以不入此列。

柏拉图开始著述的时期，有人说早，有人说晚——早的在苏格拉底未死以前，晚的在 40 岁前后，学院成立之时。但是那些著作，一概描写他理想中苏格拉底的伟大人格，极其细腻精微，意在光扬师德，这似乎是他在老师死后的工作；至于说他 40 岁方才写书，那又何必如此之晚？所以还是采纳折中之说，定为苏氏死后不久开始著述，较为近情近理。

柏拉图的著作，对话录为大宗，书札次之，界说又次之。界说，据 19 世纪的德国希腊哲学史专家蔡勒尔（Zeller）说，没有一条是真的。书札大部分可靠，但后人假托的可也不少。近世学者所考据的，大概集中于对话录方面。他们研究的问题有二：（一）真伪问题；（二）次序问题。

我们先谈真伪问题：35 个对话录，柏氏死后一二百年之间，一般学者都认为是真的。到近世，又发生问题：究竟这 35 个之中，还有假的没有？甚至有人想把这些对话录剔疑去伪，只留下 9 种可靠的。这种风气，在 19 世纪中叶的德国最盛，以后又转过来。

无论如何，这些考据功夫，初步必须根据亚里士多德的书。凡亚氏书里所提到的对话录，大概都可靠。但是他提的方法有种种不同。例如：

（一）《理想国》（ The Republic ）、《论自然》（ Timaeus ）、《立法篇》（ The Law ）——提到篇名，兼及著者。

（二）《论灵魂》（ Phaedo ）、《论"好"》（ Symposium or The Banpuet ）、《论爱》（ Phaedrus ）、《论修辞》（ Gorgias ）——提到篇名，不及著者，但指柏氏之作无疑。

（三）《论德》（ Meno ）、《论伪》（ Hippias Minor ）、《葬辞》（ Menexenes ）——只提篇名，不举著者，不敢十分确定是指柏氏之作。

（四）《论知识》（ Theaetetus ）、《论快乐》（ Philebus ）——提及内容，并指定是柏氏作品，但不举篇名。

（五）《论存在》（ Sophists ）——引到内容，但似乎是指柏氏或其弟子口授之说。

（六）《辩护录》（ The Apology ）、《论友》（ Lysis ）、《论勇》（ Laches ）、《辩士篇》（ Protagoras ）、《好辩的人》（ Euthydemus ）、《论正名》（ Cratylus ）——引到内容，而不提篇名与著者。

亚氏所引到的，虽然可靠，但是他所不曾引的，未必尽伪，因为他当时不过因讲学而附带提及，并非有意为柏氏著述做个目录，这点不可不知。

近世考据柏氏著述的人甚多，而以德国为最。例如蔡勒尔的《柏拉图和旧学院》（ Plato and the Older Academy ）一书，就有 98 页讨论这个问题。现在且把他研究的结果，撮要写在下面，虽然未必就是定论，但初学的人，得此可资一臂之助：

（一）《辩士篇》、《论爱》、《论"好"》、《论修辞》、《论知识》、《理想国》——从来不曾发生过疑问。

（二）《论灵魂》、《论自然》——曾一度被疑，但已证明的确不假。

（三）《论快乐》、《论存在》、《论治术》（*Politicus or The States-man*）、《论意典》（*Parmenides*）、《论正名》——近世攻击的人颇多，但从内部的结构和亚里士多德的著作，都能看出它们是真的。

（四）《克力锡亚斯》（*Critias*）、《论德》——前者的内容与《论自然》的开头相合，而后者曾引到《论灵魂》的内容，并且见于亚氏的著作，所以都不假。

（五）《好辩的人》——内部的结构和文章的派头证明它不假。

（六）《论伪》、《论成圣》（*Euthyphro*）——亚氏书里有很强的证据，所以可靠。

（七）《辩护录》、《论做人的本分》（*Crito*）、《论友》、《论节制》（*Charmides*）、《论勇》（*Laches*）——亚氏当时都知道这些书，所以还可靠。

（八）《葬辞》——亚氏的修辞学一书虽然引到，但内容极可疑。

（九）《埃恩》（*Ion*）、《论美》（*Hippias Major*）、《论人性》（*The First Alcibiads*）——更不可靠。

（十）《论祈祷》（*The Second Alcibiads*）、《论哲学》（*Theages*）、《论哲学》（*Anterasti*）、《论贪得》（*Hipparchus*）、《论法律》（*Minos*）、《克力投冯》（*Clitophon*）、《哲学家》（*Epinomis*）——近世考据家几无一不认为假的。

（十一）《立法篇》——柏氏最后之作，非但可靠，并且最足以代表他成熟以后的思想。

现代的人对于真伪之辨更松些，不取吹毛求疵的办法。例如苔勒尔（Taylor），便主张柏氏的对话录，除《论祈祷》之外，所谓假的，未必是有意伪托，不过作者姓名失传，偶尔混入柏氏的集子里面罢了。所以研究柏氏哲学的人，若知选择去取，何尝不可当作次一等的材料。

真伪问题可以告一段落，现在谈一下次序问题。所谓次序有两种意思：（一）内容的次序；（二）年代的次序。何谓内容的次序？对话录中所讨论的问题，有个天然的先后次序——例如由近而远，由小而大，由粗而精，由疏而密，等等。何谓年代的次序？这便是著者写书年代之先后。把所有的对话录排列起来，看它们内容的次序，可以得到柏氏学说系统的大纲；看他各年代所写的书之内容，可以察出他思想的进展和变迁。两方面同时着眼，彼此互相纠正，方能得到他的学说的真面目。可是这谈何容易！并且这里所提的办法，不过极大概，极简略的。如果要认真研究起来，要见到柏氏全部系统之真谛，那却在学者自具权衡，心要细，眼要明，时间要足，方能有些成绩。

柏拉图死于公元前 4 世纪的中叶，他死后至公元开始之间，就有人想把他的著作编成次序，但是都按戏剧诗歌的办法，把它们分成若干组。例如亚力司徒芬尼斯（Aristophenes）分为三个一组（未竟其事），苏勒屑卢斯（Thrasyllus）分为四个一组，塞尔任奴斯（Serranus）分为两个一组。此外，提奥奇尼斯（Diogenes）在他所著的《名人传》里关于柏拉图的一篇（Diogenes Laertius Ⅲ 49）里面，也提出一种分类方法，现在把它编成表写在下面：

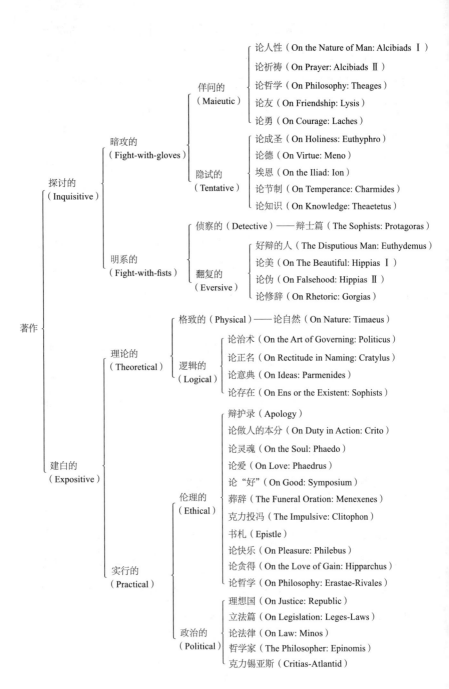

　　提氏的分类，可算是古人之中第一个以内容为标准的分类。到了近世，大家觉得，如果要把柏氏的著述排个次序，分个门类，非从他的学说内容入手不可——看它如何产生，如何组成系统，系统中各部分如何衔接。从事此等工作的人，首推藤能曼（Tennemann）。虽然他因为拘泥于柏氏所自述各年代的事迹，而致成绩有限，但其提倡之功，总不可泯。藤氏之后，还有二人成绩极大，为后世所宗——徐赖儿马哈尔（Schleiermacher）和哈尔曼（Hermann）便是。

　　徐氏预先定个原则，然后按此原则分类。原则是：柏氏所有著作，都是照他的为学次序（dialectic order）写的——他未下笔之先，胸中有个计划或大纲，然后按此大纲一一写成。除此原则之外，徐氏还有其他意见：（一）柏氏著述年代的先后，未必尽与其内容之次序吻合。有些在内容方面居前，而写成的时候很晚。（二）但是内容之次序与时代之先后大致相同。（三）次要的文字和主要的混合一起。（四）有时还有些与他哲学系统毫不相干的著作。本他的原则与意见，徐氏把柏拉图的著述分为三组：（甲）初步的（elementary）；（乙）预备的或间接探究的（preparatory or indirect inquiry）；（丙）建设的或表白的（constructive or expository）。属于甲组的有主要者三：《论爱》、《辩士篇》、《论意典》；次要者四：《论友》、《论勇》、《论节制》、《论成圣》；旁支者二：（关于当时史料的）《辩护录》、《论做人的本分》。属于乙组的有《论修辞》、《论知识》，这两篇有个附属的叫作《论德》；此外还有《好辩的人》、《论正名》、《论存在》、《论治术》、《论"好"》、《论灵魂》、《论快乐》。属于丙组的有《理想国》、《论自然》、《克力锡亚斯》，《立法篇》是这组的附庸。此外各组都有些不相干的或是假的，也不必写在这里。

　　哈尔曼的立场与徐氏同，以为柏拉图的著述有个系统，像有机

体似的在那里发展，但是不为著作而定计划，他的计划随思想的进步
而来，所以对话录的次序，就是他思想进展的程序。他的思想常受
时代影响，其发展程序，可于对话录中寻之。他一生最受影响的事
实有二：（一）苏格拉底之死；（二）意大利之行——与毕达哥拉之
徒结交。这两件事划分了他的著述时期。他的著述时期有三，因此
作品也有三类：（一）苏格拉底的或初步的（socratic or elementary）；
（二）问答的或间接的（dialectic or mediating）；（三）表白的或建设
的（expository or constructive）。第一期的作品成于苏格拉底死的前
后，有以下的特性：（一）内容琐碎，包含诘难和劝诱的性质；（二）
囿于苏格拉底的方法和思想的套子；（三）盘旋于哲学上几个基本的
问题，未尝稍进一步。第二期的作品成于逃难在麦加拉的时候，和
此后一两次的旅行期内，有以下的特性：（一）比较干燥，比较不生
动，体裁上比较不谨慎；（二）对于麦加拉的埃里亚派哲学（Megaro-
Eleatic Philosophy）加以批评。第三期的作品成于第一次从意大利
回到雅典以后至死，其特性如下：（一）体裁方面，恢复以前那种生
动美满的气象；（二）学说方面，范围扩充，自从旅行以后，受各
种学说的澎湃，其中影响最大的是毕达哥拉之说。但经这种混合之
后，他的系统益臻完备，同时苏格拉底的元素愈得稳固地位。这样，
他的学说便达到最高地步，所谓集大成。第一期的作品有《论友》、
《论伪》、《埃恩》、《论人性》、《论节制》、《论勇》、《辩士篇》、《好
辩的人》。此外还有两组过渡到第二期的作品：（一）《辩护录》、《论
做人的本分》、《论修辞》；（二）《论成圣》、《论德》、《论美》。第
二期的作品有《论知识》、《论存在》、《论治术》、《论意典》。第三
期的作品有《论爱》（就职学院院长之演讲）、《葬辞》（《论爱》的
附庸）、《论"好"》、《论灵魂》、《论快乐》、《理想国》、《论自然》、
《克力锡亚斯》、《立法篇》。

自从徐、哈二氏出来以后，学者多守其说，不能越其范围——不采徐说，则采哈说，或是调和二者。唯有蒙克（Munk）和迈萨（Weisse）二人另转一向，他们专从对话录的体裁来分类，排次序。关于时间的先后，蒙克主张就对话录中关于年代的记载来定；迈萨主张按对话录里的直接对话和间接叙述的分别来定。蒙克假定，柏拉图写书的时候，自己有意把所写的摆成一个苏格拉底的循环组（socratic cycle），意在把苏氏画成一个理想中完全的哲学家，倒不在乎表现自己的系统。所谓苏格拉底的循环组有三：（甲）《论意典》、《辩士篇》、《论节制》、《论勇》、《论修辞》、《埃恩》、《论美》、《论正名》、《好辩的人》、《论"好"》。（乙）《论爱》、《论快乐》、《理想国》、《论自然》、《克力锡亚斯》。（丙）《论德》、《论知识》、《论存在》、《论治术》、《论成圣》、《辩护录》、《论做人的本分》、《论灵魂》。此外不在循环组之内的还有几种，大概是在苏氏受刑以前，或因特别事故而写的：《论人性》、《论友》、《论伪》、《立法篇》、《葬辞》等便是。按迈萨的直接对话与间接叙述的标准，柏拉图的对话录可分以下两组：（一）《立法篇》、《论正名》、《论知识》、《论存在》、《论治术》、《论快乐》、《论自然》、《克力锡亚斯》、《论德》、《论爱》；（二）《葬辞》、《辩护篇》、《论做人的本分》、《论修辞》、《论勇》、《论节制》、《辩士篇》、《论"好"》、《论意典》、《理想国》、《论灵魂》。第一组大概都是直接的对话，第二组大概都是间接的叙述；按他的标准，直接对话的于年代居先，间接叙述的于年代居后。但这也未必可靠，蔡勒尔在《柏拉图和旧学院》一书里面便举出确凭确据来驳他，说来话长，兹不具引。

蔡勒尔关于这问题也研究得很详尽，现在把他的意见略为一述。他把柏拉图的著述时期划分为二：（一）苏氏将死之前到既死，柏氏出亡麦加拉又回雅典之间——约五六年。（二）柏氏开始旅行以后到逝世。第一期的作品大都叙述苏氏之生平及其学说；第二期的则表现自己的思想。第一期的有《论伪》、《论友》、《论节制》、《论勇》、《辩士篇》、《论成圣》、《辩护录》、《论做人的本分》。这些作品，就其内容看，全在苏氏影响之中，未能稍离他的立场，所以可以断定是苏氏将死之前与死后不久之作。第二期的有《论爱》、《论修辞》、《论德》（在公元前395年稍后些时写的）、《论学》（在公元前392年至前390年之间写的，其题材与《论德》相关）、《好辩的人》。这几个对话录在苏氏死后好久写的，那时"意典论"已成柏氏系统的磐石。并且毕达哥拉派的灵魂引渡等说，此时已深入柏氏脑中。此外还有《论正名》、《论存在》、《论治术》、《论意典》——这几篇都是意典说既立以后之作，其中所论问题以此说为先决条件。《论"好"》、《论灵魂》、《论快乐》、《理想国》、《论自然》、《克力锡亚斯》、《立法篇》——这几篇都是柏氏思想成熟后之作，很明确地主张意典之说和灵魂永生之理。

　　苔勒尔可谓今世研究柏拉图的最好手，他主张把柏氏生平的著述时期划分为二：（一）苏格拉底死后一直到学院成立（大概柏氏30岁到40岁这10年间）。这时期的作品，《戏剧的艺术》（Dramatic Art）最高，用传神的笔法画出苏氏不朽的人格；还有《论灵魂》、《论"好"》、《理想国》、《论修辞》、《辩士篇》诸作。（二）学院成立以后到死——但是头20年除《论爱》一篇之外，别无所作；60岁时写《论知识》和《论意典》两篇；67岁到81岁之间写《论存在》、《论治术》、《论自然》、《论快乐》、《立法篇》等。第一期的作品大都是间接的叙述，第二期的作品大都是直接的对话。间接的叙述有个不方便：篇中发言的人读者难以一一省识，因此他们所说的话往往摸不着线索。柏氏在《论知识》的开场，便指出这个弊病，并且告诉读者，以后不用此法。

前面曾说，次序之意义有二：（一）内容的次序；（二）年代的次序。以上所举古今研究柏拉图的共 11 人，古代三个人不算，其余的大概都是内容与年代并重，不过或以内容为经，年代为纬；或以年代为经，内容为纬 —— 就是有的先定内容次序，年代次序随之而决；有的先决年代次序（划分著述时期），内容次序随之而定。兹列表如下：

	亚力司徒芬尼斯
以不相干的标准分类	苏勒屑卢斯
	塞尔任奴斯
专以内容分类	提奥奇尼斯
	藤能曼
以内容为经、年代为纬	徐赖儿马哈尔
（以内容断定年代）	蒙克
	迈萨
以年代为经、内容为纬	哈尔曼
	蔡勒尔
（以年代划分内容）	苔勒尔

关于对话录的真伪、次序等问题，既如上述；还有一点，也是读柏氏著作的关键，不可不知。柏氏在对话录里，不曾用自己的名字发表自己的意见，往往托诸他人之口；至于他所不赞成或所反驳的学说，也借几个人的口吻说出。兹为明了起见，把对话录中的人物分类制表如下：

代表正面学说的人 （他自己的意见或他所赞成的意见）	Socrates
	Timaeus
	Stranger from Athens
	Stranger from Elea
代表反面举说的人 （他人之说或他所不赞成之说）	Thrasymaehus
	Callicles
	Pollus
	Gorgias
	Protagoras
	Hippias
	Euthydemus

第三章 学说背景、渊源、性质、方法、分类

第一节 背景

关于柏氏学说的背景，可分两方面来说：

（一）家庭方面。第一章里曾说，他的家庭，在当时是个贵胄名门，对于物质生活，当然无忧无虑，所以能够从事于理想的追求。这点便决定了他的学说的根本精神——理想主义。此外他的学说的枝叶，也受家庭的影响不少——他对于政治方面，极端反对民主，拥护尚贤式的贵族政治，便是一例。至于发表思想的方法、著述的体裁，处处都是他的爱美性情的流露。爱美的性情，唯有贵族子弟才能有的，唯有在贵族家庭里面才能养成。这点又是受家庭影响之一。

（二）社会方面。当时社会上有一派很占势力的学者，所谓辩士之徒（the sophists）。他们对于一切知识，下个总攻击，把知识的可能性，几乎全部推翻了。他们说："人是一切事物的尺度"（man is the measure of all things）。凡人以为是的便是，以为非的便非，以为善的便善，以为恶的便恶。而众人之间，又没有共同的意见，此一心，彼一心，此心不能合于彼心，于是我的尺度和你的尺度不同，而所量的结果也就南辕北辙了。这样的破坏，柏氏很不赞成，他以为知识的确有个标准，一部分的知识变幻无常，但是另一部分的知

识却是固定不移的。他一生的努力，就向这方面追求；结果居然得到一种不变有常的知识——意典（ideas）。意典论是他学说的中心，意典是从寻求有常的知识得来，因此便说他的学说，从消极方面看，是反对当时流行之说的结果，亦无不可。那么他的学说和时代背景关系綦切，谓为时代之产物，也未尝不可。当时的学术方面，影响他的学说，政治方面，又何尝不然。须知柏氏时代，正是希腊庶民政治衰落时期，政治上和社会上的种种腐败现象，处处表现出庶民政体卑劣的地方。他受此等刺激之后，心里发生一种反感，于是在学术思想方面，便有了一种追求理想的欲望，结果成就了一种理想主义。他的尚贤政治的主张，便是这理想主义的一部分。

第二节　渊源

关于柏氏学说的渊源，也可以分两方面来说：

（一）消极方面。这方面有两派学说：（甲）辩士学派；（乙）赫拉克利图学派。第一章里提过，柏氏 20 岁以前，便已风闻这两派的学说。辩士派以所有知识为相对的，结果知识没有标准，毫不可靠。赫拉克利图派主张世间一切常变不居，他有一句名言说："在两个时间内入河，一只脚不能踏着同样的水。"因为先前入河时候所踏的水已经变了，已经不是现在所踏的了。柏氏听见这两派的学说，便觉悟到凡感官所得的知识都不可靠，凡形下的事物都是无常。这是他学说的消极方面的主张，以此为初步的基础，然后更从事于积极方面的建设。

（二）积极方面。积极方面有三派：（甲）毕达哥拉派；（乙）苏格拉底派；（丙）埃里亚派。柏氏虽然知道从感官所得的知识靠不住，凡形下的事物常变不居，但是他决不承认所有知识皆不可能，一切事物都是无常。于此他从毕达哥拉派的学说得到一个佐证。这派所研究的是数学，凡数学的概念——点、线、面等等——都是普遍的，不变的，而同时是抽象的。那么可见得感觉上的知识虽然不可靠，而超感觉的知识却是可靠的；形下的事物虽然变幻无常，而形上的概念却是不变有常的。得了这个佐证，他便大胆不疑地走上苏格拉底的路，在概念界（conceptual world）求可靠的知识，寻不变的事物。但是所求到的是什么知识，所寻着的是什么事物？于是埃里亚派的学说又能帮他的忙。这派的代表潘门尼底斯（Parmenides）主张"唯有论"（doctrine of being），他以为宇宙间有个本体，这本体叫作"有"（being），这个"有"是常在不变的，是无始无终的，世上的一切，都是这"有"的表现。潘氏之说如此。柏氏采纳此说，但更进一步，特别注重抽象方面，把潘氏之说与苏氏之说冶于一炉，以为本体是抽象的，是概念上的，绝不是邦邦硬的物质，占据空间与时间的。由此他自己的意典论（theory of ideas）便产生了，意典就是本体，但是这本体是抽象的，是概念上的。意典是本体，事物是现象，事物做意典的副本，现象是本体的表现，于是乎柏氏心目中的宇宙俨然成为两个：一个是意典世界，一个是事物世界；一个是本体界，一个是现象界。由此可知他的形上学（metaphysics）是二元论的（dualistic）。

以上所举各派，不过是他的学说渊源中的几个大潮流，其他小支派尚多，因为篇幅所限，不赘述了。

第三节　性质

谈到柏氏学说的性质，有两点要首先明白：

（一）集希腊以往学说之大成。凡知道他学说的渊源脉络的，都能见到这点。这不是他的弱点，倒是他的创造力的强处，因为那些五花八门的学说，他能够融会贯通，冶于一炉，形成一个很严密、很调和的自己的系统，真是谈何容易的事！

（二）承继苏格拉底的系统。关于这一点，有两方面应当说明：（甲）完成苏氏的系统；（乙）扩充苏氏的系统。完成这两方面的工作，在于以希腊以往的学说来充实苏氏系统的内容，使它更显得丰富。大家知道，苏氏的学说，偏重伦理方面，所以研究的对象限于人事。但是他有个根本的精神，就是概念的寻求，求概念所用的方法，便是古今著名的辩证法（dialectic）。柏氏本着苏氏的精神，用苏氏的方法，去洗涤希腊以往的学说，研究自然界的对象，替它们求正确明白的概念。这样看来，柏氏简直是把希腊以往的学说苏格拉底化。关于扩充方面，说来话长，但是为求明了，不得不多费些口舌。方才刚说，苏氏根本的精神，在于求概念；但是他所求的对象，限于人事，所求的范围，限于伦理。现在柏氏所扩充的，就在对象和范围方面，范围的扩充有两个方向：（甲）横的方向；（乙）直的方向。横的扩充如何？由人事界扩充到自然界。直的扩充如何？由形下界扩充到形上界。因此苏氏的系统，一到柏氏手里，便形成一个自然、人事、形下、形上无所不包的学说。但是柏氏关于自然界的研究，并没有多大的成绩。他对于这方面的天才和努力，远不及他的弟子亚里士多德，而成绩也远不如他。至于形上学方面，他的成绩确是伟大，成为古今特色、万世不泯的一个意典论。

拿柏氏的学说，和他的老师苏格拉底、弟子亚里士多德的学说做个比较，其性质更易明了：

（一）苏氏把"知"和"行"完全看作一致，他有个公例便是"知识＝道德"（knowledge = virtue）。因此哲学、伦理、宗教三门学问等于一门。关于这点，柏氏和他的老师大致相同。因为苏氏这种主张，只可施于伦理学，而不可施于一切的学问。举个例子，便可明白：凡了解勇敢的意义的人，他的行为才能勇敢。这话还能说得过去，至于关于自然的研究，如日月星辰之运行、四时寒暑之代谢等等，你说和行为有多少关系？所以柏氏一把苏氏的系统扩充，一从人事界推以自然界，便不得不把"知"、"行"分为两件事；但是他对于这两方面的分界，还不及他的弟子亚里士多德那样严谨。他的书里所发现的关于各种学问的问题，还是混合起来讨论的，不曾分门别类；亚里士多德却大不然，他把所有学问的门类分得清清楚楚，于是理论学（theoretical sciences）和实践学（practical sciences）之间便形成了一条鸿沟。

（二）苏氏研究学问，是把人事界的对象用归纳的方法，求普遍的概念，这概念不过是伦理学上的定理（axiom）、行为上的规则。柏氏便把宇宙间的一切作为他的对象，也用同样的方法，求普遍的概念，这概念他叫作意典，意典便是万物的内蕴（essence）、万事的真谛（real meaning）。意典与意典之间自成系统，以高驭低，以广涵狭，以大统小，最后推到一个最高的意典，就是宇宙的本体。于此可见苏氏求概念的方法，一到柏氏便成为建立形上学的条件。普遍的概念在苏氏不过是行为的规则，在柏氏便成为形上学的范畴（categories）；在苏氏不过是人事界的定理，在柏氏便成为全宇宙的本体。但是据柏氏看，世上唯有意典是思想的真正对象，关于意典的知识是可靠的知识，其他一切特殊的事物，都不过是意典的副本。副本之于正本，自不能纤悉毕肖，总有相差之点，所以价值便在正本之下。意典是不变的，是普遍的，是无缺陷的；事物是常变的，是特殊的，是有缺陷的。那么前者自然可靠，后者自然不可靠。人类求知识，是求可靠的，还是求不可靠的？自然求可靠的，所以柏氏对于特殊的事物不很注意，偶一及之，也不过拿来和意典做个比较，看它模仿意典到什么程度，分得（participate）意典内蕴的多少。

亚里士多德却不然，他不承认意典能够离开各事物而独立，意典是正本，而各事物反成为副本。他主张共理寓于殊事（universal in the particular），普遍的原理要在特殊的事实中求之，绝不能预悬一个普遍的原理在那里，然后叫特殊的事实去将就它——去模仿它，或是分得它的内蕴，唯其如此主张，所以亚氏注重格物的功夫，对于各事物加以精细的研究，其成绩大有可观，远在其师柏氏之上，遂成后世各门科学的鼻祖。

（三）苏氏辩证法（dialectic）的内容就是归纳法（induction），但是他所应用的范围尚狭。到了柏氏，不过把应用的范围扩充，对于这方法的本身，并没有什么改变和增损。这方法一到亚氏手里，却大大地发展，竟成为专门的方法论（methodology），所谓逻辑（logic）便是。大家知道，亚氏的逻辑是演绎的（deductive），演绎法的基本元素是三段论法（syllogism），三段论法的大前提（major premise）是从归纳得来。于此亚氏得力于其师的辩证法，因为其师的辩证法，实际上就是归证法。举个例子，更易明白。这里有个三段推论：凡人都会死，孔子是人，所以孔子会死。假如凡人都会死这事实尚未成立，这个推论便无从推起，便不能下"所以孔子会死"这断语。要知道凡人都会死，必须靠归纳。所以三段论法的大前提是从归纳得来，所以亚氏的逻辑比柏氏的辩证法更进一步。以上所说，还是关于方法的本身，至于方法的应用，也要提出一论，同时可以补充前段所未尽的。柏氏哲学最大的工作，就在求意典，但是意典的成立，并不用即异求同的方法，就各个不同的事物，求其相通之点，立为普遍的概念；换句话说，与其说他是"即物穷理"，毋宁说他是"即思成意"。亚氏却不然，他应用他的方法到各个具体的事物，以归纳的手段采集各种事实，然后再用演绎的眼光来分门别类，组成系统，立为专科。所以同样的方法，在柏氏手里是思维的

（contemplative），在亚氏手里是实验的（experimental）。在柏氏眼里，抽象的意典是主，具体的事物是辅，抽象的意典是目的，具体的事物是手段；具体的事物好比是阶梯桥梁，既达到意典的目的地，便可置之不理。在亚氏眼里，具体的事物就是努力的对象、努力的结果，所得的就是各门科学的基本原理；这些原理，离开具体的事物便不能存在，便毫无用处，他从未想到有一种离开具体事物而独立、不靠具体事物而存在的意典！

总结上面所举各点关于苏、柏、亚三人学说的异同，我们可以说，柏氏是介于苏氏和亚氏之间的人物。不论就研究范围的广狭看，或学问具体化程度的高低看，这样评判都是合理的。就研究的范围论，苏氏限于伦理学，柏氏把它推广到形上学，但是关于自然界的研究，还是幼稚得很；到了亚氏，便发扬光大起来，各门一齐发展，特别是自然科学方面的成绩大迈其师。就学问具体化的程度看，可从两方面着眼：对象方面和方法方面。苏氏的概念还是内心的规则，至多不过行为上普遍的定理，只在伦理界有其客观的存在；柏氏把它们推广而成外在的本体，亚氏则更进一步，把它们分门别类，归入各门学问的基本原理之列。这是对象方面的具体化——柏氏具体化的程度较苏氏高，亚氏却又比柏氏高。苏氏的辩证法，只是讲求人事界知识的一种方便而已，柏氏把它推广为建立形上学的条件，亚氏更进一步，把它组成一个有系统、很精密的方法论。这便是方法方面的具体化——柏氏较苏氏具体，而亚氏又比柏氏具体。

总而言之，柏氏的哲学是个理想的系统，二元的色彩极重——心与物（mind and matter）、灵魂与肉体（soul and body）、造物与世界（god and the world）俨然对峙。他把心、灵魂、造物等等看作真的（real）、永久的（eternal）、模型的（archetypal）、完全的（perfect）；另一方面把物、肉体、世界等等视为幻的、暂时的、模仿的、不完全的；前者是本体，能独自存在，后者不过这本体的表象（manifestation），须靠本体而存在。表面上看，好像二元的色彩已经消除——你看物、肉体、世界等等既是幻的，既是本体的表象，又何必说它们是另外的东西？譬如火焰虽然光明灿烂，其实只是灯所发的，我们可以只承认灯，不承认火焰，因为灯是真的、不变的，火焰是幻的、常变的。但是火焰毕竟还是火焰，自有它的用处；现象毕竟还是现象，自有它的地位，你能抹杀它么？现象的问题非常的大，不能把它看作莫须有而搁在一边。所以我说，柏氏既把问题分为两个，就始终不能合做一个，既把本体现象划为二物，就永远不能拼成一物。因此他的哲学总是二元论的。

第四节　方法

凡一种学问的研究，必有它适当的方法；凡一个学者研究学问，也必有他个人所用的方法。那么柏拉图研究学问，所用的是什么方法？大家都知道，他所用的是辩证法。这种辩证法的形式是问答，内容是分析和综合（analysis and synthesis）。他的问答不是通常谈话间的问答，乃是深一层次的，所谓分析和综合的问答。这种问答表现深刻的思想作用，包含系统的名学程序，所以便成一种做学问的工具（organum）。这方法背后所根据的是思想（thought），所以它把思想加于官感（sense-perception）之上——以为官感所告诉我们的，不过是事物的外表，不是可靠的知识（knowledge），只是无常的意见（opinion）；唯有思想才能穿进事物的中心，才能认识宇宙的本体，给我们的才是可靠的知识。这方法所操的利器是名学——特别是归纳法，所以它已经立定思想的基本原则，做后来亚里士多德名学的先驱。

他求真理的方法，虽然用思想上的分析，和名学上的论证，但是同时他也假手于直观（intuition）。由此可见，他不是一个纯理智主义者，他也兼顾到人类心灵上的非理性部分（irrational part of the mind）。

> 其实最大的福祉，如果是上帝神明所降的，必是从神秘中得来。（*Phaedrus*, 244A, The Loeb Classical Library,《柏拉图全集》，希腊英文对照译本，第一册，第465页）

> 它（指哲学）绝对不像其他学问，能够以言传的。但是工夫既深，积力既厚，便能一旦豁然贯通，好比飞火之燎原似的。（《书札》第七，341C, The Loeb Classical Library,《柏拉图全集》，希腊英文对照译本，第七册，第531页）

语言的条件是名学，名学的内容是思想，所以思想、名学、语言三者直是一物。"不可以言传"是说不能用名学来论证，不能用名学来论证便是用思想打不通。用思想打不通，那么用什么打得通？唯有用直观打得通。既不可以言传，却能豁然贯通，这贯通从哪里来？从直观来。我们中国有句话叫作"微妙玄通"，"玄通"就是直观；凡是"微妙"的东西，唯有靠直观来领会。因为柏氏对哲学作如是观，所以他的哲学多少带些神秘的色彩。

第五节 分类

柏氏研究学问，并不明明白白地分门别类，虽然问题有多种，然而总是混合起来讨论，所以替他的学说分个门类，本是不易的事。但是一个伟大严密的系统，总不能不分类。古今替柏氏学说分类的人不少，而所分的结果也是各色各样，唯有一个分法比较妥当，因此便成为传统的分法。这分法由亚里士多德首先提出，任诺苦辣提斯（Xenocrates）首先接受，后世遂延用起来。所分的是：（一）辩证学或名学（dialectic or logic）；（二）格致学（physics）；（三）伦理学（ethics）。

辩证学就是意典学，其中所论都是关于意典的问题，如意典的成立、意典的性质、意典的种类等等，所以也叫作意典论。意典的观念贯穿柏氏学说的全部，是他学说的中心，也是他学说的一把总钥匙，所以辩证学既别称为意典学，复亦称为名学。但是叙述柏氏学说的人，往往把 dialectic 和 logic 二字并用，好像辩证学和名学简直是一物，这岂不奇怪得很？殊不知此中有个道理，请为读者一说。要明白这道理，必先知道柏氏心目的所谓思想，他说：

> 思想和语言简直是一件东西。只因为前者是心灵对己的一种向内的、静默的谈话，所以便加上一个特别名称，叫作思想。（*The Sophist*，263E，The Loeb Classical Library，《柏拉图全集》，希腊英文对照译本，第二册，第 441 页）
>
> 你对于思想所下的定义和我一样么？……按我的定义，思想是心灵自己对自己关于任何问题的谈话。……当心灵思想的时候，它不过对己谈话——对己发问、对己答复、对己肯定、对己否定等等。既得到一个结论之后，不论这结论是徐徐得来的，或是由于顿悟的，都叫作意见。所以我把意见的成立视为谈话，而意见便是所谈的话，只是这话不曾发为声音，不是对人，乃是对己。（*Theaetetus*，189E，The Loeb Classical Library，《柏拉图全集》，希腊英文对照译本，第二册，第 179 页）

思想是心灵对己谈话，思想的传递——对人谈话——便是使听者发生思想，对己谈话。无论对己谈话也好，对人谈话也好，其中都免不了名学的要素，所以谈话就是名学的作用，名学就是谈话的条件。换句话说，谈话就是名学的，名学就是谈话的。由此看来，名学和谈话能分得开么？既分不开，那么把辩证学和名学看作一物，不可以？

他的格致学就是他的宇宙论，自天上的日月星辰，到地下的飞行走兽，以及一切动植庶品，都在这范围之内。但是前面说过，柏氏哲学是个理想的系统，是以意典为磐石的，所以具体的东西，不是他的兴趣所在，尤其不是他精力所贯注的，因为这些都不过是变幻无常的现象，并不是宇宙的本体。他之所以连带研究它们，只是因为它们是意典的副本，与意典有几分关系，为完成哲学系统的缘故，便成为山之一篑，不得不拉进来凑凑热闹罢了。因此他关于这方面的成绩，是没有什么可观的。

伦理学当然是研究人生问题，但是柏氏的伦理学还包括美术、政治、教育等等。他对于这方面倒是兴趣浓厚，特别努力，所以成绩也大。前面说过，他的意典是有高下、大小和广狭的分别。其中最高、最大、最广的便是"顶好"（the highest good），"顶好"就是伦理学的对象。由此看来，他研究一切学问，最终是归宿到人生。苏格拉底研究的范围只限于伦理，他把范围推广到一切，但是结果还归宿到伦理，所以他的根本精神还是和苏氏一样，所谓殊途而同归者也。还有一点：他心目中的哲学，不是一门静的学问，其中许多道理，不是一堆死的训条，哲学是生命，是个极完全的精神生活。科学也是这样，它并非一门已经完成的学问，不只是可以传授的知识，和生活没有多大关系的，它就是生活。所以一个人的知识愈充实，他的生活便愈丰富，愈完美。柏氏对于学问的这种看法，也是从他的根本精神出来的吧。

第四章　学说导言

"正论理深，先敷浅说。"本章目的，在于未深入柏氏的学说之前，先来叙个端倪，以便读者循序而进，借免蹭等的困难。以下共分四节：第一节哲学的准备；第二节哲学的方法；第三节哲学是什么；第四节结论。

第一节　哲学的准备

无论研究什么学问，未下手之前，必须有相当的准备。柏氏认为研究哲学，先决的条件有两方面，这就是哲学的准备。两方面是什么？（一）积极的；（二）消极的。积极方面有两件事：（甲）涵养；（乙）冲动。消极方面一件事：去形下的牵挂。

一、涵养

古希腊教育有两个基本元素：音乐（music）和体育（gymnastic）。由此可见他们是心身并重，灵魂和肉体一齐训练，并不偏废。他们所谓的音乐，却是广义得很，凡可以陶冶性情、匡正心身的都在内，并不限于管弦丝竹，钟鼓琴瑟而已。它的性质好比中国所谓"礼乐"之"乐"，其功用也很相似。至于体育，便是锻炼身体的事，不特使它强壮，尤其注重身体上各部分的均匀发展，以求形式上的美（beauty in form）。大家知道，希腊民族最富美感，他们对于世界文化的贡献，美术也算一部分；所以他们这样锻炼身体，除了实际的目的之外，大部分还是出于爱美的要求。这点很堪我们注意，因为中国人向来不把身体当一回事，至于所谓身体形式上的美，更不消说了。虽然古代有所谓"射礼"和"投壶之礼"，还不过注重礼让，表示所谓"君子之争"，其用意何尝在于训练身体？

上面把音乐和体育在希腊文化上的地位约略说了，现在请指出柏氏着眼的地方。他所谓哲学的涵养便是音乐。音乐的作用，能使内心的情感调和，很均匀，无碍于理智的发展。打个比喻：人的心好比是纸，音乐好比是漂白粉；纸经过漂白粉的洗涤，便容易写字，心灵经过音乐的陶冶，便能接纳道理。凡曾受音乐训练的人，便知道爱真（truth），爱美（beauty），爱善（good），便能抑制过度的情感，便会调节身体上的欲望；这些都是替哲学开路，给它一个发展的机会。

二、冲动

只有哲学的涵养——音乐的陶冶——还是不够。好比纸虽然漂过，随时可以写字，如果没人去写，结果还是一张白纸。现在此心虽然很和平，很空虚，随时能够容纳道理，假如没有求道理的愿望，道理永远也不会来。所以既有了哲学的涵养，还须有哲学的冲动（philosophic impulse）——涵养尚是消极的预备，冲动才是积极的进行。这种冲动就是求真的愿望，但是多少总带些致用的色彩——这是苏、柏二世师弟传统的精神。假如用思想史的眼光看，此种致用的倾向很堪注意，因为这里可以找出人类思想发展的程序。人人都说哲学始于疑，这话固然不错，但是据我看来，"疑"字之外，似乎还要加个"惧"字。"疑"的结果走上求知的路，"惧"的结果却走上致用的路。须知上古时代文化幼稚，人类宰制自然的能力极弱，因此一举目一倾耳间，一切所听所闻的都能使他惊疑恐惧，于是便起两个疑问：（一）怎么一回事？（二）怎样方好？对于第一的答案，是自然界如此这般；对于第二的答案，是自然界如此应付。很明显的，前者是求知之事，后者是致用之事。上古时代，因为生存的问题太迫切，所以求知和致用二事总是同时并进；后世文化发达，制驭自然之术日精，成绩日富，生存的问题也就减轻得多，然后才有为知识而求知识、为学问而做学问的事，虽然最后的目的还离不开致用，但是眼光总比较远大，不像古人那样就兢于致用。

这个哲学的冲动怎样来的？它的来源是什么？它来于一种惊疑恐惧。这种惊疑恐惧又从哪里来？提起这问题，便牵连到柏氏的灵魂回忆说。柏氏主张有两个世界：意典世界（world of ideas）和事物世界（world of things）。我们睁开眼睛，只见芸芸扰扰，形形色色，殊不知这些东西背后还有意典，这个事物世界之上还有个意典世界。意典是正本，事物是副本，意典是模型，事物是所制出来的器皿，正本比副本完全、固定、持久，所以意典世界也比事物界完全、固定、可久。正本独立自在，副本靠正本而成形，所以意典世界也是独立自在，事物世界仗着它而存在。副本之于正本，虽尽量模仿，总不能完全一样；事物之于意典，虽竭力追抉，其终不过分得（participate）它的内蕴（essence）几分之几，总有不及的地方。灵魂未降生之前，本来寓于意典世界，见惯一切意典，不以为奇；一旦来到事物世界，投入人身，因为历此劫变，便把从前的经历忘却，但是又因为事物世界那样离奇，那样枝梧，却有时勾起旧日的记忆，于是发生惊疑恐惧。所疑的是：事物世界何以这样无常，这样不完备？所惧的是：怎样才能返到有常、完备的意典世界？由两个世界的比较而生疑惧，因疑惧而引起对更高尚、更完备的生活的追求。这种追求便是所谓哲学的冲动。

这个冲动是一种追求，所追求的是更高尚、更完备的生活。至于追求的方法又怎样？是不是像印度人那样禅定，坐在那里冥想妙理？不是的。是不是像中国人那样正心诚意，拘束此心，叫它"思无邪"呢？也不是的。还是向外寻求真理。就形形色色的事物，像剥笋皮一样，把它们一层一层地剖剥，至终表面的幻象剔开，直追背后的意典——这才是可靠的知识，才是真理。这种办法，就是朱子所谓"即物穷理"的功夫，所走的是理智（intellect）的路。所以哲学的冲动又叫作爱智之心（eros）——求知识的愿望。

这种求知的愿望，唯其有所求，便是有所不足；唯其是愿望，便是有所未得；所以正表示一种缺乏。但是既有这个愿望，前途便非常光明，非常远大。抱这愿望的人处于事物世界，感到缺乏而有所追求，那么所追求的便是一个更完全的境界。所不满意的必是恶的、丑的，所追求的必是善的、美的。恶的丑的无非是无常、有缺陷，善的美的无非是有常、没有缺陷。事物世界恰是无常、有缺陷，所以便是恶的、丑的；意典世界却是有常、没有缺陷，所以便是善的、美的。这种愿望一旦达到意典世界，便是臻于至美至善，便是达到目的。但是这个目的不是一蹴而就的，有好多层次必须一一经历，不过其中有个大致的趋势，就是由具体而抽象，由特殊而普遍。例如起初追求具体事物形式上的美；稍进便抽象些，普遍些，而追求心灵上的美，只是这美还不过表现于零星的言语行动上；再进一步便追求学问——更抽象、更普遍的有系统的美；最后便到纯粹抽象、极乎普遍、无形无色、无声无臭的美——就是意典。到了这层，便是求知的最后目的，其他各层都是它的附庸，它的阶梯，它的副本。

哲学的冲动所走的路是理智,所向的目的是意典——所谓绝对的真、美、善;至于所用的方法便是辩证法,在哲学的领域内,唯有辩证法可以长驱无碍。但是具体来说,有了哲学冲动的人究竟怎样?他无非终日思索,求知识,讲学问;同时他的生活就在这里,学问达到极高的地位,就是生活臻于最美满的程度。由此可见,柏氏所谓生活是和知识打成一片,这便是苏格拉底"知等于德"(knowledge = virtue)的传统精神。

三、去形下的牵挂

上面既把积极方面哲学的准备约略说了,至于消极方面的事却很简单——前面提过,无非是去形下的牵挂。所谓形下的牵挂,是指肉体上的种种要求。柏氏把一个人分为灵魂和肉体两部分,这两部分处于相反地位。灵魂降到事物世界,投入人身,便是它的堕落,它的劫难,从此便被拘于监牢里。监牢是什么?就是肉体。灵魂在监牢中竭力求解脱,求与意典世界交通,而监牢却不放它走。肉体对于灵魂那样寻求真理,唯有障碍,没有帮助,所以灵魂为完成它的志向,必须和肉体作战,抛去它的一切牵挂。具体说来,专求精神上的满足,不顾物质上的要求。现在我们不必多说,请听柏氏自己的话(借苏格拉底口里说出,以上所引一概如此):

　　上面所说的道理,必定使凡爱智的人这样存心,而彼此互相说道:"……我们一旦保有此身,而灵魂被这恶魔所沾染,便一旦不能完全达到所求——真理便是。因为身体的生存问题时时逼迫我们,叫我们应付不暇;有时疾病来临,求知的工作便完全被停顿。非但如此,身体还充满着情欲、愿望、恐怖、幻想、痴念——这些都叫我们无法从事思索。身体的欲望是战争唯一的原因，因为战争起于贪得，而贪得却是身体使然。我们简直做它的奴隶，为了它的那些麻烦的事，我们才不暇研究哲学。最可恶的，我们偶得片刻之暇讲求哲理，身体马上就抢上来，用它的喧哗吵闹阻止我们工作，不叫我们得着真理；所以我们觉得，假如要彻底明白什么道理，绝对窥见事物的真相，必须与身体脱离关系，单靠灵魂的眼睛方可。那么照这样推论下去，可见我们死后庶几能得一向所爱慕、所追求的智慧，生前却不能的。假如在身体纠缠的时期内，纯洁的知识是不可能，那么只有两条出路：不是完全绝望，便是付诸死后——因为死后灵魂方能离开身体，生前不能。但是我们一息尚存的时候，唯有除开必不得已之外，尽量避免与身体交通，以期接近知识——平时慎毋与身体发生关系，切莫受它的影响，以静候上帝来解脱我们。脱离身体的迷惘，我们才能和纯洁的东西为伍，才能充实着纯洁的知识，换句话说，才能够得到真理，因为不纯洁的绝对不能窥见纯洁的。"这些话，你看是不是凡爱智者对己所想，对人所说的？（*Phaedo*, 66-67B, The Loeb Classical Library,《柏拉图全集》，希腊英文对照译本，第一册，第229—233页）

第二节　哲学的方法

哲学的对象是真理，工作是寻求真理，寻求真理的方法当然就是哲学的方法。大家知道，柏氏心目中寻求真理的方法唯有辩证法，那么辩证法便是哲学的方法。但是还有一点，哲学毕竟是理智的产品，并非什么不可以言传的东西，所以哲学的方法，除开寻求真理的那部分之外，还有发表真理的一部分。发表真理必有它的相当工具，这工具便是语言。这两部分——辩证法和语言——合起来，才算整个的哲学方法。

一、辩证法

我们一睁眼一伸耳，所见所闻的无非是感觉上的现象，并不曾窥及事物的本体。事物的本体永远不被感官所知道，唯有思想对它才有办法，而思想所由的途径却是辩证法。所以辩证法是思想的事，和感觉绝对没有关系；它的对象只是事物的本体——意典，不是事物的现象。但是本体往往被现象所遮蔽，不能马上察到，必须用辩证法来剖剥，然后表层才能剔开，里层才能露出。例如我们初看这张桌子，便说它是黄色、长方形，用手敲它，会响，摸它，很光滑。科学家却说这不是这张桌子的真迹，因为黄色你我所看的未必相同，长方换个地位观察兴许变形，有病的人或聋子去敲它并听不到响，深闺里妇女的纤纤玉手摸它还许觉得太粗糙……总而言之，这些只是现象，呈于感官也就因人而异。其实这桌子是木料造的，木料里面是纤维，纤维里面是细胞。但是纤维也好，细胞也好，还是眼睛所能见的（或用显微镜的帮助），总觉得不够，没到这桌子的真迹，于是像剥笋皮一样，非达中心不止，一层一层地往后推，推到分子（molecule）、原子（atom）、电子（electron），以及所谓波浪（wave）——这才是这桌子的真迹，这才是它的无形无色、无声无臭的本体。也许后来再发现波浪还不是它的本体，尚有更根本的东西，也未可知。总之，这种剥皮的工作，正是方兴未艾呢！柏氏的辩证法，就是本此精神，对形形色色的事物，做剥皮的工作，以求达到意典。广义说来，这本是理智的伎俩，西洋的文明，自从希腊几位哲人开其端，大致便走上这条路，至于今日的科学，真是登峰造极了。可是大家要记住，理智的路虽是无穷，由这条路去开发宇宙的秘密，虽然显得无尽藏，但是还可不时有所发现，别的路很难通，而所达的也不远。我们中国人理智最不发达，自从孔、墨、老、庄以来，未尝正式走上理智的路——中国没有名学，就是一个铁证。如今学术思想也好，政治经济也好，处处都不如人，这正是文化的基本缺点所致。所以我们若谋救国，根本上还是从改良文化做起，改良文化，第一事是提倡理智，要培养每个国民，使他们有理智的头脑；不然，徒徒撷取人家的东西，结果不过记住一堆别人所发现的事实，自己一辈子也不会发明，那么还想赶上人家，还能免却做人家的奴隶么？

方才说辩证法所做的是剥皮的工作，以求达到意典，这话怎么说？剥皮是怎样？意典又是什么？意典是事物的内蕴，用名学的名词便是概念；概念是抽取事物的内蕴而成的，所以概念就是内蕴。我们知道，苏格拉底曾求概念，那么意典和他的概念有何分别？苏氏的概念也是意典，不过只是伦理界的意典。柏氏意典的范围无所不包，非但伦理界有意典，宇宙万物都有意典——上自日月星辰，下及飞行走蠕；抽象如真、美、善、伪、丑、恶，具体如邦邦硬的物质；实质如金、银、铜、铁、锡，虚幻如声、光、雷、电，以及负的概念，如"无"（nothingness）、"亏"（depravity）等等；个个都有意典。总而言之，有概念就有意典。还有一层，苏氏的概念多少还带些主观的色彩，柏氏的意典却有客观的存在——好像自然界的公例，虽然是人找的，可是有客观的效验，不是可以任意进退的。

所谓剥皮，无非是变中求常，暂中求久，动中求静，众中求一，散中求总。举个实例便能明白：譬如桌子，经过若干年木头便会朽腐，这不是变么？在某时期内存在，过了些时不被外力摧毁，便是自己朽坏，归于乌有，这不是暂么？随时被人移动，不居一所，这不是动么？各色各样都有，不止一张，这不是众么？这里一张，那里一张，这不是散么？凡此都是桌子的偶性（accidents），不是它们的内蕴。人类见了这些变动不居的偶性，便觉得昏头昏脑，思想上便大不安，以为长此芸芸扰扰，世界上的东西无从把捉，知识哪能成立？于是就想个法子，把一切偶性剔开，只要内蕴——这才有常不变，这才能把捉，这才是知识的对象。内蕴非他，就是概念，也就是柏氏所谓意典。须知概念这东西是抽象的，不受时间和空间的限制；凡不受时、空限制的，方是不变有常，具体的事物是受时、空限制的，所以永远变动不居。现在回到桌子：不管它们变也好，暂也好，动也好，众也好，散也好——这些都搁在一边；我们只就所有的桌子，取其共同要素——桌子之所以为桌子，没有它们便不成桌子，就变为椅子或其他东西——而成桌子的概念，这概念就是桌子的内蕴，同时也就是柏氏所谓桌子的意典。桌子的概念既已成立，同时椅子的概念、床铺的概念等等都已成立，然后再就这些概念之中，求其共同之点，而成更高的概念，便是家具的总概念。依此类推，随时能得高上更高、总上又总的概念；较高和较总的叫它作"类"（genus），较低和较散的呼之曰"别"（species）。从具体的东西里求概念，再从概念中求更高、更总的概念——化个物为别，化别为类，类复成别，别复归类——这种工作，便是辩证法中求概念的工作（formation of concepts），就是意典之所以成立。但是概念这东西，好比数学上的练习题，答案可以还原的，所以"类"可以还原到"别"，较高、较总的概念能够回到较低、较散的概念，依此类推，结果达于个别的具体事物。这种办法叫作概念的分类立别（classification of concepts）。前者是辩证法往上的工作，后者是辩证法往下的工作——向上所以求事物的普遍原则，往下所以察这原则是否恰当，果能统括个物和应用于殊事否。并且考察概念之恰当与否，非但把它拿来和它所统括的个物相参证，而且还与其他它所不统括的相纠正。例如桌子的概念，不徒要和个别的桌子相印证，并且要用非桌子——或是椅子——来参考，以视这概念里所涵的要素，是否桌子所特有，而非椅子所同具的。假如每个概念都经过这样考察，便愈见严密，愈见准确，其中所涵的意义，不多也不少，恰恰妥当，丝毫不差。这种概念才能永久，才是不变有常的意典。

　　上面指出柏氏求意典的办法，只是变中求常，暂中求久，动中求静，众中求一，散中求总。这就是后世科学家的事业，人类求知识到这地步，却是一大进境。因为知识这东西，不过人类对于宇宙现象的一种记录。他们眼见森罗万象，便生好奇和恐怖的心。前面说过，好奇的心引起"什么一回事？"的疑问，恐怖的心引起"怎样方好？"的疑问。这两个疑问使他们努力于把捉宇宙的现象，想法子把它记录下来，互相传递。这样做，一方面满足好奇心，一方面把自己的经验分给他人，满足他人的好奇心，同时大家都能拿来利用，宰制环境。但是变动不居的现象，要想把捉它，既把捉到手，还要记录起来，彼此传递，这是谈何容易的事，所以人类自有知识以来，孜孜矻矻忙个不休，就是为这缘故——他们想尽法子来把捉现象，历代努力于此的人不知多少，成绩也很可观，到了现代的科学，截至今日止，可算登峰造极了。不过这是无穷的事业，人类关于这方面的努力，尚是方兴未艾。可是我们不得不感谢古人替我们开个端，使我们毫无疑虑地、勇往直前地走上这条路，结果有这成绩。请问开端的古人是谁？便是苏格拉底、柏拉图们。苏柏二氏求概念和意典的办法，就是现在科学家求自然公例（natural law）的先声；他们的概念和意典，也就是自然公例的胚胎！

二、语言

上面既把哲学方法寻求真理的部分——辩证法——弄个明白，现在请讨论发表真理的一部分——所谓语言。有个特别现象是我们中国所没有的，就是古希腊人一开始求知识，便感到语言的重要。初期的哲学家，如赫拉克利图、德谟克利图等，对于语言都有专门的研究，至于后来和苏格拉底同时的辩士们，更不消说了。这点和理智的发达似乎有密切的关系，因为理智这东西是向外把捉宇宙现象的利器，而语言却是理智的方程式，结果成为所把捉到手的宇宙现象的符号。中国人不重语言——孔子说"余欲无言"便是个证据——实在能障碍理智的发展，影响所及，我们没有科学，学术思想不如人。唉，古人替我们种下这个因，今日安得不收这个果！

柏氏说，语言是事物的符号，一篇话是宇宙现象中某段的图画。符号不过用以记物，未必就是那物，所以只要把那物的中心指出，无需乎历历描写它的不相干的外表，因为那物之所以为那物，在它的内蕴，并不在它的现象。语言这东西，按广义说，包含言语和文字；柏氏所谓语言，大概是指广义的。但是言语既与实物隔一层——因为说话的人，像写生家一样，或者功夫不到，反把某景的最精彩地方漏却——文字又较言语逊一筹，因为言语还有声浪的高下，以及说话时种种姿势，帮着表出话里的深意，文字却是死的，远不及言语那样活泼地有生气，况且听人说的话和看人写的文章，还有直接与间接的不同呢。非但写生家功夫有不到的，有时把某景最精彩的部分漏却，他还有他的个性、他的观点，再加上这些成分，他的作品尽许和真景差得很远。说话的人也这样，非但未必能抓住事物的中心，他还有个人的偏见，不知不觉中益以社会的风俗、民族的习惯等等，那么他的话愈形复杂，去事物的真际愈远。

唯其有以上的困难，所以柏氏告诫研究哲学的人"毋以辞害意"，不要望名生义，必须考察事物的真际；攻哲学的要有批评的眼光，要随时用辩证法来因名求实，一面缘实正名。同时他还劝学者不要随便立名，随便说话，一名之立，必须与事物的真际吻合，一句话说出，必须和所描写的现象不抵触。最终他的结论是：哲学必须离语言而独立。这话的意思是说，语言固然是传达思想的工具，但是思想并不就是语言；思想是目的，语言是工具，目的不能等于工具。譬如衣、食、住是人生的工具，然而人生却不仅是衣、食、住。

第三节　哲学是什么

一、哲学的性质

苏格拉底的哲学有个根本观念，这个观念表现于他的"知等于德"（knowledge = virtue）的公式。这公式是说，知识和道德简直是一回事，换句话讲，知识与生活打成一片。二者并不是比例的关系，因为凡成比例的必是两件事，其一进步（或退步），其他必同时也进步或退步。现在他所谓的知识和道德，不过是一件事的两方面，并不是两件事。此中有个道理，说出便可明白：苏氏的意思以为人生必有所求，凡一个人所求的，在他必认为"好"（good），这就是人生的方便。方便不止一个，必是很多。在这许多方便中他所认为最方便的，便是"顶好"（the highest good），这就是他的目的。人人都有目的，但是各人的目的未必相同，这就是个人的知识所在。何以呢？譬如这里有三个人，甲以嫖、赌、饮为目的，乙以升官发财为目的，丙以求学问为目的。在甲的眼光里唯有嫖、赌、饮是顶好，于他最方便；在乙的眼光里唯有升官发财是顶好，于他最方便；在丙的眼光里唯有求学问是顶好，于他最方便。何以甲看嫖、赌、饮最重，乙看升官发财最重，丙看求学问最重？这因为各人的知识不同。所以一个作恶的人，在我们看，他所做的是坏，在他却以为好；不然，他就不会去做。这样说来，世上有明知故犯的人，这又怎么讲？据苏氏看，世上只有故犯，没有明知，因为他并不曾明知，所以他才故犯；他所以故犯的原因，就在他认为所做的是好，你们偏说是坏，所以他就和你执拗而故犯了。懂得这个道理，就明白知识和道德只是一件事的两方面，因为行为的背后是知识，知识的前面是行为，行为是生活的外表，知识是生活的内心。无论背后也好，前面也好，外表也好，内心也好，同是一个生活。

柏氏同他的老师苏氏一鼻孔出气，他说哲学是生活。虽然超过伦理的范围，但是理论和实践还是不曾分，哲学仍然跨着这两个境界。所以他虽是介于苏亚二氏之间的人物，可是和苏氏的距离还不如和亚氏的距离远。据他看，各门学问不光是求知，总带些致用，它们的对象不只是事实，它们的本分非但汇集事实，还要把这些事实来生活化，反过来说，把生活来事实化—知识化—理智化。

我常说，一二先知先觉的思想，往往无形中影响他那族的文化。苏柏二氏的生活理智化、理智生活化的主张，实在就是今世欧洲纯粹科学（pure science）和应用科学（applied science）并盛的由来。今日的西洋人真能做到生活理智化、理智生活化。他们对于日常生活中小小的一件事，也要大研究起来，求个合理的解释（rational explanation），这不是生活理智化么？他们理智上所发现的，处处要应用于实际生活，这不是理智生活化么？他们机械的功用那样普及，便是个明证。

二、哲学的目的

从以上所讨论的结果，我们不难知道哲学的目的何在。哲学的目的在求意典；换句话说，在求不变有常的知识；再换句话说，在认识宇宙的本体。不过他的意典是有层级的。为什么呢？要明白这点，必须略加解释。须知柏氏的哲学是目的论的（teleological），他说世上一切东西都有它的目的。例如泥的目的在烧成砖，砖的目的在筑成墙，墙的目的在防盗贼，防盗贼的目的在使主人不至无故丧财，主人不无故丧财的目的在使他的费用充足，他的费用充足的目的在使他的生活丰富……如此类推，可以达到一个最高目的。这是现象界的事。现象界的事物各有各的目的，意典界自亦如此。这个意典的目的在那个意典，那个意典的目的又在另一个意典，如此类推，至终也达到一个最高的意典。柏氏所谓目的又叫作"好"（the good），何以故呢？他所谓一个东西的目的就是那东西的方便，换个名词，就是它的用途。方便也罢，用途也罢，反正总是些好处，所以目的也叫作"好"，最高的目的便是"顶好"（the highest good）。

意典中的最高意典，他叫作"上帝"。因为上帝是一切意典的最高目的，所以又叫作"顶好"。这个上帝只是他的最高理想，真美善的最高目标，并不是寻常宗教上的有人格的上帝（personified god）。方才说柏氏的哲学就是生活，生活的两方面是知和行；他的上帝无非是知的绝对境界，行的无上轨范。换句话说，就是生活的至全之境；再换句话说，就是哲学的最后对象、最高目的。

这种境界，唯其是个最高的理想，所以有点难能，但是并非绝对不可能，假如肯努力，前途便有希望，便能随时进步。不过按柏氏"知等于德"的立场推论起来，这个境界似乎不是固定的，虽然立定一个至真、至美、至善的目标，这目标的性质不变，可是它的内容却随知识的进步而渐渐往前推。所以这世界总是进步的，生活总是向上的，学问总是无止境的。我们看西洋的学问家也好，行为家也好，他们一天到晚总在那里钻、钻、钻，这种自强不息的精神，或者是深受柏氏理想主义影响的结果吧！

三、哲学和其他学问的关系

哲学不是各门学问中的一门，而是一切学问的指归；它的地位不是和其他学问平等，乃是在它们之上。其他学问是相对的，哲学是绝对的；其他学问对于宇宙秘密的发现只是局部的，哲学却是全体的。哲学好比是阶梯的顶层，其他学问好比是以下各层，下层都要引达顶层，其他学问都要归到哲学。人类的一切知识，无非是要开发宇宙之秘，换个名词，就是真理，就是宇宙的真相。知识有好多阶段，这些阶段是按它们所得真理的深浅、广狭、纯驳而分的；其实知识只是一个，所谓阶段不过是整个中的阶段。下自农夫走卒，上达硕儒哲士，他们的知识，各属整个知识中的一部分，对象也是一样，只是各人所窥见的真理有精粗、深浅之别，对于对象的认识有偏、全之分罢了。

所谓宇宙的秘密，所谓真理，所谓一切知识的共同对象，据柏氏看，就是意典。世上各等的人，只要他曾求知识，无论他的知识达何程度，对于意典的探讨总有相当的贡献 —— 或者已经窥见几分之几，或是渐渐要有所见。哲学家的事业，并不在推翻低层的知识，而在超越它，补充它，推广它。

西洋哲学，自从康德正式地、有意识地（consciously）提出认识的问题以后，哲学的倾向便从形上学（metaphysics）转到认识学（epistemology），认识论遂成哲学的正宗。今世自然科学大发达以后，又有一般思想家汇集、综合自然科学的结果来建立宇宙论

（cosmology），于是重辟形上学的途径。据柏氏的立场看，哲学应当向哪方面发展？认识论呢，形上学呢？自然是形上学。唯其以哲学视为一切学问的汇归，所有知识的最高层，所以今日的"科学的形上学"（scientific metaphysics）可算是承继他的精神而产生的。柏拉图说，各层知识对于意典都有所见，只是不完全，哲学的职务就是见个完全；今日的思想家说，各门科学对于宇宙的秘密都有所开发，不过还限于局部，"科学的形上学"的目的就在开发其全体。古今人对于哲学的看法如此相同，安知今人不是受古人的启发而然？安知今日的思想家不是受柏拉图的影响而走上他们所走的路？

四、哲学底下各层的功夫

知识是整个的，但是就正确的程度看，姑且把它分两大部分：寻常知（ordinary knowledge）和理性知（reasoned or philosophic knowledge）。寻常知包括普通的知觉（perception）和泛幻的意见（opinion），理性知包括各门科学（就是特殊的学与术 [special sciences and arts] 和所谓数学的学 [mathematical sciences]）和哲学。因此哲学底下有三层：（一）知觉；（二）意见；（三）科学。合哲学为四层，统这四层而成知识的全体。一切知识发端于知觉，因为知识这东西，是外界和内心的结合品，假如没有知觉，是说内心对于外界的刺激不生反应，那么知识也无从而起。但是知觉只是个反应，只是内心对于外界的一种觉察，其中涵有许多个人感官上的错误，彼此观点上的不同。换句话说，知觉只是个人对于外界的一种主观的觉察，客观的成分极少。所以知觉如果认为可靠，认为真的，那么个人看作是的便是、非的便非，这样就陷入了辩士们的环套。但是知觉却不是绝对无用，就因为它有许多错误、矛盾，思想才会去努力，灵魂才能引起意典世界的回忆（柏氏有个灵魂回忆说［doctrine of anamnesis］，此处暂且不论），那么知觉倒是理性知的导火线！

意见虽然稍进一步，加以思想作用，可是还不免于臆断、矛盾，因为不曾经过辩证法的查核。现在把柏氏所指它和理性知的分别胪列如下：（一）意见有真有假，有对有不对；理性知却没有真假、对不对的含糊。对于任何事物，只有知与不知两条路，知就是知，不知就是不知，从不见有真知和假知、对的知和不对的知。（二）意见对于任何事物，都不能有洞察明辨之功，纵使所见偶尔不差，毕竟缺少必然性，而信之不笃，守之不坚；理性知却不然，它所见的的确是真理，有必然性，而且信之笃，守之坚。以上两点关于意见和理性知性质上的不同。（三）至于来源，则意见尽可被人游说、劝诱而如此这般地主张，易入易出，相信得快，动摇得也快；理性知却只能受人开导、指点，难入难出，不易起信，但也不至动摇。（四）再论对象：理性知的对象是纯粹的"有"（pure being）；意见的对象则介于"有"与"非有"（non-being）之间掺杂感觉成分、变幻无常的东西，所以意见是介乎知与无知（knowledge and ignorance）之间的一种状态。（五）就范围说，随便什么人都能有意见，理性知却限于少数人；自然后者比前者可贵。

各门科学中的特殊的学与术，比数学的学稍差一等，可是比意见已经高了，因为它在思想方面的功夫比意见进一步：运思时候有方法，思的结果有系统。至于所谓数学的学，大概除开数学本门之外，还包括天文（astronomy）、机械（mechanics）、声学（acoustics）等等。据他看，这类学问是哲学——辩证学或意典学——的最接近、最需要的根基，就层次论，是哲学之下的第一层。何以然呢？因为它们的对象已是形式（form），虽然还不能脱尽形下的成分，却是普遍的、不变的、必然的。这些形式除去形下的成分，转入哲学范围，便是纯洁的意典。数学的学是寻常知与哲学之间的桥梁，因为寻常知和个物发生关系，以现象为对象；哲学与意典发生关系，以本体为对象；数学的学却跨着现象与意典两界，以其间的东西为对象——它的对象是抽象的概念（concepts），而用可感觉到的形式（sensible form）来表现。它和意见的不同，在乎已经超过事物表面上的差异与矛盾，抓着它们的内蕴，就它们背后共同、不变的根基上努力；和哲学的不同，在于未能站在纯粹抽象的立场认识意典，还须假手于形下的形式。可是它的功用已经很大，能够引渡知识由感觉到思想，由具体到抽象，由个物到意典，由现象到本体；所以它的功用还不在实际方面的应用，研究它的人，倒应当着力于纯粹的数和量（pure number and magnitude）上面，不必就兢兢于致用，而后来的成就反而大。

经过以上几个阶段，才能达到顶层——攻究哲学，用辩证法寻求意典，认识宇宙的本体。到这地步，可算有个机会窥及知识的全豹。

还有一点很重要：柏氏所谓知识，根本上等于生活；生活自然有两方面：知与行。方才所言在知方面寻常知和理性知的分别，在行方面便成寻常德（common virtue）和理性德（philosophic virtue）的对峙。我们但把寻常德的特性举出，理性德的性质便可了然，因为后者恰恰与前者相反。（一）寻常德是风俗习惯的问题；（二）并不根据明白的理解；（三）只受寻常知的支配，不受理性知的指导；（四）只是许多个别行为的偶然配合，并没有内部的统一性；（五）内部往往发生冲突矛盾；（六）内容不纯粹，行为的目的善恶参半；（七）目的上所认为好的未必自身是好，往往根据外界的物质情形而定；（八）不能传授，只可一时劝诱，因为它根据寻常知，而不根据理性知；（九）没有坚持确守的必然性；（十）来源和存在都属偶然，随环境而变迁。

前段所举关于寻常德的缺点，不外以下四类：（一）来源——出于寻常知而不出于理性知，所以没有正确的理解；（二）性质——只是偶然的配合，没有统一性，因此就不具必然性；（三）内容——不调和，有冲突矛盾；（四）目的——不纯粹，受外界物质的支配。为补救寻常德的缺陷，柏氏主张：（一）关于来源——要把道德建基于理性知上面，如此，唯有努力于理性的追求、哲学的攻究；因为理论上对于道德的了解就是实践上关于道德的成就，理论和实践只是一回事。前面提过，一切人都求好，凡是他所认为好的他必想取为己有；纵使他所求的实际上是坏，但是在他总以为好，不然，便不会去求，因为没有人有意求坏，存心自己害自己。所以只要心里有好坏的判断，行为上便发生趋避、取舍的举动。假如对于好坏之感是对的，那么行为也对，假如错了，行为也错，因为行根本上只是知的向外发动，和知并不是两件事。此种推论的结果，一切罪恶都是起于无知，或知识不够。（二）关于性质——要确立道德的统一性。这里有两个条件：（甲）道德不因人——施者——而异，凡好的对于一切人都是好，不容有高下；（乙）道德不因物——受者——而异，凡好的及于一切物都是好，不许有轩轾。例如常人应当有行，难道文人就可以无行么？又如报德以德，难道报怨就可以以怨么？假如有行是好，无行是坏；那么无论何人都不许无行，文人自也受此约束，因为无行不会在文人倒变成好。假如德是好，怨是坏；那么不管是谁都不愿受怨，仇人自也不愿受怨，因为怨绝不至在仇人身上反变为好。（三）关于内容——要使它调和，借以免除冲突、矛盾。就前项所举的例：假如常人要有行，文人无需有行，有行在常人是好，在文人不是好，这不是冲突么？假如报朋友以德，报仇敌以怨，德施于朋友是宜，施于仇敌不是宜，这不是矛盾么？所以要除去冲突和矛盾，只在使道德的标准划一。（四）关于目的——要不顾外界的利害、物质的苦乐，某件行为自身如果是好，便要竭力去做。例如上面所说的无行和怨，它们自身就坏，决不可因其在文人便可恕，文人本不该享此便利，对仇敌便是宜，仇敌原不应受此痛苦。

五、哲学的定义

根据以上讨论的结果，我们得到一个哲学的定义，这定义可分三点写出。哲学是：（一）人类知和行两方面所得真理的荟萃，好比许多光线的焦点；（二）人类心灵所达到的极高、至全之境，人类理性的十足表现；（三）知识或生活中各阶段之王，它们通通对这王进贡着所收获一部分真理的果。所以哲学亦学亦术（science as well as art）——理论上的知和实践上的行完全吻合。

上面定义中的关键字眼，在名词方面有"知"、"行"、"真理"、"心灵"、"理性"，在形容词方面有"荟萃"、"焦点"、"极高"、"至全"、"知识或生活中"、"一部分的"、"亦学亦术"。若贯穿这些字眼更立一个简单的定义，便是：哲学是知行合一极高的真理，亦学亦术至全的东西；它的利器是理性，它的领域是心灵，它的附庸是知识或生活中的各阶段，它的性质是各阶段所得一部分真理的荟萃或焦点。

柏氏的哲学定义，表现以下重大的意义：（一）知行两方面极高的理想；（二）知行的合一。我说，西洋几千年的文化就是走它的路，成就它的理想。你看，西洋人对于科学的苦心研究，不是向知的最高理想而追么？关于政治、社会、经济的努力改良，不是向行的最高理想而进么？至于科学研究的结果，处处应用于人事，这不是知不忘行，不是知行合一么？政治上、社会上、经济上种种的实际问题，无一不求理论的解释、学理的根据，以求正确深刻的解决，这不是行不忘知，不是行知合一么？此外西洋人还有个特点：自然界的研究既有成绩，自然的公例既有所发现，因为要应用到人事，便成立了许多应用的自然科学（applied natural sciences）；关于政治上、社会上、经济上学理的讲求既已成熟，原则的探讨既有所创获，因为要实行出来，便于政治学、社会学、经济学之外，还产生不少实用的政治学、社会学、经济学等等，统称之曰应用社会科学（applied social sciences）。这种办法，无非讲求如何应用的道理、怎样应用的方法种种，都是把应用的问题化成学理的问题，实践的问题归到理论的问题；一切从求知出发，求知之效归于致用，致用的大成又蔚成知识和学理，于是什么都成科学，这便是寓行于知的结果。于此可见柏氏学说影响西洋文明的深处，西洋人如今还不断地研究它，"良有以夫"！

第四节　结论

前面曾说，人类对宇宙秘藏的开发正是方兴未艾，宇宙不断地进化，知识没有止境，生活永远向上；前面也说，哲学就是知识，也就是生活；那么哲学自然也是无止境的，永远向上的；所以柏氏主张世上没有已经完成的哲学（completed or finished philosophy），也没有人可称为已得全部的智慧（perfect wisdom），充其量只得叫作爱智者（lover of wisdom）。前面又说，最高的意典是上帝，上帝是真、美、善的最高理想（ideal）；这理想的性质虽然不变——总是最高的——但是它的内容却随知识的进步、生活的向上而往前推，所以人类的努力进一步，他们的理想也往前推一步。人类不断地努力，则理想也不断地往前推；反之，因为理想不断地往前推，所以人类不断地努力；那么理想正是人类社会进化的枢纽。于此可见柏氏于几千年前已知人类社会是有进化，是和自然界一样地在那里进化。此外还可以悟到柏氏哲学所以没有系统的缘故，他故意不立系统，就因为哲学不断地在那里演进；所以他没有系统，不是他思想的缺点，倒是他思想的伟大处。

现在试把柏氏心目中知识发展—生活扩充—哲学进步的程序，制图如下。图式由下而上，表明进步，一方面指出知识中的各阶段。四周围的暗线表示知行合一——整个的知识或生活；中分的暗线表示知识或生活中的知和行两方面。顶上"知识 ↔ 哲学 ↔ 生活"一号表示真、美、善的极高标准—知识或生活的最高理想—哲学的最大造就。

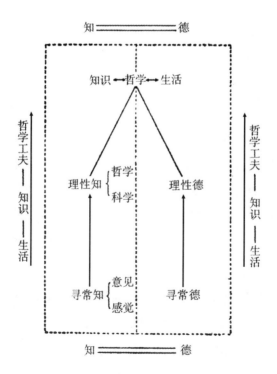

第五章　辩证学

第一节　引端

辩证法 ——dialectic—— 这名词的原义只是对话，不过希腊人最重语言，这名词经他们一用，便加上特别意味，变成对话的技术。到柏拉图手里，又不光是对话的技术，这对话是特种的对话，这技术有个固定目标 —— 求知识，因此又变为用对话求知识的技术。求知识就是攻哲学，那么求知识的技术就是攻哲学的方法；再为引申，这名词便与哲学互用。这是广义的用法。求知识的基本工作在于把捉宇宙间有常的东西，哲学的磐石乃是不易的真理；意典就是有常的东西、不易的真理，辩证法以意典为对象，所以它的工作是求知识的基本工作，它的对象是哲学的磐石。换句话说，没有它这部分的努力，哲学便无从发展了 —— 格致学也好，伦理学也好，都不能成立，因为前者所研究的是自然界的现象，后者所讲求的是人事界的现象。现象是什么的现象？它何所依据？现象是本体的现象 —— 本体的表现，它依据本体。所以不论自然、人事，背后都有个本体 —— 固定不易的原理，这本体或原理就是意典，意典若不先弄明白，好比开河不溯其源，便无从下手 —— 自然的研究也不可通，人事的讲求也不可能。由此看来，辩证法又有个狭义的意义，就是哲学的磐石，换句话说，哲学内部最基本的一门，有这一门，哲学才站得住，才能够扩充到其他各门的研究。本章所谓辩证法是指狭义的，本章——辩证学——摆在格致学和伦理学之前，也正表示基本的意思。

　　总结前段"辩证法"一词含义的变迁，可分四层如下：（一）寻常的问答或对话——这是它的原义；（二）说话的技术——这是希腊一般学者，如辩士们的用法；（三）用对话求知识的技术，引申为哲学的别称——这就是柏氏广义的用法；（四）知识基本的工作，哲学磐石——意典——的探讨，哲学内部最基本的一门——这是柏氏狭义的用法。但是由对话的原义，竟能渐渐变成哲学的别称，或哲学内部的一门，却为什么缘故？前面说过，柏氏心目中的思想就是对己说话。思想对的，所说的话自然对；话说对的，思想也对；所以说话的技术就是思想的方法。思想是哲学的事，那么说话也是哲学的事，因此一为引申，辩证法便成哲学的别称。思想愈精，话说得愈妙；话说得妙，正表示思想精。因此辩证法再为引申，又变成思想方面最精细的工作，哲学内部最彻底的研究——意典学——的专名。

第二节　意典说之成立

一、历史背景

　　柏氏的创造力固然大，同时吸收力也强，他的意典说就是摭取前人之论，加以自己一番创造而成的。我们查考此说历史上的元素，有如以下各派：（一）赫拉克利图派；（二）苏格拉底派；（三）埃里亚派；（四）毕达哥拉派。此点在第三章论学说渊源的一段上，已经说过，可与此处相参证。

　　赫派所告诉柏氏的是：感觉界的知识毫不可靠，因为它是变动不居。苏派所告诉的是：感觉界的知识虽然不可靠，超感觉界的却是可靠，因为它是固定有常。埃派所告诉的是：宇宙间有个本体叫作"有"，唯一无二，无始无终，不动有常。毕派所告诉的是：宇宙的原理是数，数是固定不变的，世上的一切都是它的分合聚散，换句话说，是从它演化出来的。

赫氏对于感觉界知识的不信任，正给柏氏一个打击，假如没有苏氏另辟超感觉的新途径，他尽许陷于彷徨无路的恐慌，所以苏氏对柏氏的贡献最大，柏氏的全部哲学奠基于意典说，意典说即从苏氏求概念的主张出发。苏氏以为正确可靠的知识必须建筑在适当的概念上，于是他替伦理界立定规则、人类的行为认清标准；柏氏不只跟上他的路，而且往前迈，更替自然界立定规则、宇宙的一切认清标准——这种无所不包的规则、无所不及的标准，便是他的意典。他既走上苏氏的路而求概念上的对象，这对象便是意典。但是意典的内容怎样，它的概念如何确立？于此柏氏却受埃派的启发，意典仿佛彼派的"有"，乃是静的、常的、久的、一的、总的；总而言之，凡感觉上的性质都不能加上去。到他晚年和毕派接近后，更以数的原理解释意典的意蕴，如多（multiplicity）统于一（unity）、一分为多，正是意典彼此互相汇合、分散，而成整个的阶梯系（hierarchy）的由来。

总而言之，柏氏的意典，第一步是苏氏概念的扩充——由人事界扩充到全宇宙。第二步是他的概念的客观化、形上化。怎么说呢？苏氏的概念只是伦理界知识的一种规则，多少还带些主观性，到柏氏手里，却变成独立自在的、宇宙一切的范畴；意典能够独立自在，不是客观化么？它们成为宇宙一切的范畴，不是形上化么？至于埃、毕二派的学说，只对于概念的客观化和形上化这方面略有帮助，还不是意典说成立的第一关键。

二、种族遗传

前面说过，意典是概念的客观化、形上化，它们自成世界，在这世界里面仿佛历历可见，其间秩序井然——这是柏氏最大的理想结构。此点和希腊种族的遗传性大有关系。大家知道，希腊人最富美术观念，他们的作品有以下特性：（一）明晰的界线（clear limitations）；（二）确定的形式（firmly outlined forms）；（三）齐整的节奏（well-balanced rhythm）；（四）完成的格式（finished type）；（五）具体的表现（concrete visibility）。柏氏继承了他祖宗的遗传性，所以在学说方面的构造，也带一种美术的要求。你看他的意典，和事物不是俨成两界，界限分明么？它们的内容不是很确定，和事物毫不相混么？它们不是成个阶梯系，秩序非常齐整么？它们的世界不是自成系统，没有亏陷么？它们在理想中不是实有其物，历历可见么？总而言之，意典说是希腊民族的特产品。

三、个人动机

柏氏之所以创为意典说，背后有个动机。他的知识欲极强，自不消说了。意典说就是为满足此欲而成立的，何以故呢？前章提过，知识只是人类对于宇宙现象的记录。须知凡可以记录的必须有相当的不变性，假如不断地在那里变，不说无法可记、无法可录，即使可记、能录，又有什么用处？因为等你记录好，它已经不是原样了，你的一切努力都成虚掷。所以要记录宇宙现象，必须取其中的不变部分；既是不变，方为可记，记下能够传递，以收利用厚生之效。柏氏见到此点的重要，他认为万物的外表都是变动不居，无法把捉，纵使能够把捉，也是毫无可靠，所以爽性丢开这方面，向另一方面努力。所谓另一方面，就是万物的内蕴，内蕴才能不变，关于它的知识方为可靠，方是有用。他的意典就是事物的内蕴。不管它意典也好，内蕴也好，它们的意义总不外乎知识的根基，没有它们，知识的脚便无处可踏，无处可踏，便不能往前进。亚里士多德有一段话，正表示这意思，他说：

> 相信意典说的人之所以相信，只是因为，关于事物可靠不可靠的问题，他们采纳赫拉克利图的主张，以为感觉上的事物总是变动不居，知识或思想如果有个对象，那么除开感觉上的事物之外，必须另有不变的东西，因为在常变的状态中，任何知识都不可能。（亚里士多德：《形上学》，Ross 译本，Oxford University Press 版，Book M，4：13-19）

凡固定不变的总是抽象的原理之类，有形体的个物不会有恒久性，所以柏氏的意典，用今日的眼光看，尽可当作宇宙的原理，和科学上的公例同一性质。须知这种抽象的原理是求知识的第一关键，苏格拉底以前的哲学家不曾得到这个关键，所以他们翻来覆去，总以具体的东西（如水、火等等）当宇宙的原理，具体的东西无有不变，于是原理始终不能确立，而他们的工作等于子虚。苏格拉底知道求概念，可算首先得到这关键，柏氏继续努力，于是求知识的正路方才确定，一直到现在的科学，还是走这条路。我相信，将来求知识的人，如果所求是可靠、有用的知识，舍此路恐怕没有其他了。

四、知识根据

意典说的成立，在知识方面有两个根据。换句话说，知识上有两条理由，可以证明意典的存在：（一）苏格拉底的概念上的知识论（doctrine of conceptual knowledge）；（二）潘门尼底斯的"知"、"有"相应论（doctrine of the identity of being and knowledge）。

与苏氏并世的辩士们，因为厌恶前人那些各种各样、莫衷一是的学说，便对知识下个总攻击。他们说，世上没有可靠、普遍的知识，有的只是个人主观的意见。苏氏听到这话，却大不以为然，他说，感觉上的知识固然不可靠、非普遍，但是概念上的知识却是可靠而且普遍的。柏氏出于苏氏门下，受苏氏学说的洗礼，便相信有可靠、普遍的知识，这种知识不是感觉上的，而是概念上的，不属形下，而属形上，不在物质，而在思想。这个大前提既定，他便着手确定这种知识的对象。他以为个人主观的意见所以不可靠，只因为以感觉上的事物为对象；普遍客观的知识如果可靠，必须在感觉上的事物之外另求对象，同时这对象还要固定有常，不像感觉上的事物那样变动不居。他寻求的结果得到意典，意典他认为是可靠、普遍的知识的对象。反过来说，假如不承认意典的存在，那么根本上就是推翻可靠的、普遍的知识之可能性！

潘氏主张"有"皆可知，凡有某物的存在，那物必可被我们知道；反过来说，有某种知识，必有某种对象。知识可靠的程度与对象正确的程度成正比例。"非有"（non-being）绝对不可知，介于"有"与"非有"——最正确的东西和没有东西——之间，还有较低程度的"有"——较不正确的东西，所以也有模糊不可靠的知识与之相应，这类知识就是所谓个人主观的意见。俨然世界上有可靠的知识，它的对象自也不是介于"有"与"非有"之间较低程度的"有"——不正确的东西。可靠知识的对象既然不是不正确的东西，那么必是正确的东西，这正确的东西是什么？是意典，意典是可靠知识的对象。

第三节　意典说

一、意典的性质

论到意典的性质，我们发现以下各项：（一）普遍性（universal）；（二）纯一性（uniform and self-identical）；（三）永久性（eternal）；（四）独立性（unconditional）；（五）实在性（hypostatical）；（六）目的性（teleological）。

意典非他，只是一类事物（a genus or species of things）的共同性质。例如一切黄色的东西，不管它是书，是纸，是砖，是瓦，是皮箱，是桌子，反正都是黄的，黄是它们的共同性质；不问所附丽的东西是什么，单抽出这黄，然后再经过理想上的实在化，便成意典，叫作"黄"。这"黄"是一切黄色的东西所共有，在它们不是普遍的么？"黄"既如此，其他意典莫不皆然，所以凡意典都具普遍性。但是各意典的普遍性比较起来，还有广狭的不同？这就看它们所站地位的高低而定了。高的意典普遍性广，低的自然就狭。例如"黄"这意典，它的普遍性只及于一切黄色的东西，绿色的它就管不着了；"色"的意典则能遍及一切有色的东西。"挺硬"（hardness）这意典及于一切凝体（solid body）的东西，液体（liquid body）的就与它无干；至于"体积"（volume）却能兼及二者。那么"色"的普遍性比"黄"、"绿"的广，"体积"的比"挺硬"的广，其他意典依此类推。

一个具体的黄色东西，还许是方，是硬，是滑……许多复杂的性质尽可附丽在同一物体。意典却不然，"黄"只是黄，绝不带方，或其他性质，所以它是纯的。甲比乙高，他带高的性质，而比丙矮，又带矮的性质；同一的人可高可矮，那么在他身上高就是矮，矮就是高，二者岂不相等？意典却不这样，"高"只是高，"矮"只是矮，天下古今没有第二个东西与它相等，那么岂不是除开自己等自己之外，等号不能加到它身上？所以它是一的——只有它一个，绝对找不着和它类似的。纯一包含绝对的意思，你看一个东西既是没有与它相等的，只好自己等自己，这不是绝对么？意典恰恰如此，所以意典是绝对。由此便能看出柏氏何以瞧不起形下的东西——具体的事物。因为形下的东西无有不是一物而兼几样性质——又黄，又硬，又滑，乃至亦大亦小，亦高亦矮，不特复杂，而且有时冲突矛盾。柏氏见此情形，怎能不把它们当作幻象？

凡普遍的东西无有不抽象，抽象的自然没有形体，没有形体就不占空间和时间，不占空时的当然会永久。这句话还须加以说明：具体的东西不能普遍，因为既有形体，便不能无所不在，无时不在。例如这张桌子，此刻在这里，那刻在那里，在彼便不在此，此刻在此便不同时在彼，这是谁都明白的事。那么换句话说，具体的东西都占空时，既占空时，便逃不了变动存亡，谁都知道，凡有变动存亡的都不永久。意典是抽象的东西，所以没有变动存亡，没有变动存亡，所以会永久。

方才说意典没有变动存亡，凡变动存亡必有原因，这原因不是由于自己，便是出于外物。变动存亡由于外物，是受外物的影响或支配；意典没有变动存亡，当然不受外物的影响或支配，不受外物的影响或支配，便是独立，所以意典有独立性。

柏氏的意典，简单说来，就是苏氏的所谓概念加以实在化。概念的成立由于抽象（abstracting）功夫——就各色各样的东西，取其共同之点，而成概念。概念之在苏氏，止于概念——只是抽象的共性（abstracted universal qualities）。柏氏还不满意，以为这种抽象的共性，毕竟带些主观色彩，还不够确实，必须经过实在化，实在化以后，便成纯客观的意典。他的哲学有人称为实在论（realism），就因为这缘故。须知意典而有实在性，不只是思想上的抽象作用，这点便决定了柏氏全部哲学的趋向，他的哲学成为二元论，只是因这缘故。他所以瞧不起具体的东西，而视为幻而非真，这也是一个原因。前面说过，具体的东西往往一物而兼几样性质，这些性质，在他看来，都是实在的东西，因为它们个个都有所本，都得分（participate）一些它们的意典的内蕴，它们的意典既是实在，它们自然也是实在。那么在同一时空之内，几个东西挤在一起，岂非笑话？举个例子：这里有个橘子，黄色是个实在的东西，甜味又是个实在的东西，乃至圆形和硬、滑等性，无一不是实在的东西——这些实在东西同时在一个地方，怎样可能？这不是幻么？我们战国时代的公孙龙所谓"白马非马"，与此正是同一问题。马中有白，白中有马；说它是马，它却是白，说它是白，它又是马，所以不但非马，尚且非白。究竟是什么？这可没人能说，所以成为迷途（dilemma）。但是据柏氏看，现象之所以为幻，因为它们内部发生冲突矛盾。其实用近代的眼光看，困难都在把思想上的概念当作外在的本体，抽象的性质视为实在的东西。古人用思想的特别功能（special function）把具体东西的性质一一抽出，而成单纯的概念；既抽出之后，却忘记这些概念只是思想上抽象的结果，并没有实在性，它们在一件东西里面和它混成一体，不曾有现成的分割。因为忘却这点，便把主观的概念变为客观的意典，抽象的性质形成实在的东西；实在的东西自然不能同时同地挤在一起，所以才有公孙龙"白马非马"之辩，柏拉图具体事物皆幻之说。

前面提过，柏氏的哲学是目的论的，所以他的意典同时也是目的。例如桌子的意典，便是具体的桌子的目的。我们若把意典当作理想（ideal）看，这话便易明白。据柏氏看，世上一切事物，上面都有个完满的理想，这理想便是它们的目的。宇宙的一切无有不进化，进化的历程就是向着理想而进，所以宇宙愈进愈好，愈变愈完满，因为它愈走愈近目的。按这道理推论起来，他的哲学可说是乐观派的。据我观察，柏氏宇宙论所以也带目的论的色彩，换句话说，自然界事物的意典所以也有目的性，正是从他的伦理观念来的。前面说过，他老师苏氏为学限于伦理，所求概念只是人事界的概念；柏氏承继苏氏学说，他的意典论是从苏氏的概念出发，因此也可以说，他的全部哲学乃是以伦理问题为发源地。须知苏氏的伦理说是目的论的，为什么呢？你看他的第一原则在确立诸德的界说，固定诸德的概念，这些界说或概念只是行为的界说或概念，换句话说，就是行为的标准，行为都要向着它们而发，所以也叫作目的。柏氏既承继苏氏的伦理说，以苏氏的概念为出发点，那么他的伦理说当然也是目的论的。然后再把伦理的讲求推广到全宇宙的研究，行为概念的探索扩充到事物意典的寻讨，于是便于不知不觉之中，把它们的目的性带到宇宙论上，加入意典说里，这也是很自然的事。

二、意典的意义

柏氏的意典有三重意义：（一）本体上的（ontological）；（二）目的上的（teleological）；（三）逻辑上的（logical）。

从本体方面说，意典是宇宙的真"有"（real being），事物的真如（thing in itself）。事物之所以为事物，全靠有意典在它们背后，换句话说，全靠它们能分得一些意典的内蕴。就其性质论，意典乃是变中之常、动中之静、暂中之久、多中之一、散中之总、杂中之纯。

宇宙一切变动不居的事物，不论属于自然界或人事界，都有个模型（pattern）存于不变有常的本体界里面。这些模型就是一切事物之所趋向，因此也叫作它们的目的。意典是模型，所以就是这目的。它们好比艺术家理想中的图画，理想先在艺术家的心里，然后借种种原料表现出来；意典先存于本体界，然后寄托在现象界的万物。

宇宙现象本是乱杂无章，它们是变的、动的、暂的、多的、散的、杂的，意典一来，便给它们一个秩序——化变为常，化动为静，化暂为久，化多为一，化散为总，化杂为纯；意典是思想的利器，有了意典，人类才有法子对付宇宙的森罗万象。逻辑是思想的方式，意典既做思想的利器，所以也涵逻辑的意义。

上面所举意典的三重意义，从另一观点看，又可分为主观与客观两方面。前两个属于客观，后一个属于主观。先从主观说起：意典是思想的利器——人类认识外界所用的法度。方才说，外界是变的、动的等等，人类能操此利器，用此法度，把变的化为常，动的化为静……可是这种利器或法度，并非得自外界的经验，乃是与生俱来，所谓先天的意念（innate ideas）便是。但是从客观方面说，意典又是外界一切存在（existence）的秩序，这种秩序是单纯的（simple）、非物质的（incorporeal）、不可分割的（indivisible）、永远不变的（immutable）。认真说来，意典只有一个意义，所谓主客观不过对人而言，它们本来的意义还是万有的秩序，人类知识也是万有之一，所以它们做人类知识的法度，就是做万有的秩序之一，换句话说，本也不背其为万有的秩序。

我说，柏氏主张意典涵有主客观合一的意义，曾受潘门尼底斯"知"、"有"相应说的启发，而同时有以补充潘氏之说。宇宙的万有，人类知识实居其一，人类认识身外之物，就是万有之一和其余的交通，这种交通必有所以交通之道，这交通之道便是意典。只因为意典是万有的共同秩序，所以万有之一的人类才能与其余的交通，才有媒介交通；不然，没有媒介，没有共同的根据，又怎样交通？

潘氏说，凡"有"皆可知，凡"知"都有个"有"做对象。"知"与"有"背后必有共同的根据，不然，二者哪能相应？现在柏氏可找着这根据，就是意典，就是主客观合一的意典。

三、意典是什么

问到意典是什么，我们可得一个答案，这答案分为九项如下：（一）变中之常（permanent in the mutable）；（二）动中之静（immovable in the morable）；（三）暂中之久（eternal in the passing away）；（四）散中之总（unity in the scattered）；（五）多中之一（one in the many）；（六）异中之同（common in the manifold）；（七）独中之共（universal in the individual）；（八）杂中之纯（pure in the mixed）；（九）亏中之全（perfect in the imperfect）。

上面的答案，举个实际的例子便可明白：譬如橘子，刚从树上摘下还带青色，过几时渐渐转红，这不是变么？由南运到北，不是动么？经春便烂，不是暂么？这里一个，那里一个，不是散么？一树累累不知多少，不是多么？虽然大致相似，其实没有两个完全一样，这不是异么？一个是一个，不是独么？大小、圆扁……种种不齐，不是杂么？有以上种种缺陷，不是亏么？至于橘子的意典，却又怎样？它是抽象的，没有形体，不占时空，所以永远不变，不可移动，不会坏烂。它只有一个，所以不会多，不会散，也无异之可言。它被所有的橘子模仿，不专寄托在哪一个上面，所以不是独的而是共的。它只是那一个，所以只是那样大、那样圆，不会有较大较小、较圆较扁的不齐，因此就无所谓杂。凡橘子所有的缺陷它都没有，所以便是全。

总括前面所说"X 中之 X"等等，上 X 皆属形下，下 X 都属形上，形下是现象，形上是本体，现象幻而本体真。但是我们要十分明白意典是什么，试来想象一切同属一类或一别（a genus or a species）之下的个物（individual things），脱离时空的制限、物质的执着、不足的亏累，然后化而为一（reduced to unity），再加以实在化，便是意典。这话还须加以说明：第一步为什么要想象？因为现象界无有此境，只得证之于思议之中。何必说个物？因为从虚的着想不如从实的着想，从实的着想比较来得真切，容易明白。个物何必同属一类或一别之下？因为必须如此，概念才能成立，而意典只是概念更进一步。个物而脱离时空的制限、物质的执着、不足的亏累，这又怎么说？是说用抽象的方法，把它们的时间性和空间性抽去，再把物质成分除却，这就脱去可见可摸的形体，而归于形上；然后再免掉种种缺陷，这就把它们理想化；更进必须化而为一，因为虽然同属一类或一别之下，虽然已经归于形上，成为理想，但是还免不了各为各的，必须化而为一，然后才成此类或此别中的唯一理想、公共模型。以上只是抽象的结果，还不过思想中的想象物，并没有外界的存在（real existence）；迨经实在化，然后才成本体，才是柏氏的意典。

总结上文所论，我们可得意典的界说如下：意典是万有的根源；换句话说，万物的模型；再换句话说，宇宙的本体。实际上九个字就可以代表意典：常、静、久、总、一、同、共、纯、全。人类所以认识意典，由于思想的抽象作用，把事物的内蕴抽出而成概念，然后再把概念实在化而成意典。

四、意典界与事物界

柏氏每提意典，都是多数的——他不说 idea 而说 ideas，可见此中有个道理。他的意典是无限的，世上的东西无一不有意典，这有两个原因：（一）他的大前提是：事物皆幻，意典皆真；事物之所以为事物，在于模仿意典——意典是模型，事物是仿造品。哪里有仿造品而没有所仿的模型，有事物而没有它所自来的意典？反过来说，没有意典的事物便不存在（non-existent），不存在则不产生概念，没有概念也没有意典。（二）事物无有不可归类，凡可归类的都有概念，有概念便有意典，所以意典所达的范围和概念恰恰相同。举个例子：世上只要有两件东西是同样地有脚有面，桌子的概念便能成立，有桌子的概念就有桌子的意典。天下的东西纵使离奇到万分，总有一些相同之点，只这相同之点就是意典成立的根据。须知承认事物有同点，就是苏、柏二人的学说与辩士们分驰的地方，同时也是一切知识最基本的假定；如果没有这个假定，知识便找不着出发点，所有知识都不可能。这假定的重要于此可见。

因为世上的东西个个都有意典，所以不管它美善也好，丑恶也好，伟大也好，细末也好，一概都有意典；非但如此，自然物、人为品、实质、概念（如物德，或称性质［qualities］，如关系［relation］，等等）、动作，以及数学上的图形、文法上的形式，无一不有意典，最奇怪的就是负的概念，如"亏"、"无"等等，也有意典。

一切事物都有意典，但是这些意典并不与事物同列，好像两副东西那样不分上下；意典乃是超乎事物之上，它们自成一个世界，这世界当然是永久不变的，此外还可加上三个形容词，就是至真、至美、至善。灵魂未降生之前，在这世界内饱观意典，降生时忘却这个经历，等到再与形下的事物接触，便唤起对于意典的记忆。所以据柏氏看，一切知识只是回忆，在人不是新的东西，不过旧事重提；就伦理方面说："是非之心人皆有之"，不过有时为物欲所蒙蔽，好像对于意典的经历，被降生时候的劫难所迷忘似的。

意典非但自成世界，而且在它们世界之内，秩序井然。它们虽然是多数，却不是胡乱的堆积，乃是有系统的配合。它们彼此间的关系，正像全体中各部分的关系，各有各的地位，以共赴一个目的，所以俨然成个阶梯系，按级而升，最终达于极高的意典——这就是目的。意典成个阶梯系，正和概念的分类立别同例，或许柏氏如此办法，也就是受苏氏对于概念的同样办法的启示。按苏氏的办法，最初从个物中抽其共同要素而成概念，然后这些概念之上又有概念统括它们，依此类推，最后有个极高概念统括一切概念。例如抽出一切有脚有面的东西的共同要素而成桌子的概念，用同样办法而成椅子、床铺、围屏等等的概念，然后这些概念之上又有个家具的概念统括它们，家具的概念又与其他概念共属于另一更高概念，依此类推。意典之成阶梯系，与此同一办法，它们的最高目的就是所谓"好"。但是此中有个现象，不可不知：这个阶梯系愈低愈复杂，愈高愈单纯；愈下层同列的愈多，愈上层同列的愈少。换句话说，愈低的意典愈相对，愈高的意典愈绝对。画个图便可明白：

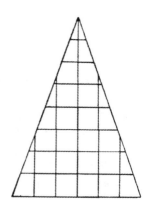

上图横行代表层级，直行代表每层中同列的意典。你看愈上同列的愈少，这包含两个意义：（一）愈上愈单纯；（二）愈上愈近绝

对。实际上柏氏不曾把所有的意典一一分类立别，组成一个阶梯系，但是他明明白白地指出这个可能性。须知他对于意典的这种要求，也是出于爱美的精神，意典的阶梯系简直是一种美术的构造。

柏氏所以辟个意典界，按思想发展的程序说，是因为事物界的一切都靠不住，要找个靠得住的。所以我们要明白意典界的真相，必须同时拿事物界来比较。而两界的不同如下：（一）就本质说，意典界是"有"（being），事物界是"流"（becoming）——"有"是静的、常的，流是动的、变的；静的、常的是真如，动的、变的是幻象。（二）就地位说，意典界是模型，事物界是仿造品，意典界是正本，事物界是副本——意典界独立自在，事物界靠意典界而存，所以意典界是绝对的，事物界是相对的。（三）就存在的媒介（medium of existence）说，事物界必须存在于时间与空间里面，意典界却是超时空的——唯其超时空，所以才不会动、没有变。（四）从知识的对象说，意典界是思想的对象，事物界是感觉的对象。思想的对象无形、无色、无声、无嗅，所以是抽象或形上的；感觉的对象有形、有色、有声、有嗅，所以是具体或形下的。

柏氏于事物界之外另辟意典界，而这两界并非尔为尔、我为我，乃是有相当的关系，关系如何？方才说，意典界是模型，事物界是仿造品，那么它们的关系就是仿造品和模型的关系，所以柏氏说，事物模仿意典，分得意典。但是模仿毕竟是模仿，总有不到的地方，分得毕竟是分得，总有未得的成分，这是一点。一个事物同时不止模仿或分得一个意典，例如橘子，同时分得圆的意典、黄的意典、甜的意典等等，所以它是杂的；非但杂，而且有矛盾，换句话说，还分得相反的意典，例如这个比那个大，却比另一个小，这就同时亦大亦小——同时分得大的意典和小的意典——这不相反么？这又是一点。这种复杂和矛盾的现象，唯有思想能够对付。感官之于事物，安于现象，换句话说，杂就任它杂，矛盾就任它矛盾，所以见橘就说是橘，见大橘就说是大橘，见更大的就说原来的小；思想却不然，它绝对不肯安于现象，换句话说，杂也不放它过，矛盾也不放它过，务必找出不杂、不矛盾的，所以见橘就知道它是同时分得几个意典，看见更大的就知道它不是同时亦大亦小，亦大亦小乃是起于比较，相对的东西才有这种现象，绝对的没有。所以感官之观物，观其面而已，思想之观物，却要观其里；意典是事物的里，唯有思想能见到，所以是思想的对象。

方才说，事物界和意典界的关系是仿造品与模型的关系，但这只是一种解释上的比喻，其实它们的关系有个特别性质。我们寻常因为要造某品，才打某样模型，换句话说，模型是为所造品而具，假如没有所造品，换句话说，假如不想制造某件东西，模型便无所用，所以所造品是目的，模型是手段。但是关于这点，柏氏的意典界和事物界的关系却不如此，在他所视为模型的意典倒是目的，所看作仿造品的事物反成手段，这是他的特点。此中有两层意义：（一）他的意典和事物的关系是本体与现象的关系。虽然我们以为他的宇宙论逃不了二元的色彩，但是在他总不承认是二元。为避免二元，只好提高其一，抑低其他；既必须有所轩轾，自然是提意典而抑事物，因为后者变动不居，前者却是不变有常。（二）这种提抑的办法，关键在于目的论上，以所提的为目的，所抑的为手段；手段自身不能独立，必靠目的而存，自己不成一体，只是目的中的一部分，事物界之于意典界，正像手段之于目的，因此二元色彩便可取消（其实何尝真能取消，其原因第三章已经提及）。

五、一与多

事物之为多，最为明显；同是桌子，不知有多少张，其他东西莫不如此。这不是散漫得很？意典一来，便把许多散漫的东西统而为一；例如所有的桌子只有一个意典——桌子无数，是多；桌子的意典只有一个，是一。但是前面曾说，柏氏每提意典，都是多数，可见非但事物多，意典也多。事物多，用意典来补救，意典能把它们统而为一；至于意典本身也多，那可怎么办呢？柏氏提出一个办法，就是意典的交通（communion of ideas）。意典的交通有两方面：（一）汇合（combination）；（二）排拒（exclusion）。其实这也是从苏格拉底的概念的分合来的。现在举个例子："凝"的概念与"体"的概念合而成凝体，"流"的概念也和"体"的概念合而成流体，一个"体"的概念能与"凝"合，又能与"流"合——这叫作汇合。"形"的概念能与"凝体"合，因为凝体有形；但不能与"流体"合，因为流体自身没有形，只借盛托它的东西的形为形，而这借用之形还是时时变换，毫无固定。例如用圆缸盛水，水显得圆；用方桶盛水，水便显得方了——水不能说是圆，是方。换句话说，"形"的概念不能和"流体"合在一起，这便是排拒。

概念有这种分合的办法，所以概念之上还有更高的概念统括它们，一层一层往上推，最终可以得到一个统括一切概念的概念，因此概念彼此之间自成系统，秩序井然；柏氏把这种办法照样移到意典，所以意典也自成系统，所谓阶梯系便是。由此看来，意典虽多，但是有个联络的方法把它们统而为一，这是多中之一；反过来说，意典虽一，但是也能找出相排之点把它们分而为多，这是一中之多。多中有一，一中有多，这样一来，第一，把事物界和意典界的涣散的困难都解决了；第二，把埃里亚派的唯"有"论修正过来，可谓一

举两得。事物界形形色色的东西，按类用意典统括起来，这是解决
事物界涣散的困难；例如所有的桌子统归一个桌子的意典，所有的
椅子统归一个椅子的意典，其他依此类推。但是事物的类别毕竟还
是多的，一类都有一个意典，意典自然也多起来，于是再用汇合的
方法把它们统而为一，这是解决意典界涣散的困难。至于埃派潘门
尼底斯的"有"，只是一块硬板板、塞满宇宙、一片连续不断、绝对
不可分割的东西。像这样的本体，绝不会产生多的现象，换句话说，
宇宙间的形形色色便无所归宿；再换句话说，把这"有"当作宇宙
本体是讲不通的。但是现象中的多，却是事实，不能抹杀，所以柏
氏爽性承认一中有多，以见这多原是本体的表现，使它们有所归宿。

六、意典与动因

柏氏又把意典（特别是最高的意典——"好"）当作动因
（efficient cause），世上一切东西的存在（existence）与内蕴（essence）
都是它们所赋予的。所以他把意典比作上帝，他曾提到一个宇宙创
造者（the demiurgos, the world-builder），这个宇宙创造者似乎是指
最高的意典——"好"。

他所以把意典当作动因，有个缘故。动因非他，只是一种能
力。他说，事物因意典而存在，意典能使事物存在，自身必有一种
能力；事物分得意典，意典被事物分得，自身必有被分得的可能性。
论到知识方面，我们何以能知道意典？就因为意典有一种可知性。
根据这个理由，他便把意典看作动因。

非但如此，他还以为意典有理性，有智慧，有生命，有动
作。我看这正表示古代思想的特征。古代的思想总脱不了物活论
（hylozoism）的倾向，他们把人来比宇宙，仿佛宇宙是个放大的人。

人有理性，有智慧，有生命，有动作，所以宇宙也有。人有动作，能做出许多东西，所以人是动因；宇宙既像人，那么宇宙也有动因，这是意典所以亦为动因的缘故。凡能动的自身必含个主动或指挥的部分，理性在人是主动或指挥的部分，所以在宇宙也是；凡有理性的必同时有生命与动作（又是以人为例），所以宇宙也有生命与动作。这是意典因为是动因，而连带着有理性，有智慧，有生命，有动作的缘由。

但是从柏氏的整个系统看来，此点似乎无关紧要。他的哲学重在本体方面，现象是他所忽略的，所以关于事物如何分得意典，意典如何能使事物存在，等等，于他倒不是中心问题。并且如此看法，意典俨然成为宗教上有人格的神，这和他的全部系统不甚调和。所以德国哲学史家于伯未格（Überweg）把这种主张归于他的门徒，也未尝没有道理。

七、意典与数

柏氏的意典说既经成立之后，晚年和毕达哥拉派接近，又吸收他们的学说，把数理和意典弄到一起。此点在他的全部系统上虽然不甚要紧，但总算他晚年思想上的一个小小变化。

毕派用数代表宇宙的一切，例如说，某事某物是某数，某事某物的变化等于某数的变化。亚里士多德有一段话，且引在下面：

> 首先研究数学的毕达哥拉派的人，非但对于这门学问有相当的深造，而且……相信数的原理就是一切事物的原理。……他们在事物方面发现许多与数相似之点，非但在水、火、土这类东西里面有这样的发现，而且明白指出某某数是公道，某某

数是灵魂，某某数是理性，某某数是幸运——乃至一切东西无不可用数来代表……（亚里士多德：《形上学》，Ross 译本，Oxford University Press 版，Book A，5：22-32）

我们中国古代也有这类思想，《易经》这部书正代表此等思想，降至宋儒，他们《太极图》的说法，就是更明显地用数来推究宇宙的变化。我们可以把这派人叫作唯数主义者。唯数主义者在思想史上，自有相当的地位，他们的目的也在把捉宇宙的现象，他们的工作也是就变动不居的事物里面，求永久可靠的秩序；柏氏一向努力的目的与他们正同，所以一听到他们的学说，便想法子吸收。这派人那样极幼稚地、很可笑地用数来解释宇宙的一切，浅薄之士必以为这种思想便当永远绝迹于思想史上，谁知今世的科学愈发达，数的应用愈深愈广，据说天文学对于天体的测验只靠几个数学上的公式，惊天动地的相对论唯有用数字来表示。古人之用数解释宇宙的一切，与今人之用数于科学上的探讨，虽然精粗、确不确的程度相差很远，但是站在思想史的立场上看，他们的价值却是一样，因为他们的目的相同，精神也相同。可见思想这东西本不是突如其来的，各时期、各阶段的演进都有脉络可寻。我们民族如今这样萎靡不振，正缘我们的祖宗于思想走错了路；古人说："后之视今，亦犹今之视昔"，我们将来也做人家的祖宗，可趁早在思想方面种下好因，不要叫子孙食我们所曾食的果！

方才说，柏氏吸收毕派的学说，到底毕派的学说怎样？柏氏如何吸收？毕派以为数的要素有二：奇（odd）和偶（even）；奇是有限（limited），偶是无限（unlimited）。"一"这数是亦奇亦偶，换句话说，它带奇与偶两要素；所以也是有限，也是无限。因为是无限，所以能够产生许许多多的数。引申的结果，整个宇宙是一，宇宙间的森罗万象是多。于是乎柏氏便说，事物是多，意典是一，例如桌子有许多，它们的意典只是一个。每一类的东西都有意典，那么意典又是多，但是意典之上另有意典，最后有个统括一切意典的意典——意典成了整个的系统，所以又是一。

前章说，数学的学，据柏氏看，只是哲学的准备，此所谓数，和他哲学系统内所吸收毕派的数不同，前者是数学上的数，后者是理想上的数。他把数学上的数与事物视为同等，在意典界里也有所谓数的意典，但是理想上的数他却当作意典看，反过来说，意典当作数看，因为意典有一有多，这正是数的特性。他的最高意典等于数中之一，其他意典等于由一所产生的数。

数这东西，究其由来，也不过一种抽象的结果。例如"一"的由来便是如此：睁开眼睛，看见形形色色的东西，把它们一切不同之点都撇开，只就它们"个个都占一块地方"这个同点抽出，说它们都是一个东西；然后再进一步，把"一"和"东西"分开，不管它是不是东西，只提出这"一"，于是便成"一"的数。由此看来，数也是概念，所以柏氏把它们当作意典，反过来说，把意典当作数——这样办法，也未尝没有道理。数之为物，乃是事物的尺度（measure of corporeal things），意典既是与数同物，自然也是的。

还有一点，不可不辨：理想上的数和数学上的数大不相同，我们且把它们的异点举在下面：（一）数学上的数是同一性质的单位，彼此可以随时加起来。理想上的数却不如此，例如七当桌子，八当椅子，七和八的性质根本就不同，哪里能加得起来？（二）数学上的数代表量，理想上的数代表质，所以前者只有量的不同，没有质的差异，后者的分别却全在于质上。（三）理想上的数有固定的前后次序，因为它们代表意典，意典便是如此——愈高愈普遍的愈居前，愈低愈特殊的愈在后，例如体的意典在"凝体"与"液体"之前，"凝体"又在"木"、"石"等之前。数学上的数没有这种固定的前后次序，因为没有质的不同，只有量的差异。把量小的放在前面，量大的放在后面，或反过来，把量大的放在前面，量小的放在后面，都无不可，因为这样倒置的办法，和量本身并没有影响。

八、"好"与上帝

最高的意典是"好"，"好"是一切意典之所趋向，是它们的总目的。一切意典都是事物的目的，事物进化愈趋完备，便是愈接近意典，但是这些意典自身也是向前进的，也是愈进愈好，最后达到一境，叫作"顶好"，单称曰"好"。事物分得意典，意典又分得"好"，所以"好"是一切意典的意典。事物是相对，寻常意典是相对的绝对，"好"才是绝对的绝对，所以又叫作绝对的意典。

"好"是一切意典的目的，意典是事物的目的，那么"好"自然也是事物的目的。换句话说，宇宙间的一切只两大类：意典与事物，"好"是它们的共同目的，所以便是宇宙间一切的目的。还不只是目的，而且是动因（参看本节六），宇宙的一切都是它所创造的，它是宇宙的创造者，所以柏氏又把"好"与上帝合而为一，以为"好"就是上帝，上帝就是"好"。他不能于意典之外另求上帝，如果意典之外另有上帝，这上帝和意典是怎么一个关系？假如说意典居上帝之下，换句话说，是上帝所造，那么意典便失去它一向所赋予的特性，总而言之，便不是宇宙的本体，宇宙的本体应当是上帝。假如上帝居意典之下，换句话说，是意典所产生的，那么便与事物同等，岂不是笑话？这两方面都不可能，所以只好说上帝就是意典。是哪个意典？当然是最高的意典——"好"。

"好"是一切事物的动因，这句话就人的立场看，是说"好"

是主观和客观的源泉、根据与对象。主观是知识，客观是存在（being），主观是理性，客观是理性的对象（object of reason），所以"好"是知识与存在、理性与理性对象的源泉、根据与对象。怎么说呢？柏氏把"好"比作太阳，他说，太阳非但能使万物存在生长，使世界有光，而且人类知识的最基本条件——目之能见——就是它所赋予的。没有太阳，整个宇宙便消灭了，所以没有"好"，知识也失去内的——主观的——条件与外的——客观的——对象。知识所以成立，最要紧的是内心的法则和外界的秩序，"好"也是内心的法则，也是外界的秩序（参看本节二）。

"好"既然是动因，同时理性啰，智慧啰，生命啰，动作啰，自然也跟着来，那么"好"岂不成个宗教上有人格的上帝（personified God）？关于此点他没有说明，或者他并不会发现这问题。其实这是古人思想的通病：他们对于人格没有明确的概念，往往把它当作宇宙间普遍的东西，所谓宇宙的大智慧（the great world-intellect）。所以如此的原因，只在他们对于人格的存在（personal existence）和非人格的存在（impersonal existence）分不清，处处站在物活论的立场观察宇宙。

上帝创造一切，它造物以"好"为标准，但是它本身就是"好"，所以便是以自己为标准。"好"是十全的意思，所以是一种理想；上帝是"好"，所以上帝本是理想，所谓真、美、善的极高标准。

"好"代表目的，因为它被一切所趣求，上帝代表存在，因为它是一切的由来，所以柏氏把"好"等于上帝，就是把目的等于存在。把目的等于存在，就是主张目的论的形上学。目的是伦理上的范畴，主张目的论的形上学，就是把宇宙的一切归到伦理的范畴之下。在这大前提之下，难怪他后来把美的价值取消，而统于善的价

值里面（参看第七章第三节五）。一切东西有它的存在，就有它的
"好"处，换句话说，就有它的用途。我们认识一件东西，不在乎
看它的皮相，只要找出它的内蕴，内蕴就是那件东西之所以为那件
东西。物之所以为物，柏氏又说就是它的"好"，"好"是内蕴，那
么物之所以为物，只是因为它们各有各的"好"处——各有各的用
途，我们也只能就它们的用途认识它们。由此看来，希腊人的思想
有些地方可与今世的唯用论（pragmatism）打得通。

九、"好"与"有"

在意典界里面，"有"的意典可算很高了，但是据柏氏看，还
不如"好"高，换句话说，还不及"好"根本。意典之高下，以基
本与单纯的程度而分。"有"的意典可算最基本、最单纯，因为这概
念是从形形色色的事物中，抽去一切性质，不管它是什么颜色，是
液体或凝体……只把光光的一个"存在"留住，假如把这个概念再
抽去，便是世上一无所有。"有"的意典这样基本，这样单纯，但是
还不及"好"基本、"好"单纯，他以为假如没有"好"的概念，并
"有"的概念也不能存在，换句话说，连光光的一个"存在"也留不
住。存在必是"好"的，真正的存在必是因为"好"的缘故。

柏氏这种主张是目的论的当然结果，在宇宙观上似乎有些怪调，
但是在人生观上却是目的论。从来驳目的论的人只驳目的论的宇宙
观，唯有在这方面可驳，在人生观方面，目的论自有它的巩固的根
据、伟大的力量、良好的成绩。目的论在人生观方面成为理想主义
的伦理学，我觉得这种学说真能画出人类社会进化的真迹，因为个
人有无成就，全看他有无理想，成就如何，也看他的理想如何，至
于整个社会、民族、国家，也必须有它们共同的理想，才能成立保

存，而它们在世界上的地位如何，也看它们的理想如何。

第四节　批评

关于意典的批评，可以分两大类：（一）关于大体上的；（二）关于细节上的。每类之下都有若干条。

一、大体上的批评

（一）柏氏主张有两个世界，意典界和事物界。意典界是批发处，是模型，事物界去分得它，模仿它。所谓分得也者、模仿也者，不是别的，只是一种关系。凡关系都有关系者，关系者至少要两个，事物界和意典界的关系乃是含有两个关系者的关系。关系者就其自身说，虽然未必必在关系之下方能存在，但是不管它们离开关系还能存在与否，反正在关系状态之下，总是彼此相依，换句话说，总是相对的。意典界离开和事物界的关系之后，到底还能存在与否，我们不得而知，因为我们总在它和事物界关系之下看它，换句话说，我们不曾遇着事物界消灭，只留意典界的那一天；所以一旦在与事物界关系之下，意典界总是和事物界相对。柏氏曾说意典界是绝对的，但是事实上却不然。这是一层。

还有一层：柏氏说意典界是绝对的，这话怎么讲？是不是说各意典彼此之间绝对？上面已经指出各意典是相对的绝对，因为它们一层管一层，高层比较地绝对，低层比较地相对，而最后统归一个最高层，全由一"好"管辖，唯有"好"是绝对，其他意典都是彼此相对，所以叫作相对的绝对。所谓相对的绝对，是指绝对中的相对，意思说，整个的意典界是绝对的，至于各意典，唯其统属于

"好"，所以在此绝对的世界中是相对的。现在我们且看意典界是否绝对。按柏氏的意思，意典界之所以是绝对，因为它能自在，事物界之所以是相对，因为它靠意典界而存在。如何靠意典界而存在？因为它分得意典界，模仿意典界。如何是自在？因为它不分得人家，不模仿人家，而自身被人家分得、模仿。不错，事物个个都分得意典，模仿意典，好像意典一向逍遥自在——你们要来分得我、模仿我，我也不妨任你们分得、模仿，但是我却不去招你们。这样说来，事物要去分得意典，模仿意典，是事物单方面的事；但试问分得、模仿是不是一种关系，若是关系，那么不管谁要和谁发生关系，既有关系，便是双方的事，不专属何方，例如甲同乙发生关系，乙自然也同甲发生关系，所以罗素说：

　　妻与夫之关系叫作夫与妻之关系的倒转。（罗素：《数理式的哲学》第十六版）

　　无论正的关系也好，倒的关系也好，总是个关系；既是关系，关系者彼此之间总是相对的，所以意典界与事物界相对。况且意典未必是静的，柏氏曾说它们是动因，换句话说，它们有动力，所以才能创造宇宙一切，才是造物者。据此推论，可知意典并非静居而待事物来分得，来模仿，自己却也出马，自动地叫事物来分得，来模仿。这样，何止是事物与它们之关系的倒转，其实它们自身与事物成正的关系。

　　根据以上两层理由，可知意典也是相对的。相对的还成本体不成？自然不成。

　　（二）根据（一）的推论，意典界是与事物界相对的。相对的意思是什么？是说彼此平等，不分上下；对于它们两界，是指彼此的实在性没有差异，事物界不只是意典界的表现，不只是幻象。既然如此，意典界之于事物界，只是重复，只是疣赘。

（三）柏氏把概念变成实在的意典，已是极奇怪的办法，再把意典加上动力，困难的问题更多了。前面说过，意典既有动力，于是乎理性啰，生命啰，动作啰，都跟着来，但是一方面又把它们当作静的、久的、常的……，这岂不是矛盾？有理性，有生命，有动作的俨然是个人，至少也是具人格的另一物，你说它们是静的、久的、常的……，可以么？

二、细节上的批评

（一）柏氏说，事物的存在，由于分得或模仿意典，那么相类的东西自然模仿同一意典。进一层说，这相类的东西和所模仿的意典又是相类，那么同这意典又是模仿另一意典。如此类推，一层模仿一层，不知所止，于是乎非但意典与事物分为两界，即意典自身也分无数界——一个世界套上一个世界，永远套不完，这岂不是笑话？

（二）何以许多事物能够模仿同一意典？柏氏说，这是所谓一中有多，多中有一。但是一与多的说法能够解决这困难么？不能，因为这样说法只是描写事实，并不曾说出这事实的原因。所以柏氏的实在的意典，远不如名学家的抽象的概念容易讲得通。抽象的概念，唯其思想的作用，没有实在性，所以和实物的关系，不必说什么模仿啰，分得啰，只需说，因为为说话与其他种种的方便，思想便根据某一观点，把许多事物，在此观点之下，求其同点而成概念。概念不当作实在的东西，所以一切都好办，不会发生一与多的问题，纵使发生，也是所谓臆拟的（arbitrary）——事物在某一观点之下是多，某一观点之下是一，一与多变成人的观点之下的问题，并不是外界的实在问题。

（三）前面说柏氏把意典实在化，可是事物界的同一东西往往分得几个意典（例如一物亦方，亦黄，亦滑，亦硬，等等），这就等于几件实在东西同时同地挤在一起，于是发生冲突矛盾，而事物界的一切都变成幻象，结果另求一个真境，叫作意典界。这还不关紧要，因为主张二元论毕竟是哲学家的常事，逻辑上并没有什么矛盾。至于主张世上一切都有意典，意典的范围与概念打成一片，这就发生困难了。我们每说一句话，这话里字字都代表一个概念，因为语言这东西，根本上就是彼此传达意见或思想的公共媒介。媒介如果非公共，彼此的意见就不能传达；彼此的意见，假如绝对没有共同的根据，换句话说，假如一无同点，便也不可传达，所以彼此的意见，只好寄托在彼此相通的概念上，而语言所代表的也无非是概念。例如说："他是坏人。"这句话只有四个字，而每字都代表一个概念。何以然呢？世上除开你我之外，一切人都是他，他之为"他"与另外许多人之为"他"一也，所以"他"是概念。"他是……"，世上一切无有不"是……"，此是之为"是"与其他的是之为"是"没有二致，所以"是"也是概念。他坏，别人也有坏的，非但人有坏，东西也有坏的，因此"坏"又是个概念。至于"人"之为概念，更明显了。假如有概念便有意典，意典的足迹真是无处不到，所以柏氏把抽象的性质，乃至恶、丑、朽、秽，以及亏、无等等，都加上意典。困难问题就发生在这里，非但困难，而且矛盾，换句话说，简直逻辑上说不通。按柏氏的意思，不只是实质的东西有意典，抽象的性质也有意典，例如桌子有桌子的意典，而桌子所包含的性质，如方、黄、滑、硬等等，也都有意典。桌子之所以为桌子，在于分得它的意典，桌子里面的方、黄、滑、硬等性之所以为方、黄、滑、硬，也在于各自分得它们的意典。现在试问桌子之所以成桌子，是否先由它的方、黄等性各自分得它们的意典，然后把所分得的结果合拢起来，而成桌子？假如是这样，那么只方、黄等性有意典，桌子没有，因为桌子是以它们所分得它们意典的结果拼合而成的。换句话说，只抽象的性质有意典，实质的东西不能有意典。再问桌子之所以成桌子，是否整个地分得桌子的意典？如果是的，那么桌子一物而兼方、黄等性，它们唯一无二的意典自然也兼方、黄等意典；桌子的意典是实在东西，方、黄等意典也是实在的东西，许多实在的东西同时同地挤在一起——许多意典同时同地挤在一个意典上面——这岂不是与现象界的事物同一矛盾，同一幻象？此处所谓"同时同地"的时空是抽象或理想的——时空的意典。一切事物都有意典，时空自然也有；按同样的推论，事物套在时空里面，事物的意典应当也套在时空的意典里面。可是要记住：事物的意典是实在的东西，时空的意典也是实在的东西，许多实在的东西怎能同时同地挤在一起——事物的意典如何套在时空的意典里面？但是有人要说，你这样说法，根本上还是站在事物界的时空立场上，在事物界的时空的格式上，自然许多实在的东西不能同时同地挤在一起，安知在意典界也不能？前面不说意典界是超时空的么？试问超时空的意思是什么？如果是指没有时空，换句话说，意典界不曾有时空的意典，那么事物界何以有时空？这和"一切事物都有意典"的大前提冲突。假如只说和事物界的时空完全两样，那么时空的意典就不是时空的意典。所以根据"一切事物都有意典"的大前提，意典界也有时空的意典；有时空的意典，"超时空"这话就不能说。并且时空的意典和时空不能完全两样——意典界的时空与事物界的时空原无二致，因为事物和意典的分别只在程度上，绝不在性质上，假如在性质上，二者就完全不同，那么事物就不算是模仿意典、分得意典，某物的意典就不能叫作某物的意典，根本上就无意典可言。意典既不是超时空，那么亦非永久，既非永久，又与事物何异？而且为保持它的大前提计，实质的东西不得不有意典，实质的东西有意典，则桌子所以为桌子，必是整个地分得桌子的意典；桌子以一物而兼方、黄等性，它的意典自然亦以一意典而兼方、黄等意典，这还算纯么？假如是杂而不纯，那么和它的本性，所谓"杂中之纯"，不冲突么？总括方才所说，可见性质的意典和实体的意典绝不相容：若有前者，便不能有后者；若有后者，便不能有前者；假如有，便违背意典的"纯而不杂"和"真而非幻"的原则，结果意典变成不纯、无常、非静、非久。这是矛盾的一点。

（四）非但好的东西有意典，坏的也有。坏的东西的意典自然也坏，因为坏的东西所以是坏，正因为它是模仿它的意典，分得它的意典。并且模仿总还有不及的地方，分得总还有未得的成分，所以坏的东西还不如它的意典那样坏——坏的程度还没有它高。但是柏氏本来怎么说？他说意典是至美至善，这不又是一个矛盾？

（五）不特正的概念有意典，负的也有：例如"亏"与"无"，它们所以是亏，是无，就因为模仿或分得它们的意典。它们既亏既无，它们的意典当然更亏更无，因为事物所有的性质都是从意典分得或模仿来的。方才说，分得总有未得的成分，模仿总有不及的地方，所以"亏"和"无"还不如它们的意典那样亏，那样无。意典既然那样亏，那样无，便是乌有。乌有还成意典？意典不是最实在的东西么？难道最实在的"亏"和"无"倒成有么？我看最实在的"亏"和"无"只是愈亏愈无，绝不成意典。这是矛盾的另一点。

（六）柏氏说：一物而兼许多性质（例如桌子亦方，亦圆……），这是杂；一物而有相反的性质（例如亦大，亦小），这是矛盾。殊不知所谓杂，所谓矛盾，只是思想上的估价，外界的东西并没有这种分别。因为思想有分析和抽象的能力，所以才会产生单纯的概念，概念只是思想的作用，外界哪有这么一个东西？例如"黄"这概念，在实际的颜色里找得着么？睁眼只见许多东西，知道有颜色，已经是分析和抽象的结果，再知道有黄色，更进而成立"黄"这概念，不知经过多少层的分析和抽象。至于所谓相反，更显明地是起于思想的比较作用，外界何尝有相反的东西？例如水与火，从外界的存在的观点看，只是两件性质不同的东西，有何相反之可言？由此可见柏氏把人类思想的范畴套在外界的存在上面，而自己又忘记这么一个办法，却以为外界的存在本来就是如此。这点是他不及康德彻底的地方。康德说：是的，人类认识外界，都免不了主观的观点，可是要记住，用人类主观的观点所看的结果，只是人类的看法，外界的存在不见得就是如此。这是何等诚实的态度，多合科学的精神！可惜柏氏不能见到这一步，因此愈显得康德的伟大，真不愧为近代科学思想的开山之祖！

（七）按柏氏的意思，一切事物都有意典做模型（pattern），反过来说，一切意典都有事物做摹本（image）。"好"——最高意典——是一切事物的模型，反过来说，一切事物都是"好"的摹本；"好"就是上帝，那么一切事物都是上帝的摹本。摹本虽然不能刻肖模型，总有几分像它。所谓丑、恶等等，既然也是上帝的摹本，自然有几分像上帝，那么上帝就不好，至少也不是至真、至美、至善。不好，还有资格当上帝么？这是一层。上帝不好，就不与最高意典——"好"——同物，那么必须于意典之外另求上帝，于是前面所提的困难问题又来了：上帝和意典是个什么关系？到底谁高谁下？谁是谁造的？这是第二层。

（八）事物界和意典界的关系，柏氏说，是分得或模仿。万物之所以为万物，乃由于分得"好"的内蕴，"好"就是上帝，换句话说，就是分得上帝的内蕴。上帝被万物所分得，那么它的内蕴几分之几寄托在万物，反过来说，万物都有些上帝的内蕴，那么它们个个都是小小的上帝。这样一来，岂不成了泛神论（pantheism）？

（九）关于"好"——最高意典，我们先就柏氏对于这字所下的定义考察一番，然后再来批评带有目的性的"好"。他说："好"是最高的意典，它是绝对的；其他意典和"好"的关系，正如事物和意典的关系，事物分得意典，其他意典也分得"好"。前面说过，分得无非是一种关系，在关系之下，关系者彼此相依，换句话说，彼此相对；那么"好"一旦被其他意典所分得，便一旦免不了和其他意典相对。这是一层。你说，其他意典分得"好"，所以是相对的，"好"不分得任何物，所以是绝对的。但是"好"既被其他意典所分得，换句话说，既被其他意典拉入关系之中，就不得不与其他意典发生倒转的关系，正的也好，倒的也好，反正是关系；既是关系，关系者彼此之间总是相对的，所以"好"和其他意典相对。这是又一层。根据这两层理由，"好"也是相对的，既是相对，便非最高。由此可见按柏氏自己的定义推论起来，"好"就不是最高意典，他的定义简直是自己打消自己。

柏氏所谓"好"，似乎含有两种意义：（一）中立性的功能（neutral function）；（二）偏于人意的功能（function in accordance with human expectation）。功能只是动作，中立性的功能是无意识的动作，偏于人意的功能是按着人的意识——人的愿望——的动作。中立性的动作只是某物的自然状态，不在外物支配之下的常态；偏于人意的动作是在人支配之下的变态，不是那物的自然状态。例如百合花生于旷野，到时候含苞，到时候开花，到时候结子，到时候落叶，这是它的自然状态——中立性的动作或功能。把它栽在盆中，摆在客厅里，冬天生火，叶子不落，更加以花匠之功，叫它提前开花，延迟凋谢，这是它在人的支配之下的变态——偏于人意的动作或功能。尽量发展中立性的功能，叫作物尽其性，否则便是物未尽其性。在这宇宙之内，万物各尽其性，便是达到"好"，换句话说，便是十足地分得"好"的内蕴，便是和"好"一模一样；假如万物未能各尽其性，那便是未能十分分得"好"的内蕴，还有不像它的地方。"好"之为"好"，若是当作物之本性看，目的论若是如此说法，似乎还讲得通。假如把"好"视为人的意旨，按着人的用途之广狭而定万物的"好"的程度，目的论变成人的估价论，那么便讲不通，因为那就陷入人本主义（anthropocentricity or homocentric theory），以人本主义解释偌大、偌妙的宇宙，最是没有道理。

近世哲学家斯宾诺沙最反对人本主义，他说：

> 大家以为自然界的事物，像人一样，都向着某种目的而发，并且深信上帝使万物趋于某一固定目标，因为它本是为人而创造一切……。第一步，我想揭开人类所以容易陷入此种偏见，而且坚信不拔的缘由。……试举一个固定不移的定理：人类对于事物的原因一无所知，只觉得自己有个求利益的愿望。于是乎，第一步，他们自己以为自由，因为对于自己的嗜欲知之了了，而所以使嗜欲发生的原因却不明白，甚至不曾梦想到。第二步，他们对着某种目的行事，换句话说，以一切有益于己的为目标。因此他们便想法子去找一切事物的究竟原因，若有人把这种究因告诉他们，他们便心满意足……若没有人告诉他们，他们便自己思索起来，于是以己度人，以为自己行动的目的，同时也是一切事物的原因。复次，他们发现身内身外都有许多工具，可以借而达到一切有益于己的目标——例如目以为视，齿以为嚼，果蔬禽兽以为食，日以为明，海以种鱼，等等——

于是便想一切自然界的事物都是达到某种目的的工具。自然界的事物只是被人发现，并非人之所造，因此他们又相信有个主宰特意预备这些东西，供人使用。……我想我所说的已足证明自然界并没有目的，一切所谓究因只是人类的幻想。(*The Philosophy of Spinoza: Selected from His Chief Works* [《斯宾诺沙哲学》], by J. Ratner，第142—143、145页）

　一个人做完自己所计划的事，便说这事已经完全；旁观的人，假如知道他的心意与计划，必也同样地说。例如一个人看见一件未成的工作，而同时知道作者的计划在于建筑一所房子，他必说这是不完的房子；反过来讲，一旦见这工作按着作者的计划了结，他必说已经完全了。但是，假如看见从前不曾见过的东西，同时又不知道作者的心意何在，他便无从断定这东西之是否完全。……到了人类开始成立普遍的概念，把实在的事物——如塔，如房子以及一切建筑物等等——加上普遍的概念，而且对于这些概念，知道分别高下、全不全；于是便说某件东西完全，假如合乎他一向关于这一类东西所立的概念，反之，假如不合，便说不完全，虽然那东西的作者自己的心目中并没有这些分别。人类所以对于非人造的自然物也认为完全不完全，我想只是由这缘故：因为人类本有一种性癖，无论对于人造品或自然物，都爱立个概念，这概念便认为宇宙主宰凭以创造万物的模型——他们以为造物一举一动都有个目的在前。因此，假如在自然界遇见某件东西，和他们一向关于那一类东西所标榜的概念些微不合，他们便以为是造物的错误，所以那东西才不完全。由此可见人类可以把自然界的事物认为完全或不完全——这只是偏见使然，并非出于正确的知识。我们在本书部一的附论上，曾说自然界没有目的——造物并不曾立个目

标在前……（斯宾诺沙:《伦理学》，部四绪论）

从以上所引斯氏的两段话，我们可得到两点:（一）人类有一种求普遍概念的自然倾向，他们对于各类的事物，都抽其共同、主要之点，而成那一类事物的唯一概念。某类事物的概念既经成立，他们便认为是那类事物的最完全、最美好的标准;其实这是一种错误，自然界中何尝有这么一个标准?（二）人类因为有欲望，同时又能找出许多东西做满足欲望的工具，于是便起一种目的的观念。人是极会推论、比拟的，自己有目的，便推宇宙也有目的，自己的目的在求好，便把好拟为宇宙的目的。斯氏这两段话，真把柏氏创立意典论的心理活泼泼地描出。你看，柏氏就各色各样的事物背后，求其内蕴——共同、主要之点——而成概念，这不是代表人类的一种自然倾向么?再把概念实在化，而成外在的意典，这不是把概念视为事物的模型——最完全最美好的标准——么?意典做了人事界的模型还觉得不够，再把它们当作自然界的模型，这不是错误的推论和比拟么?以意典衡量万物，万物合乎意典，便叫作真，或叫作美，或叫作善——以概念为万物的模型，这不又是一个错误的推论和比拟么?以为宇宙有个目的，它的目的是"好"——以人度天，这不又是一个错误的推论和比拟么?总而言之，斯氏反对站在人本主义的立场解释宇宙，换句话说，反对目的论的形上学。

但是在伦理学方面，斯氏还保留目的，不过这目的只是人定的标准罢了。他说:

至于好、坏等名词，在事物的本身上，本没有什么意义，它们只是思想的形态或概念，由于我们把事物拿来比较之后所产生的。同一事物，同时可好，可坏，可不好不坏。例如音乐，在抑郁不舒的人觉得好，因为能够替他开心；在悲伤哭泣的人觉得坏，因为反而招厌；在耳聋的人便是不好不坏，因为他根本就不曾听见。虽然如此，这些名词还须保留。假如我们要成立一种人之概念做人格的基型或榜样，那么必须保留这些名词……所以在下面各命题上，凡好字都指一切达到做人目标的手段或工具，凡坏字都指一切阻碍我们达到这目标的。复次：我们都按着人们和这目标距离的远近，而断定某某比较得完全，某某比较得不完全。（斯宾诺沙：《伦理学》，部四绪论）

我想伦理学上的目的论当然能站得住，所可疑的只是人本主义的目的论，这种目的论以人的意旨解释宇宙，不肯把人归还宇宙万物之一，而自居超越的地位，所以就错了。但是今世生物学大发达以后，目的论的形上学若换其观点，似乎还站得住，就是从人本主义的观点改到自然主义的观点。怎么说呢？只看生物身上的各机关，俨然各守各的职司，以共赴一个大目的。还有，在生物学的书上能找出种种例子，可以证明一切生物都向着一个生存的目的走。本书限于篇幅，不能把这种例子举出，但是要举也很容易。总而言之，想用一种学说解释宇宙一切，本是极难的事，因为创立学说的人，往往只见到宇宙的一部分，于是他的学说也只能解释一部分。我想以目的论解释人生，毫无问题；解释生物，也无问题，因为生物毕竟距离人类还不甚远；至于解释生物以下的无机物质，便发生种种困难。

三、总结

总而言之，柏氏的意典论经不住逻辑的检查，其中不但有疑窦，而且矛盾的地方很多。但是他的全部哲学建筑在意典论上，换句话说，意典论是他整个系统的磐石。磐石动摇，系统岂不崩溃？我说，一部分站不住，一部分安稳如故，非但这部分不因意典论的动摇而崩溃，而且意典论在这部分之内并不动摇。所谓站不住的部分是关于自然界的研究，所谓不动摇的部分是关于人事界的研究。人的行为尽可立定目标，创为理想。论这目标或理想的由来，虽然只是用思想的作用，抽集种种个别行为的最普遍、最根本、最适宜之点而成，但是尽可把它当作实在的模型，因为在此状态之下，这目标或理想才变成固定而有必然性的，必须固定而有必然性，然后有利于人类社会。伦理学这东西，毕竟是实用的（practical），所以不妨稍以是非将就利害；至于自然界的事实却不然，万不可以是非将就利害，真理铁面无私，丝毫不管人的方便。

世上的一切学问，可分两大类：（一）讲真理的；（二）讲价值的。讲真理的不计利害，不管人事，是就说是，非就说非。例如氯气虽毒，化学家不能不发明，发明之后不得不公布，至于用来做战具杀同胞也好，制药品除害虫也好，那可随你们讲价值的便。讲价值的却非顾到利害不可，把真理和利害调剂得十分妥帖，达到两全的地步，便是他们的大成功。伦理学是讲价值的学问的一门，所以外界虽然未必真有个行为标准、人生理想，但是尽可臆造，反正便于人事而已。由此看来，柏氏的意典论，在伦理的范围内，本是行为的标准、人生的理想，自有存在的地位，非但能存在，而且效果很大，成绩很好。

方才说，意典论在自然界的研究上站不住，那么在这方面便毫无贡献么？却又不然。概括地讲，柏氏之创为此说，在人类的思想史上，可算开个大纪元。偌大、偌妙的宇宙，人类生在里面，真是沧海一粟；凡一切芸芸扰扰、形形色色，都能使他们惊疑恐惧。其初只是疑惧，无可奈何，但是人类毕竟与万物不同 —— 四肢五官之外，还有心灵。心灵这东西是有感必应的，外界许多刺激来，它也有法子对付；于是便进一步，想把捉外界的现象，叫它们就我的范围，供我的驱使。这样一来，方才的形形色色，现在有固定、普遍的原理来贯穿它；方才是微妙难明，现在却了如指掌；方才可惊可惧，现在觉得很平常，反而被我们制服了。人类自有知识以来，孜孜矻矻忙个不休，就为这个；他们所据以自豪的，也是这个。柏氏的意典论，正是他替人类所发明的把捉宇宙现象的一种工具。他以前的学说，如苔里斯（Thales）们的宇宙元素说（doctrine of the first principle of the universe）、苏格拉底的概念论，他以后的，如亚里士多德的演绎名学、形式质材说（doctrine of form and matter），如培根的归纳名学，等等，虽然在精粗确不确的程度上相差很远，但总是同一性质的东西；至于眼下科学的公例，截至今日止，可算登峰造极了。但是思想这东西绝不是突如其来的，所以柏氏的意典还是科学公例的嚆矢呢！

第六章　格致学

第一节　引论

苏格拉底以前的哲学家，个个都争先恐后地对自然界下解释，结果各持其说，莫衷一是。苏氏便以为自然界本来无法研究，因为它只是一团糟，其中找不出不变有常的秩序。柏拉图承其师之后，自也如此主张，他关于自然方面的研究，本不希望有什么伟大的成绩，所以在《丁迷亚斯》——唯一关于自然界的著作——的开端便声明道：

> 我想第一步要有以下的分别：什么是永远存在、始终不变的？什么是幻变无常、毫不固定的？前者，思想在理性帮助之下能够把捉得住，因为它的存在有普遍的法则；后者只是意见的对象，意见以非理性的感觉为助手来对付它，因为它忽生忽灭，忽存忽亡，没有真正的存在。……宇宙……到底是永远自在——无源无始？或是有源有始？它是有源有始，因为它有形体，可见可触；凡有形体的都是感官所能及，凡感官所能及的……都是有源有始，并非本来自在，乃是被造成的。……关于自在、不变的东西，所研究的结果方为可靠，不至动摇……关于非自在的模仿物或制造品，所研究的结果也就模棱得很……所以我们对于宇宙万物的研究，假如不能得到十分正确、

各方面都调和的理论，请毋大惊小怪……（*Timaeus*，28-29D，
The Loeb Classical Library，《柏拉图全集》，希腊英文对照译本，
第七册，第49—53页）

柏氏以为自然界的现象不断地变迁，在这里面找不出什么合理
的秩序（rational order），所以思想抓不住它，唯有模棱的意见，根
据倏忽无常的感觉上的报告，对它做个不正确的臆断。那么关于这
方面的理论，只好当作一种把戏看，不要太认真了。

唯其瞧不起自然界的现象，所以关于这方面的讨论不多，只占
一个对话录，这对话录还是晚年写的，那时他的全部系统早已成立。
可见当他正创系统的时候，不曾把这方面的问题放在心头，晚年只
用余暇约略讨论。并且他晚年谈到这方面的问题，还是受外来的刺
激和影响而然。

当时有一派哲学家，如德谟克利图（Democritus）们，叫作原
子论者（atomists）。他们主张唯物论，像柏氏所标榜的唯理论、目
的论，都是所不能容。柏氏见此情形，便大不以为然，于是一方面
为辟邪说，另一方面为维持自己的主张，不得不对自然界稍下功夫，
稍发意见。他关于这方面的努力，无非证明原子论者所视为纯机械
的宇宙中，也有理性的部分，同时把目的加入盲目无情的世界里。

他晚年同毕达哥拉派接近，得闻两门新的学问：（一）天文；
（二）数学。天文叫他睁开眼睛看见天上的东西，这供给他研究自然
界的材料。数学告诉他意典界和事物界不是搭不起来，数学的对象
就是跨这两界（参看第四章第三节四），尽可以它为桥梁，从意典界
引渡到事物界，看看那里究竟如何。

但是他对于这方面的研究，毕竟不是出于本心的兴趣和要求，
所以独到的地方很少，往往撷取他人之说，就中以毕派的为多。并

且所研究的结果，虽然勉勉强强把意典界和事物界搭连起来，其实至终还是依样分得很严。

第二节　论宇宙

一、概观

柏氏的宇宙观，在材料方面很缺乏，在理解方面也幼稚，用今世天文学的眼光看，当然无甚价值，但是站在思想史的立场说，自也代表一个时期，并且和他的全部系统是一贯的，所以我们也不宜把这方面完全略掉。

据柏氏看，这个世界是意典界的表现——意典界是本体，它是现象。表现是表现在时间和空间里面，凡限于时空的都免不了变，而且是暂的，所以它比超时空的、永久不变的意典界总差一等，充其量只是意典界的副本。它是意典和质素，或是理性和必然性的混合品（the common product of the idea and matter, or of reason and necessity），因为它是上帝用质素做材料所造成的；上帝是最高意典，是理性的大全，它创世的时候，把自己的模样拍在白纸一般、一尘不染的质素上面，但是不得不以质素做底子，所以质素成为必然性。既有理性，生命自然也跟着来，有生命必有灵魂，那么宇宙是个活的东西，这是柏氏物活论的十足表现。

上帝是最高意典，最高意典包括一切意典；上帝按自己的模样创造宇宙，那么宇宙就像它，换句话说，像最高意典——是最高意典的仿造品；最高意典包括一切意典，那么最高意典的仿造品自然也包括一切意典的仿造品，所以宇宙是现象的大全，换句话说，是上帝所造的一切的大全。

柏氏必须把宇宙弄成活的，目的才能加得上；宇宙容得下一个目的，它的性质才算确定了。我们且看在这大前提之下有何结果：他把目的加入宇宙里面，于是宇宙总有一个标准在前，这个标准他叫作"好"。"好"属于意典界，是那界的顶尖，换句话说，属于理性范围，是理想的最高点。这显然是抑低自然界，提高理想界。如此办法，对于研究自然的本身，不免发生障碍，因为他不肯把自然归还自然，处处以人的意念为权衡，这是不妥当的。但是在伦理方面，这样办法很好，因为他教人：（一）不要安于现状；（二）要有理想；（三）要不断地向这理想追求。所以这种学说正给人类社会一种动力，叫它走上进化的路。柏氏做学问以人生为归宿，对于自然方面的立论，无非是替人生做张本，所以他的学说，只要于人生有贡献便罢，不必用自然科学的尺度来量它。

二、开辟

柏氏的开辟说和基督教的《创世记》相仿佛，但是基督教的上帝之创世，乃是无中生有，例如上帝说声要太阳，太阳马上出来，再说声要地球，地球立刻发现……；至于柏氏的上帝之创世，乃是整理的办法：质素本来在那里，不过只是一团糟，秩序以及其他一切都没有，上帝把自己的模样拍上去，给它一个秩序，经过好多手续，才成这样一个世界。

据柏氏说，这宇宙的由来是如此：第一步有个上帝——创世者（the Demiurgus），它就是最高的意典，意典界的王。它觉得它原来的世界——意典界——最完全，所以它创造我们这世界的时候，就按着它的世界的模样，换句话说，它创世以意典为模型。但是光有模型还不够，必须有材料；材料本来在那里，不劳它去预备，拿来用就是了。不过"拿来用"三个字煞费手续，换句话说，这一团糟的材料怎样整理，再换句话说，意典的模样怎样拍在质素上面，这可发生了问题。须知柏氏的宇宙是个有理性的，所以他心目中的上帝创世，等于把理性布满宇宙。宇宙开辟之前，除开质素之外一无所有，遑论理性？要想把理性布满宇宙，必须有个先决条件，换句话说，必须得到一个媒介；这种媒介的功用，在于撮合理性和质素。这媒介是什么？是灵魂，他叫作宇宙灵魂（world-soul），以示别于下面所说的个别灵魂（individual soul）。前者我们可以叫作大灵魂，后者叫作小灵魂。

上帝因为要把理性布满宇宙——要把意典的模样拍在质素上面，所以造出灵魂；这是它创世的第一步。有了灵魂，便有了媒介，然后一切进行无碍。灵魂好比一个网，凡质素所占的地方一概布齐，它所布的地方理性都能到，换句话说，上帝用灵魂划清它所要创的世界的领域。第二步，混混沌沌的质素里面起一种分合的作用，其中各部分按类汇成四种元素：（一）火（fire）；（二）气（air）；（三）水（water）；（四）土（earth）。这四种元素的由来，是理性最初的作用，宇宙最早的秩序。它们由稀到密，由轻到重，正表示创世的次序本是由虚而实，由混沌而分划，由抽象而具体，由意典而事物。第三步，从这四种元素之中，产生日月星辰。日月星辰造出之后，上帝便逍遥自在起来，以下的创造工作都交给它们去做。地球是日月星辰之一，所以地球上面的东西，都由它自己去造。日月星辰所以也能担得起造物的责任，因为它们也有灵魂，也有理性，换句话说，它们接受上帝所赋予的灵魂和理性之后，自己也成了上帝。柏氏把整个宇宙当作上帝所造的神，日月星辰个个都是这种神之一，叫作可见的神（visible gods），上帝本身是不可见的神（invisible god）。因此，神也有两副：一副是上帝，一副是上帝所造的神，换句话说，宇宙间的神很多，它们也有唯一、共同的意典，就是上帝。

　　还有一点必须明白：上帝造物，是按层级来的，高层的是目的，低层的是工具，例如草木为禽兽而设，做它们的粮食，禽兽又为人而设，做人的粮食，依此类推，最后到上帝本身，宇宙万物都为上帝而设，换句话说，为"好"而设。

三、质素

　　宇宙的一切虽然都模仿意典，但是还有不像的地方，例如意典静，事物动；意典纯，事物杂……。试问动、杂等等，究竟从哪里来？把像的地方除却，所剩下不像的应当归根到谁？柏氏说，这是质素在那里作怪，事物里面凡不像意典的地方，都要归根到它。这是质素之所以发现，也可以说是它的由来。它并不是上帝所造，但是上帝创造宇宙，不得不用它做底子。

　　正因为上帝创世必须用它做底子，所以它才叫作必然性。上帝本想把宇宙十分理性化，但是事实上做不到，因为总有个东西——质素——与理性相反，处处和理性对抗：理性要完全，它要缺陷；理性要美好，它要丑恶……。世界上凡有理可说、有秩序可寻的东西，都要归功到理性；凡可以见其然，而不得知其所以然的，都由质素负责，因此质素叫作必然性。

　　据柏氏看，质素这样从中作梗，叫宇宙不能十分理性化，自然是不好的现象，但是又不能避免，所以质素在他的系统里，也有相当的地位。这世界是上帝所造的，上帝是理性的大全，所以这世界的究竟原因（final cause），非理性莫属；但是质素既也有它的地位，它的地位是什么？它是宇宙的机械原因（mechanical cause）。由此看来，宇宙之由来，有两个原因，但是它们却不是平等的，一个是主，一个是辅——理性是宇宙的主因（original cause），质素是宇宙的辅因（concomitant cause）。

上帝造物用质素做底子，质素是现成的在那里，上帝不过把意典的——自己的——模样拍在它上面；那么质素是一切事物普遍的托子（universal substratum），某物之所以为某物，在于它所受的模型——所分得的意典——是什么，至于它们的托子，却是一律的。这样说来，质素乃是无定性的（indeterminate）东西，可大可小，可多可少，可美可丑——这全看所受的意典是怎样。

正因为质素是无定性的，所以一切性质都没有。它和亚里士多德的质素不同，亚氏的质素是相对的，例如房子，有形式（form），有质素（matter）：已成的房子是形式，砖头是质素，但是再往下推，整块的砖头又是形式，烧成砖的泥是它的质素。总而言之，质素之所以为质素，只是对它所要造成的东西而言，转过来对于造成它的东西说，它倒变成形式，而造成它的东西又是质素；换句话讲，亚氏的质素，对上为质素，对下为形式，而自身却也成物。柏氏所谓质素则不如此，它绝对不成物，在它没有对上、对下的分别，只是任何物的托子，更没有东西再做它的托子。

质素既然不成物，便是"非有"（non-being）。这是质素之所以为"非有"的理由之一。意典是"有"（being），质素和意典恰恰相反，那么它是"非有"。这是质素之所以为"非有"的理由之二。它既然不成物，既是"非有"，所以有人把它当作空间看，德国哲学史家蔡勒尔便是如此看法，因为唯有空间才能那样的干净，那样的一尘不染，那样的无定性，那样的无所不受、无所不容。至于柏氏自己是否把质素当作空间，他并不曾明说；关于此点，各哲学史家的意见不同，各有各的解释，本书限于篇幅，不能一一检查。

质素本身一尘不染，随时都能接受外来的印迹；它头一次加上秩序之后，便产生四种元素：火、气、水、土，然后从这四种元素演出宇宙一切。这四种元素有两种意义：（一）目的论上的意义；（二）物理学上的意义。宇宙是有形体的东西，凡有形体的必是可见（visible）、可触（tangible）。要可见，必须有火；要可触，必须有土——这是火与土的由来，它们的产生是为完成可见、可触的目的。至于气和水呢？它们也有用处：宇宙同时可见、可触，但是可见、可触是两件事，怎能合在一起？那必须有媒介；宇宙不只是平面，乃是一个立体，所以一个媒介还不够，必须两个，这两个媒介就是气和水。以上是目的论上的意义。至于物理学上的意义如何？他把四种元素一一等于几何学的某形，他说：火是四面体（tetrahedron），气是八面体（octahedron），水是二十面体（icosahedron），土是立方体（cube）。这当然是无稽之谈，但是主张柏氏的质素是指空间的人，却以此为证据之一，他们以为：假如柏氏把质素当作塞满空间的一团混沌体，那么这几种元素必也同样是实质的（substantial）东西，不过只是极小、不可分的罢了；但是他俨然说，元素是几何学的形，须知几何学的形并非实质，只是空间上的界域和分划，所以元素也只是空间的某部分；元素如此，它们所自出的质素自也如此，所以质素只是空间。

四、灵魂

柏氏的系统里面一向有个困难问题，这问题是：意典界和事物界怎样沟通？换句话说，有什么方法把这二元的色彩除却？我们在第四章第三节曾说，数学跨着意典、现象两界，把它们搭连起来。这里又有个东西，和数学做同样的工作，这东西是灵魂。有了灵魂，意典的模样才能拍在质素上面，造物主宰才能把宇宙理性化；具体些说，由一片混沌洪荒里面才起一种有机的结合（organic unity）；更具体些说，方才所说的四种元素才能成形（being formed）、受生（being animated），而成个别的东西（individual things）。何以老早就有什么有机的结合？一下便谈什么受生？大家知道，按近世的进化论讲，宇宙之有有机体，在进化的阶段上乃是很晚的事；但是柏氏把整个宇宙看作一个有机体，乃至日月星辰都是有生之物，所以按他的说法，宇宙自从开辟以来就有有机体。这当然是错误的见解。

并且据他推论，宇宙不能没有灵魂。上帝凭自己的模样创造宇宙，尽量使宇宙像它，换句话说，尽量使宇宙完全。这是已定的大前提。须知有理智比无理智完全；宇宙要完全，必须有理智；要有理智，必须有灵魂。进一步说，整个的宇宙当然比它的各部分完全，它的理智自然也比它的各部分的理智强，那么它的灵魂同时也比它的各部分的灵魂全，换句话说，宇宙灵魂是一切灵魂的大全，其他小灵魂都是从它分出来的。

以上是从上帝创世的立场看，觉得宇宙非有灵魂不可。现在再从已经造成的世界看，我们也觉得它非有灵魂不可。怎么说呢？你看，宇宙那样伟大、美好，日月星辰那样运行不紊，乃至一草一木之微，都能表现宇宙有个计划，有个目的。这么伟大的组织，这么有计划的部勒，背后必有个大智慧在那里管理，这是毫不容疑的事。智慧何所寄托？唯有寄托于灵魂，所以宇宙有个灵魂。

灵魂是介于意典界与事物界之间的东西，它的脚同时踏着两界。怎么说呢？它本身没有形体，而寄托在形体里面；它有意典界的经历，而又免不了事物的牵挂。这些现象都能证明它是脚踏两界。它自动不息，同时做宇宙一切的原动力，具体些说，它是有机结合的枢纽、生命的源泉。说它是有机结合的枢纽，就是说它是宇宙一切的枢纽，因为据柏氏看，宇宙一切都是有机的结合。

　　知识这东西是灵魂的特产品。柏氏把知识也当作一种动,灵魂是动的根源,所以知识是灵魂的特产品。据此推论,宇宙万物都有知识,因为都有灵魂。整个宇宙的知识最高,因为它的灵魂最完全;日月星辰稍差一点,因为它们的灵魂比较地不完全;人类又次一等,因为人类的灵魂更比较地不完全;人类以下的万物更逐级不如,因为它们的灵魂也逐级地不完全。

　　灵魂是上帝所造,上帝造它用三种要素:(一)意典的内蕴——不变、不可分、纯一(pure and identical)的要素,所以叫作同(the same);(二)四种元素——火、气、水、土——的内蕴——常变、可分、杂多(mixed and plural)的要素,所以叫作异(the difference);(三)这两种要素合起来所成的同异的混合体。把同、异、同异的混合体三者合一而成灵魂。灵魂虽然介于意典与事物之间,和意典界的距离比和事物界的距离近得多,但是总比意典差一等;它同意典的分别,可以胪举如下:(一)意典无自(original),是自在的;灵魂有自(derived),是附存的(因为它必须附在形体上);(二)意典是普遍的,而灵魂是特殊的(也因为它必须附在形体上,所以就被形体所范围而不能普遍);(三)意典是本体,灵魂只分得本体的一部分(因为它还不能脱尽形体的牵挂)。

　　前面曾说,灵魂和数学做同样的工作,两个同是介于意典与事物之间,把这两界搭连起来。究竟它们的异同如何?两个是一件东西,还是两件东西?它们是同一媒介;不过灵魂代表动的方面,数学代表静的方面。怎么说呢?因为灵魂做万物生命的源泉、动力的起点,数学做万物形式的尺度。同一事物,从动的方面看,显出灵魂的技能;从静的方面看,显出数学的功用。但是前面提过,灵魂的工作,在使万物成形、受生,而成个别的东西;这种工作的完成,处处表现数学的原则,可见灵魂自身本具数学的潜能(potentiality),

而数学只是它的现实（actuality）。我们知道，意典是万物的模型，而同时也是万物的动因，那么从动的方面看，意典是动因（efficient cause），从静的方面看，它又是型因（formal cause），其实只是一物。灵魂和数学既做意典与事物之间的媒介，意典要使事物理性化，非靠它们中人的力量不可，那么我们尽可用同样的眼光看它们，说它们也是一物的两方面。

五、天体

宇宙成个球形，里面的个体——诸星——也是圆的。地球居中，串在宇宙的轴上。环绕地球的有日、月和五个行星（planets）：金、木、水、火、土。日月和五行星外面，有个恒星天（heaven of fixed stars），它是宇宙的外重。行星个个单独绕地而行；恒星却不单独行动，集合起来成个团体地绕地运动，换句话说，整个的恒星天顺着地球而转。除开绕地的运动之外，两种星同时也自转；地球不但不移动，而且不自转。恒星天转到一周，便是一昼夜；月球绕地一周，成一个月；日球绕地一周，便是一年。

柏氏把整个宇宙当一个球，里面的星都是圆形，星的运动也成个圆的轨道——这在他自有道理可讲。他说，宇宙在一切被造品（generated things）——上帝所造的东西——之中可算最完全，因为它所本的是整个的意典世界，不只是模仿一部分。凡最完全的东西必是圆形，因为必须如此才能无所不包；同样推论起来，凡最完全的运动必成个圆的轨道，因为唯有这样才能无所不到。

宇宙既是被造品之中最完全的，那么凡是被造品，它都能包罗，换句话说，一切形下的东西都在它的范围之内。因此不能有第二个宇宙，假如有，它便不能包罗一切被造品，便有一部分分给其他宇宙，那么它就不算被造品之中最完全的。所以根据这个理由，宇宙唯一无二。

前面说过，灵魂是动的由来。那么动得最完全的，必有最完全的灵魂；有最完全的灵魂，必有最高的理性；有最高的理性，必是最智慧。星的动最完全（因为它的轨道是圆的），所以它们的灵魂也最完全；它们的灵魂最完全，所以它们的理性最高；它们的理性最高，所以它们最智慧。把人类的智慧比它们，那就差得很远了。

第三节　论万物

一、总论

前面说过，柏氏的宇宙是个活的东西，而且在被造品之中是最完全的。因此这宇宙里面，各种生物都有，总括起来，可分两大类：（一）长生的（immortal）；（二）非长生的（mortal）。长生的是天体——日月星辰之类，非长生的是地球上的万物。前节所论，关于长生的方面，本节则只限于非长生的部分。在非长生的生物里面，柏氏最注重人类，这点正秉承他老师苏氏的意旨，苏氏做学问，以人为重心，人以外的事物，非但顾不到，而且也不值得顾。因此柏氏讨论万物，注意在人，对于人以外的疏忽得很，并且以为万物之中，人是中心，其他一切都是为人而设，例如草、木、禽、兽，不是做人的粮食，便是供人的驱使。说到人，少不了两部分：（一）灵魂；（二）身体。这两部分，草、木、禽、兽也有，只是禽、兽的灵魂比人的灵魂低，草、木的又比禽、兽的低——草、木的灵魂低到不具理性（without reason），没有自觉（without self-consciousness），缺乏动力（without motion），因此草、木无知，无觉，不动。若按他的物活论的观点看，金、石等类应当也有灵魂，不过它们的灵魂最低——最不完全——罢了。

苏氏从万物之中，特别提出人做研究的对象，而在人方面，又特别注重灵魂，他以为灵魂比身体宝贵得多，前者应当驾驭后者，后者不许丝毫牵累前者。但是关于灵魂的种种玄学上的问题——如永生、轮回等——他都不曾细加考究；柏氏却把这些问题讨论得很周密，俨然成个灵魂的哲学。本节以下所论，就是这种哲学。

二、灵魂的性质

此处所讨论的灵魂是个别灵魂（individual souls），所谓小灵魂便是。非但是个别的，而且限于人的灵魂。我们的第一问题是：这种小灵魂和大灵魂——宇宙灵魂——有什么不同？小灵魂是从大灵魂分出来的，它们的性质一样。那么大灵魂之外，何必还要小灵魂？总中有散，一中有多，正是造物之所以为绝智全能，宇宙之所以为至全极备；有了小灵魂，普遍的、抽象的大灵魂才能个别地、具体地表现出来。凡由总而散，由一而多，由普遍而特殊，由抽象而具体——这些都是现象之所以成现象，事物之所以成为事物；换句话说，上帝造物的伎俩如此，意典分化而成个物之方法亦如此。但是部分总不如全体完全，有力，可贵；小灵魂既是大灵魂的一部分，虽然在性质上和大灵魂没有两样，在程度上总差一等，所以人类的智慧不及日月星辰，更不及整个的宇宙。

小灵魂是大灵魂的一部分，地球的灵魂从整个宇宙的灵魂分出，人类的灵魂又从地球的灵魂分出。关于此点，柏氏曾说：上帝造成宇宙灵魂之后，把它分为若干分，一一分给各星，然后又叫各星把自己所得的分给它们里面的个体。可见人类的灵魂就是地球的灵魂的一部分。

意典的内蕴一旦表现在现象上面，反过来说，现象一旦分得意典的内蕴，则灵魂也不可无。因为必须有灵魂，意典的内蕴才能过渡到现象；换句话说，上帝才能把宇宙理性化；再换句话说，人类才能在自然界找出秩序。由此看来，灵魂乃是与宇宙相终始的东西，所以灵魂不灭；非但宇宙的大灵魂不灭，就是人的小灵魂也不灭，因为小灵魂只是大灵魂的一部分，从它分出来的。

据我看，柏氏所谓灵魂，尽可当作通常所谓心灵（mind）、理智（intellect）等观。他的意典，站在思想史的立场说，无非人类替森罗万象的宇宙所假定的秩序。在森罗万象之中能找出秩序，却非心灵、理智等做工具不行；用柏氏的话，就是说：意典的模样，假如没有灵魂做媒介，便不能拍在质素上面。

三、灵魂的部分

柏氏观察人类动作的结果，发现人的本能有三方面：（一）理性；（二）情感；（三）嗜欲。人类一切动作都是这三种本能的表现。这三种本能，他说就是灵魂的三部分。理性是辨别是非善恶的良知，情感是一种原动力，嗜欲是饮食男女等等身体上的要求。情感，如果训练得好，能够帮助理性，凡理性所赞成的，都能一一实行出来；假如训练得不好，那就助纣为虐，一任嗜欲驱遣了。

前节曾说，上帝造成灵魂，所用的要素有三种：（一）意典的内蕴；（二）四种元素——火、气、水、土——的内蕴；（三）前两种内蕴的混合。此处所谓灵魂的三部分，正与造成它的三种要素相通：理性等于意典的内蕴，嗜欲等于四种元素的内蕴，情感等于意典内蕴和四种元素内蕴的混合。

这三部分各有各的方位：理性在头部，情感在胸部——特别在心里，嗜欲在下部。同时它们各有各的职司：理性管思想，情感管动作，嗜欲管感觉。再从知识的立场说，正确的知识属于理性，空泛的意见属于情感，无常的感觉属于嗜欲。

柏氏把灵魂分做三部分，似乎特地要和生物的三阶段相应。生物的三阶段是：（一）草木；（二）禽兽；（三）人类。草木的灵魂只有嗜欲的部分——有滋养的要求和传种的本能，但是没有情感的部分，所以不能动；没有理性的部分，所以无知。禽兽的灵魂有嗜欲的部分，也有情感的部分，可是没有理性的部分，所以滋养与传种之外，尚且能动，只是这动是妄动，因为没有理性指导它，节制它。至于人的灵魂，则三部分俱全，但是人之所以为人——所以别于草、木、禽、兽，只因为他们的灵魂多出理性的部分；这部分在人是特色的，是上帝所特别赋予的，应当竭力培养，使它发扬光大，然后才能卓然特立于万物之上，不然，怎能和草、木、禽、兽有分别？

四、灵魂和身体的关系

据柏氏看，身体是灵魂的居留所，灵魂是身体的主人翁，可是这主人翁自从入这居留所以后，便丧失了自由，便受居留所的种种束缚。非但如此，并且对于居留所里面的一切丑状，习以为常，久而变成自己的丑状了。灵魂和身体作合，便被拖到形下的境界，而流入变动的状态，因此不能保持原来纯洁的面目，而掺杂着情感、嗜欲的成分。假如不能自己挣扎，处处和身体抵抗，经过些时，便不知不觉地被牵累而陷入罪恶，而受沉沦的厄。

从它和身体的关系上看，灵魂另可分为两部分：（一）理性部分或不灭部分；（二）非理性部分或将灭部分。前者是灵魂的本性，后者是它和身体发生关系后所沾染来的；方才所谓情感和嗜欲都属于后者，只有理性属于前者。非理性的部分又可分为两段：（一）高贵的（noble）；（二）下贱的（ignoble）。高贵的是方才所谓情感，因为它还能受理性的指导，供理性的驱遣；下贱的是方才所谓嗜欲，因为它只求身体上的快乐，其余一概不管。

灵魂在身体之内所过的生活不是它的真正生活，它虽然能够控制身体，但是总不免受相当的拘束，唯有脱离身体，才能完全自由，才能恢复它的本来面目。它在身体里面常有这种觉悟，因为事物界的那样离奇枝梧，时时引起它关于意典界的记忆。于是便发生一种惊疑恐惧，由惊疑恐惧而变成一种愿望，这愿望叫作爱智之心。关于此点，第四章第一节曾经说过。

身体虽然是灵魂的障碍，但是身体愈不强壮，灵魂便愈受累，例如今天病，明天乏，灵魂还有工夫做思索的工作么？所以要身体不为累，便须保养、训练，使它不至多事，而灵魂就得机会做正当的工作。所谓保养、训练，和容纵完全不同。容纵是助长嗜欲，为身体而求快乐；保养、训练是使嗜欲自己渐渐减少，替灵魂造发展的机会。柏氏见到此点，所以他所提倡的教育，体育和音乐并重。

五、灵魂回忆说

柏氏有一种怪论，叫作灵魂回忆说（anamnesis）。他说，灵魂投进身体的时候，喝一种迷忘汤（draught of forgetfulness），于是关于以前意典界的经历，一概忘却。但是以后受事物界种种不合理现象的刺激，有时引起旧日的记忆。这种回忆就是人类求知识的导火线。不过回忆说有个重大的意义，是知识人所固有，一时被物欲所蒙蔽，非但不能发扬光大，而且所本有的仿佛也失去了。有志求知识，只要摒绝物欲，剔开障碍，则知识自然显出；物欲摒绝得愈干净，障碍剔得愈光，知识便愈昌明。但是物欲摒绝、障碍剔开之后所得的知识，并不是外来的新的东西，这不过旧事重提罢了。旧事本来在那里，一向不曾去重提，所以就像没有；若肯去重提，还怕提不起么？柏氏此说就是先天意念说（doctrine of innate ideas）的由来。

柏氏关于灵魂回忆的事实，也有自圆其说的证明：（一）有许多真理不必教，而且不可教，只要对学的人发问，或从旁开导，他便能够豁然大悟。可见这些真理本已含蓄在心，只需导引便能出来。（二）具体的、感觉上的个物，虽然能够唤起我们对于抽象的、超感觉的概念或意典的认识，但是概念或意典绝不从个物中得来。凭你搜集多少同类的个物，想由其中抽出共同之点以成概念或意典，结果总不能得到那样完全、那样理想的一种模型式的概念或意典；用抽象的工作提取个物的同点，对于意典的寻求，只有相当的帮助，并不是最后成功的秘诀。可见关于意典的知识，也不是学来的。根据以上两层理由，可知知识并非得自外来，乃是此心所本有的。知识是哪一部分的事？当然是灵魂的事，与身体无干。灵魂之有知识，既非得自外来，那么必是它所固有，在它不过旧事重提。因此灵魂回忆说便成立了。

六、灵魂轮回说

柏氏说，上帝起初造成灵魂，按份分给各星，然后再叫各星把它们所得的分给个物。灵魂刚到世上的时候，个个都投生做人，于是便看它们的行为如何，而定身体死后转生的方向。假如能管得住身体，不任它放恣苟且，那么身体死后——离开身体之后——便许升天，居于极乐境界；假如不善制驭身体，身体死后便投生做女人；假如仍是怙恶不悛，再投生便为禽兽，乃至草、木、虫、蛇等等更卑下的东西。灵魂每次离开身体，必受一次审判（judgment），这审判以它生前的行为做标准，决定它转生的方向。

整个世界这样生生灭灭，千变万化，只是灵魂的轮回使然。人的生死是因为灵魂要轮回，禽兽的生死也是因为灵魂要轮回，乃至草、木、金、石的荣枯变化都是因为灵魂要轮回。

第四节　批评

关于自然界的研究，柏氏自己声明道："假如不能得到十分准确、各方面都调和的理论，请毋大惊小怪。"（参看本章第一节）在他的时代研究自然科学，因为工具的缺乏、方法的不完全，以致所得的结果不正确，不翔实，这是我们所原谅的；他自己卸责的话，如果只说到这里为止，也是不过分。但是关于自然方面的理论，至少要和他平日所用的那一套逻辑不冲突才行，假如连这程度还办不到，那我们便不能已于言了。因此，本节对于他的格致学的批评，并不根据今世自然科学的眼光和标准，因为如此办法，未免太难为古人；我们只站在他的立场，考察他的理论，看看到底和他的系统调和不调和，用他的逻辑能讲得通不能。

在柏氏的格致学里面，有两个主要的概念，便是质素和灵魂。他的格致学在他的系统里面，能站得住不能，全看这两个概念和其他的——如意典等——冲突不冲突。所以我们第一步先考察这两个概念，然后再来批评别的。

一、关于质素的批评

（一）我们前面提到柏氏的宇宙观是二元论的，此处便可得个证据。他说，上帝创世用意典做模型，但是材料——质素——已经是现成的，它的工作只在把这现成的材料重新整理一番。这句话的含义是：1. 上帝未创世之前，质素就已有了；2. 质素不是上帝所造；3. 上帝创世不得不用这现成的材料——质素。根据这几层事实，可见质素是与上帝相终始的，宇宙之所以成宇宙，一半借上帝，一半借质素：质素若没有上帝，固然不能成宇宙，但是上帝若没有质素，便缺乏材料，缺乏材料，宇宙也造不成。那么上帝和质素，俨然是相辅相成的东西，二者不可缺一，这还不是二元？上帝就是意典，因此也可以说，这宇宙是意典和质素二元所构成的。但是二元论是柏氏所不承认的，他说，意典界是真，是"有"……，事物界是幻，是"非有"……，就是要避免二元的嫌疑，但是质素既有这么重要的地位，怎能把它一笔勾销？事物界不但是意典界的表现，它另外还有一个来源，就是质素；凭你把它表现意典的部分认为摹本，认为幻象，但是意典所管不到的部分——质素的余烬——却如何处理？

（二）柏氏说，意典是静的、纯的、常的、好的……；事物模仿意典，但是不能十分像，所以它们还是动的、杂的、变的、坏的……；凡不像意典的地方，都由质素负责。事物不像意典的地方，恰恰都是它们的坏处、不完全处，那么质素是这世界一切罪恶的原因。意典是好，是善；素质是坏，是恶。于是这宇宙也可以说是善与恶二元所构成的。他又说，意典是理性，质素是必然性，于是这宇宙又可以说是理性和必然性所构成的。理性属于目的范围，必然性属于机械范围，那么柏氏的宇宙观，又是目的论的，又是机械论的，这是一个大矛盾。

（三）意典是形上的，事物是形下的；事物虽然模仿意典，但是它的形下的部分自然不是从意典得来，因为无中不能生有，意典本身既是形上的，怎能叫事物变成形下？那么事物之为形下，必是质素使然；质素既能使意典成为形下，它本身自然也是形下的。柏氏曾说，凡形下的都是被造品，都是上帝所造的。质素是形下的，何以不是被造品，不是上帝所造的？他把质素视为上帝创世以前所已有，而一方面又说它是形下的，这不又是一个矛盾？

（四）柏氏说，质素一切性质都没有，只是光光的一个无所不容、可此可彼的托子，因此不成物，不成物便是"非有"；又说，凡可知的必是"有"，"非有"便不可知。质素既是"非有"，柏氏怎能知道它？非但知道有这么一个东西，而且晓得清清楚楚它是如此这般、这般如此的。这可奇了！

（五）我们暂且听柏氏的话，承认质素是"非有"。但是要知道，上帝创世是把意典的模样拍在质素上面，质素何以能承受意典的模样？因为它有一种"被……的能力"（power of receiving），它能容纳意典的模样，自身必有一种能力。这种能力正和意典的"授与受的能力"（power of doing and suffering）相同。我们在第五章第三节六"意典与动因"上曾说："意典能使事物存在，自身必有一种能力；……意典被事物分得，自身必有一种被分得的可能性。"这正是意典之所以为动因。质素亦有此种能力、此种可能性，那么质素也是动因；同是动因，何以意典有资格做"有"，质素偏没有？

（六）柏氏既把质素当作一种没有定性、无所不容、可此可彼的托子，那么质素便是一个普遍的概念——用思想上抽象的功夫把一切性质抽掉以后的结果。但是这点柏氏又不承认，他说，质素不是思想的对象，而是感觉的对象，个物之所以为特殊，之所以属于形下，都是质素使然。这里显然有矛盾。试问一个东西既是没有定性、无所不包、可此可彼，而做万有的共同的托子，还不是普遍的么？既是普遍，还能特殊？还是属于形下？

（七）柏氏说，意典是最实在的东西，一切"有"都归它（containing all being）。那么事物之为事物，应当全部模仿意典，分得意典，除意典之外没有别的来源。但是事实上不然，意典之于事物，不能遍及，它的力量不能支配事物的全部，事物里面还有一部分是质素的领域。那么意典就不是最实在的东西，凡"有"未必都归它。这是一层。但是假如说，事物里面凡意典力量所不到的部分，都是幻的，都不把它当一回事——这可能恢复意典的全"有"性（All-beinbility）不能？我说也不能，因为若是幻的，若是可以一笔勾销，那就没有力量限制意典的前进；现在意典确是被它所限制，它有偌大的能力，还能说它是幻的么？还能不把它当一回事么？这是又一层。

（八）柏氏的原意本想把一切"有"都归意典，意典之外不要其他的"有"，但是结果是失败，因为事物里面有许多性质意典万不能收容——如动、杂、变等等。其实他的失败，只在把意典当作绝对的存在、自完自备的东西，如此便把意典纳于闭关自守的地位，无需现象做表现的媒介（medium of realization），一旦现象跑出来，便和它成个对峙之势，因为现象里面的要素，它无法包容。这是一层。凡理想中的东西总是最好、最完全，在实际的世界里面，哪里找得到和它同类的？例如几何学的点、线、面，在实际的世界里就没有和它们相等的，只好在理想中玩玩把戏罢了。柏氏的意典就像几何学的概念，恐怕比它更理想、更抽象，事物界里绝对未曾有，于是和事物一比，便显得相差太远，它有许多性质是事物所没有的，事物也有许多性质是它所没有的，彼此互相排斥，结果各为各的，各都分去一部分的"有"，两界俨如鸿沟，怎样也搭不起来。这是另一层。

二、关于灵魂的批评

（一）柏氏在宇宙论上必须要个灵魂，其动机所在，我们不妨忖度一下。前面说过，一切学问之事都是动中求静、变中求常、乱中求理……，柏氏是个学者，他所努力的自然是这方面的事，换句话说，要替宇宙立个法则。这方面的工作，不限于一己之身、一人之心，其对象乃在身心之外的事物，所以修养、体认等方法都不合用，唯一适宜的方法却就是理性的功能（function of reason）。因此柏氏的志愿，要想用理性宰制自然；换句话说，用理性解释宇宙现象；再换句话说，用理性的格式把自然界的事实一一镶上，使成一幅图画供全人类欣赏，同时也做利用厚生之资。他的意典就是理性的格式，他的哲学就是用此格式所镶成的图画。不过理性这东西和灵魂离不开（此处所谓灵魂，但作心灵解，就是思想的机能或作用），所以柏氏必须假定灵魂。但是灵魂若只限于人类，尚是近情近理，并不离奇，因为人类有理性。理性与灵魂两个概念是相连的，有理性必有灵魂，有灵魂必有理性。就静方面的机能言，是灵魂；就动方面的作用说，是理性。其实灵魂与理性乃是二而一、一而二的东西。至于把理性视为外在的普遍的东西，于是灵魂也随之而成外在的普遍的东西，结果日、月、星、辰等等都有灵魂，都成了有生之物，这可离奇到万分了。不过要知道：古代思想有个普遍的趋势，就是往往把抽象和具体混为一谈，往往以抽象将就具体，换句话说，把抽象的东西当作具体的存在。这正是古代思想的特征，柏氏本已进步一层，他能在森罗万象里找意典，就是知道由具体中求抽象，但是另一方面却把意典当作实在的东西，这又是受时代思想的范围，而无以自脱之处；至于以为理性是宇宙间外在的普遍的东西，因而一切东西都有灵魂，这也是被时代的思想范畴所拘束。须知人类求知识，至能把事实送还外界的存在，把法则归到内心的制作，如康德之以现象属于外界，感性（sensibilities）、因果等范畴（categories）属于内心，乃是一个惊天动地的进步，要经过多少经验，堆积几许阅历，才能有此发现，我们当然不能在柏氏时代希望有偌大的成绩。

（二）柏氏把灵魂当作意典界和事物界之间的桥梁：由事物界要引渡到意典界，非借灵魂做媒介不可；从意典界要搭连到事物界，非靠灵魂做中人不行。如此说法，他俨然承认意典和事物两界是对峙的。两界既成对峙之势，那么谁高谁下，谁真谁幻？在他，当然不承认两界平等，意典界总是高的、真的，事物界总是附属品、摹本子。但是既然如此，两界就不成对峙之势，换句话说，只是一界，又何必多出一个桥梁？柏氏有个苦衷，就是事物不能全受意典支配，总有一部分属于非理性的质素的范围，所以意典和事物两界多少有些分立的痕迹，为免除这痕迹，便把灵魂拉来做弥缝的工具。但是据我看，弥缝之后仍旧有痕迹，而且愈弥缝痕迹愈大。这是柏氏所想不到的。总而言之，柏氏的困难、症结处仍在忘却理性只是人类的思想作用，于是把意典当作实在的境界。既是实在的境界，便自然而然与事物界成对峙之势，因此二元的色彩就无法免除。

（三）柏氏既把意典当作动因，一方面又说，灵魂自动，同时也是宇宙一切动的根源，那么意典既是动因，灵魂又是动因，何必要两个动因？不是重复了么？非但如此，若按前面的推论，质素也是动因，这三个动因怎能相容？三个聚在一起，到底谁主动，谁被动？假如三个都主动，那么以何为被动，换句话说，用什么做动的对象？因为开辟之际，只有这三种元素（意典、质素、灵魂），舍此之外，无处另找动的对象。假如三个之中，有主动的，有被动的，那么既然都是动因，而有的被动，不是一个矛盾？

（四）柏氏说：上帝创世的第二步，是使质素汇合而成四种元素——火、气、水、土；这是理性最初的作用，宇宙最早的秩序（参看本章第二节二）。又说：上帝用三种要素造灵魂，三种之中，火气水土也是一种（参看本章第二节四）。又说：上帝要把宇宙理性化，必须先造灵魂（参看本章第二节二、四）。就这三点之中，我们能找着矛盾：要使宇宙理性化，必须先造灵魂，那么灵魂未造出以前，宇宙间断不能起理性的作用。质素汇合而成火气水土，这已是理性的作用，可见在这事实发生以前，灵魂必已造成。但是造灵魂时却要用到火气水土，那么火气水土之汇合在先，而灵魂之造成在后；据此推论，宇宙中先有理性作用，然后才有灵魂，那么要使宇宙理性化，不必先造灵魂。这不是矛盾？

（五）柏氏把灵魂分三部分：（甲）理性；（乙）情感；（丙）嗜欲。理性部分是意典的内蕴所构成的，嗜欲部分是四种元素——火、气、水、土——的内蕴所构成的，情感部分是前两种内蕴的混合所构成的。意典的内蕴属于形上，四种元素的内蕴属于形下，这两种内蕴的混合半属形上，半属形下。凡属形上都是不变的、超时空的……，凡属形下都是变的、限于时空的，这两种正相反的元素怎能合在一起而成灵魂？并且灵魂既可分做三部分，还是整个的不是？柏氏曾说，灵魂在人，三部分都全；在禽兽，只有两部分——情感与嗜欲；在草木，只有一部分——嗜欲。那么灵魂并不是整个的，若不是整个的，它的性质便无法确定，它的动作便没有固定的方向。

（六）柏氏说，上帝创造灵魂，所用的要素有三种，三种之中，四种元素的内蕴也在内（参看本章第二节之四）；后来又说，灵魂的非理性或将灭的部分——情感与嗜欲——是它和身体发生关系之后所沾染的（参看本章第三节之四），须知所谓非理性部分，就是从四种元素的内蕴而来，二者只是一物；起初上帝造灵魂时，既用四种元素的内蕴，可见非理性的部分原始就已包含在内，怎么又说是和身体发生关系之后所沾染的？这岂不是前言不对后语？我知道柏氏的意思：他因为要使灵魂做意典界和事物界的中间物，便觉得造成灵魂的要素非两界的内蕴兼备不可，所以意典的内蕴之外，还有四种元素的内蕴。后来谈到灵魂和身体的关系的问题，因为要提高灵魂、抑低身体，便尽量使灵魂纯洁，要使灵魂纯洁；就不得不把非理性的部分归到身体，算是和身体发生关系之后所沾染的。殊不知这种办法，便陷于前后矛盾的弊病。

（七）柏氏说，灵魂有轮回，生前若能制服身体，行善而不作恶，死后便许升天；反过来说，若不能制服身体，不行善而作恶，死后便降生到禽、兽、草、木或其他东西。但是又说，只人的灵魂有理性的部分，禽、兽、草、木的都没有，并且自草木以下的东西的灵魂，连情感的部分也没有。那么人以及禽、兽、草、木等等的灵魂，各不相同，又怎能轮回？人的灵魂降生到禽兽，便把理性部分去掉，再降生到草木，又把情感部分去掉，那么灵魂的转生，只有下降，没有上升。因为必须有理性部分，才能行善或作恶；人的灵魂既以作恶而降到禽、兽、草、木，禽、兽、草、木的灵魂没有理性部分，所以绝不会行善，不会行善，便永远不能上升。那么灵魂一到禽、兽、草、木身上，便停止轮回；至多只是下降，但是尽下降，到底降到哪里为止？灵魂轮回中的升降，既以行善、作恶做标准，唯有人够得上行善、作恶，那么只人的灵魂有轮回——行善升天，作恶降生为禽、兽、草、木——人以下的东西的灵魂都没有。但是据柏氏说，灵魂是整个的，无论在人，在禽、兽、草、木，以及其他东西，只是这一个灵魂轮来转去；这话真不懂了。

（八）柏氏说：灵魂刚到世上，个个都投生做人——还是限于男人——以后看它们的行为如何而定身体死后转生的方向。假如管得住身体，身体死后便许升天；假如管不住，便投生做女人；假如仍旧怙恶不悛，再投生便为禽兽，以及更卑下的东西。（参看本章第三节之六）又说：上帝创世按层级来，上帝本身是全宇宙的目的，人以下的东西为人而设（参看本章第二节之二）。根据后段的话，先有上帝，然后造出宇宙一切；先造人，然后再造人以下的东西。再根据前段的话，也是先造人，因为必须等到人的灵魂管不住身体，才投生到人以下的东西，换句话说，先造成人，然后才按人的需要再造人以下的东西。那么依柏氏说法，宇宙先有人，然后才有动、植、矿等物，这和近世进化论所说的恰恰相反。此点还可原谅，因为几千年前的思想家和现在的思想家所见不同，本是平常的事。至于他自己的话中矛盾，那可不能原谅，且看他的矛盾在哪里：他说，上帝造物是使宇宙理性化，使宇宙理性化是把灵魂赋予质素（参看本章第二节之二、四）。人的身体属于质素方面，灵魂属于理性方面，灵魂投入人身，就是上帝造人；据以上的推论，上帝造人，在造人以下的东西之前。但是按他一向所立的追求理想的原则，灵魂应当求理想，换句话说，应当做好，至少也要管得住身体。假如人的灵魂个个都做到这层，便不会有转生的事（因为必须管不住身体才会转生，转生仿佛是一种刑罚），没有转生的事，人以下的东西便造不成，因为没有灵魂可用。同时按他的目的论的原则，人以下的东西又是必要的。一方面必要，一方面做不成，这可怎么办？这是矛盾的一层。他说，灵魂刚入世投生做人，先是做男人，不能宰制身体，才降生做女人。那么世上刚有人时候，只有男人；这些男人的灵魂如果都做好，那就没有转生的事，不转生便永远没有女人，没有女人则"人之类灭久矣"。这是矛盾的二层。

（九）柏氏说，灵魂在世时若能行善，离世便许升天，居于极乐世界。试问此种世界是何境界？柏氏曾说，就是星辰里面的境界。但是按他的全部系统说，只有两个世界——意典界与事物界，此外不容更有世界。灵魂脱离身体就是除掉物质成分，那么脱离身体之后所余的只是意典成分；所余既然只是意典成分，便当归到意典界，何以反而投入什么极乐世界，什么星辰里面的境界？星辰也是上帝所造，它们里面的境界和地球上的境界有何分别？同是事物界而已，哪里能算极乐？灵魂离开地球的境界而入星辰的境界，不过以此事物界易彼事物界，还算升高么？还有奖善的意思么？并且柏氏因为要讲轮回，便胡凑上一个极乐世界，与之相对的当然是极苦世界？这和他的原来系统真不调和，和意典界与事物界真是不伦不类。

三、关于其他的批评

（一）柏氏把整个宇宙当作上帝所造的神，日月星辰个个都是这种神之一，叫作可见的神（参看本章第二节二）。由此可知柏氏还不能脱尽当时多神教的色彩，他仍旧承认各星为神，只是在它们之上，再加一个神，叫作上帝，叫作不可见的神。神上加神，到底有何好处？这种办法，显然是不彻底；假如不满意于当时的多神教，那尽可以把它全部推翻，推出一个上帝——最高意典——做神，何必仍旧保留当时的神的地位？我想柏氏的困难如此：一方面怕敌不过当时宗教的势力，所以不敢把它全部推翻，这点要由当时的社会负责。另一方面他看日月星辰那样辉煌伟大，那样运行不息、秩序井然，难免心为之慑，由不得要推崇它们做神，这点应当由他个人的思想负责。

（二）柏氏说，宇宙之所以形成，由于两种元素：1.精神方面的——意典；2.物质方面的——质素。宇宙里面的万物，如人，如禽、兽、草、木，以及再下的东西，个个都含这两种元素，例如人，灵魂是精神方面的元素，身体是物质方面的元素，降至禽、兽、草、木以下的东西，都也如此，不过它们的灵魂和身体，只是具体而微，但是无论如何，只有程度上的差别，没有性质上的不同。这样一来，简直大宇宙（macrocosmos）之中套着许多小宇宙（microcosmos），因为万物之所以形成，和整个的宇宙同其元素，并且分配的方法亦无二致——同是精神方面的与物质方面的成对峙之势。

第七章　伦理学

第一节　引端

柏氏全部哲学所包括的问题有三方面：（一）宇宙间永久不变的原理是什么？（二）这原理表现在自然界怎样？（三）表现在人事界如何？关于第一的研究是辩证学或意典论，关于第二的研究是格致学，关于第三的研究是伦理学。前两章已经把辩证学和格致学叙述过，本章就要讲到伦理学。前面曾说，柏氏哲学发端于伦理问题，而归宿也是伦理。他的老师苏氏，毕生做学问限于伦理，他自己为学则以伦理问题做导火线，牵连到宇宙本体、现象等问题，至终又回到伦理。这是他比苏氏伟大的地方。他关于伦理的研究，虽然根本精神和苏氏相同，材料则比较丰富，因为他关于形上学——意典学——和格致学都有深刻的探讨，这两方面所得的给他不少材料，帮他许多忙。

柏氏对于伦理的研究，虽然起初是受苏氏的诱掖启发，后来也走上苏氏的路，但是因上有因，换句话说，他所以能受苏氏启发，所以会走苏氏的路，别有一个缘故。可分两层来说：

（一）他不满意于当时通行的伦理观。当时通行的伦理观，在来源方面，不是出于理性，没有正确理解；在性质方面，只是偶然的配合，没有统一性；在内容方面，不调和，多冲突；在目的方面，不纯粹，受外界利害的支配（参看第四章第三节之四）。

（二）辩士们对于当时的伦理观痛下攻击，但是在积极方面，只说到"人是一切的权衡"，换句话讲，凡人所觉得好的便好，所觉得坏的便坏。这句话有两层意义：1. 好坏的标准归到当前的感觉；2. 这感觉还是个人的感觉。结果流为个人主义的快乐论，因为感觉上的好恶唯有苦乐做标准，而各个人间的苦乐之感往往南辕北辙。快乐论是柏氏所瞧不起的，何况再加上个人主义。据他看，辩士们除在破坏方面攻击当时的伦理观念之外，在建设方面丝毫没有贡献。个人主义的快乐论根本不能成立，伦理学最贵有共同的标准，个人主义的快乐论就没有标准，连苦乐也做不成标准，因为这种苦乐之感既属个人，便不是共同的，不是共同的哪里能成标准？

柏氏不满于当时通行的伦理，最大理由在于它是风俗习惯的产物，经不住理性的检查；无取于辩士们的伦理，唯一的缘故，因为它在建设方面毫无贡献。这两种情形迫他去寻别的出路，出路就是苏氏的为学方法与方向。前面提过，苏氏为学以人事为中心，这是他的方向；把概念的寻求做手段，这是他的方法。柏氏同他可算一鼻孔出气，虽然范围打得比较大，其实一切都是研究人事的准备。这点必须认清。

研究人事当然以人为对象，但是按柏氏的看法，乃至一般希腊学者的共同见解，人是两方面的：（一）个人；（二）社会。人有理性，所以有自主之权，这是个人方面；人脱不了家庭国家，有种种团体的组织，因此是社会的一分子，这是社会方面。一提起人，就联到这两方面，那么研究人事，当然非二者兼顾不可，所以柏氏的伦理学分为个人伦理与社会伦理两部分。其实他的社会伦理就是政治学，因为伦理学以人为对象，政治学也是以人为对象：从个人方面研究人，是伦理学本身——狭义的伦理学；从社会方面研究人，便成政治学——广义的伦理学。同是一个人，能够从两方面来看，用两个观点来研究。

希腊学者——至少苏、柏、亚三世师弟——的伦理思想有个特色，就是人生目的的确立、理想的追求。目的或理想，他们叫作"好"（the good）。怎样叫这"好"表现在个人生活，这是个人伦理的问题，关于这方面的研究属于道德论的范围；如何使这"好"实行于国家社会，这是社会伦理的问题，关于这方面的研究属于政治学的领域。同是一个目的或理想，可以由两方面表现或实行出来。

根据以上两段的话，可见柏氏的伦理学和政治学，因为所研究的对象相同，所趋向的目标一样，便混成一门学问，在他本不分开。

第二节　个人伦理——道德论

一、行为动机

这里讲动机，下面讲目的，读者乍看必觉得糊涂，不明白这两个名词怎样分别。动机和目的的最大分别在方向上：动机属内，目的属外。两个都是原动力，能使行为出发，不过动机从后推（push），目的由前拉（pull）。但是一提起某种行为的动机，仿佛就有个东西排在前面，能够引起那种行为的出动。能够引起行为出动的东西，当然是那行为的效果，为了要得这效果，方才做出那行为。那么所谓引起行为出动的东西——所谓行为的动机——岂不就是目的？是的，动机也可以说只是目的的内在化、意识化。怎样讲呢？某种行为未出动之前，先想象和认清它的效果，这是目的的寻求与确立，然后这效果在我们心理——意识——中发生一种要求，觉得非取得它不可，于是便推动那行为，以收方才所期望的效果。由此说来，动机又是目的的活力化。前面刚说，目的和动机同是原动力，目的既然也是原动力，又何必经过活力化？我说，目的固然有吸引力，随时能使行为向它而发，但是还不能写保票，尚没有十分把握。试看立定目的——打好理想——的人有多少，何以不见得都能实行？这就因为目的没变成内心的要求，换句话说，不曾经过活力化。

柏氏理想中的行为的动机，换句话说，他所标榜的行为，其原动力即在他所定的目的——所悬的理想。他所定的目的——所悬的理想——是什么？是"顶好"。"顶好"的内容又是什么？是理性（reason）。理性就是"顶好"，"顶好"就是理性，这里又能见到苏氏的"知等于德"的精神；理性属知，"顶好"属行，把"顶好"与理性视为一物，便是主张知等于行。可见柏氏理想中的行为，就是合理的动作（activities conforming to reason），理想中的人生，就是充满着合理的行为的生涯。这有两重意义：（一）他的人生观是动的，因为注重行为；（二）他的行为标准是理性，因为一举一动都要合理。

他所标榜的行为，动机和目的同是一物，同是一个"顶好"，那么一切行为都要为"顶好"而发，最终所达的目的也是"顶好"。假如某事是好——合理——的，无论如何必须去做，做完以后的成败在所不计，至于利害如何，更不值得考虑了。他这种说法，和近世康德的严肃主义（rigorism）很相像。康氏之讲伦理，也是侧重动机，轻视结果。他理想中的行为动机只是所谓"善意"（good-will），行为凡是出于善意，都是好的。一方面把目的所附带的利害成分一概除掉，所剩的只是一个"好"字。目的不带利害成分，才是真正的目的，才是所应当追求的。由此看来，他的目的和动机也是一物——从内在的动机方面说，叫作"善意"，从外在的目的方面说，叫作"好"。

康德的道德论有个规律道："行为必须做到那种程度，使凡根据你自己的意志所定的行为规则，同时也能成为大家所共守的律令。"
（Kant, *Critique of Practical Reason and Other Works on the Theory of Ethics*, translated by T. K. Abbott, p. 119）他这条规律叫作断言命令
（categorical imperative）。所谓断言命令也者，就是无条件的命令。
何以必须是命令？因为人虽然是理性的（rational）动物，还免不了
情欲的蒙蔽，行为未必都能合乎理性，所以必须加以命令，以示驱
策之意。但是他既是理性的动物，便能无条件地服从这命令，所以
叫作断言命令。须知这命令还是人类自己所发，发出之后，自己甘
心遵守，这真等于作茧自缚的办法。人类所以能做到这地步，全靠
有理性。这才是人之所以贵为人，其他动物都办不到！

康德这句话，仿佛孔子所说的"从心所欲，不逾矩"。这欲不
是情欲的欲，只是一种内心的要求——行为的动机。每做一件事，
动机无有不好，就是所谓"所欲，不逾矩"。"矩"是大家所共守的
律令，"不逾矩"是合乎大家所共守的律令。"所欲，不逾矩"这句
话，和"个人的行为规则成为大家所共守的律令"同一意义。个人
意志所定的行为规则，就是行为动机；个人的行为动机能成大家所
共守的律令（就是能出于"善意"），便是动机等于目的。可是这目
的乃是大家所共同趋求的目的——伦理上的最高理想。康德说这句
话，就是教人每行一事，其动机必须合乎伦理上的最高理想。柏氏
也同样教人，他叫人追求"好"，便是这意思。假如世人一举一动，
动机都是好的——都能合乎伦理上的最高理想——便是他们两位的
大成功。他们伦理说的着眼处，在于改良动机，使动机与目的同出
一途，换句话说，合乎伦理上的最高理想。

前面说，人是理性的动物，所以他能无条件地服从自己所发的
命令。他能自己发命令叫自己遵守，可见他有自主的能力。他何
以有此能力？因为有理性。那么人有理性的自主权（autonomy of

reason），不待言了。他所发的命令是什么？是"自己的意志所定
的行为规则，必须同时也能成为大家所共守的律令"。大家所共守
的律令是最高的道德律——行为的标准—人生的目的。这道德律，
这行为标准，这人生目的，根本也是人自己定的，他定了之后，便
自己认为神圣不可侵犯，甘心受它束缚。这是人的大创作，创作偌
大，可见自主权也是偌大；这自主权当然属于他的理性部分，断不
是他的非理性（irrational）部分——情欲——所能得有的。柏氏
说，人自己所定的道德律——行为标准—人生目的——是"好"，
人要追求"好"；这是人自己所发叫自己遵守的断言命令。可见他
也主张理性有自主权，这点是他的伦理学的磐石，他的伦理系统是
从"理性自主"四个字出发。

二、行为目的——"好"

伦理学的中心问题在于"目的"或"理想"两个字。或者以为
人生目的在于享乐，或者主张人生目的在于受苦，或者于享乐、受
苦之外另求目的；无论如何，大家都在忙着研究此问题，这是毫无
疑问的了。柏氏研究的结果，告诉我们说，人生目的在"好"。但
是"好"是什么？他说就是幸福（happiness）。幸福两字还是空洞
得很，究竟内容如何？这问题若由辩士们来答，必也毫无疑义地说，
幸福的内容是享乐；若由苏格拉底来答，便道，幸福的内容是知识，
换句话讲，是理性。现在柏氏却怎么说？他说，幸福的内容固然是
理性，但是此外还要加上其他部分。所谓其他部分便是享乐，不过
必须无条件地受理性的支配。理性为主，享乐为辅，前者有绝对的
宰制之权，后者有绝对的服从的义务。
　　我觉得苏、柏、亚三世师弟的伦理观念，有一种递嬗变迁的痕

迹，就是由绝对的理性主义渐趋于相对的理性主义。你看，苏氏标榜"知等于德"的口号。这"知"可以当作理性看，这"德"可以作为行为解；"知等于德"，是说一切行为都要归入理性范畴，凡事合乎理性方为可行，不合乎理性便当制止，丝毫不许以人情掺杂其间。柏氏便稍为放松，给人情通融余地，不过还要受理性的十分宰制。亚氏则爽性开放门户，请人情来从长计议，结果在受理性指导的条件之下，允许人情自由发展，他的中庸之说，便是为此而设。总而言之，在苏氏，人情简直不许存在；在柏氏，许存在而受理性的严厉拘束；在亚氏，则经理性指导而得发展自如。

我想柏氏所以给人情一个地位，原因在此：他看人性本有理性与非理性两部，换句话说，人有灵魂，同时也有躯体；既是如此，所谓非理性部分，所谓躯体，便不得不设法安顿；要安顿，光是压迫摧残不能济事，最妥当的办法还是给它一个地位，给它一个通气筒，使它在固定的范围之内安分守己罢了。此点是和康德不同的地方，康氏些微不肯通融，人情在他系统之内绝对没有地位，所以才叫严肃主义，或绝对的理性主义。我看绝对的理性主义，高尚可高尚了，只是未免有违人性。理性固然人所固有，但是总还有非理性的部分，于此人情嗜欲便自然而然有其地位，哪能一概抹杀？假如完全不顾这方面，那就拂性过甚，此种伦理恐怕太难能了吧？

人情有理性与非理性两部，这是任何伦理学家所不能否认的，分歧的地方只在这两部分的地位的分配：或者只许理性部分有地位，非理性部分一概抹杀；或者单顾非理性部分，理性部分置之不理（主张此说的人极少）；或者侧重理性部分，畸轻非理性部分；或者侧重非理性部分，畸轻理性部分；或者双方兼全，取个调和的地位。我们根据以上所说的话，可知柏氏是侧重理性的人，这点记住，好比库房的钥匙拿到，随时都能开门，看看里面所藏的是些什么。

我们现在请开"好"的库房。一开门，第一步所见的是一种比较纯洁、肉欲成分比较少、不连带着苦的感官上的快乐，第二步是意见所给的模糊的见解，第三步是理智所产生的特殊的学或术（special sciences or arts），第四步是在现象界里面所得的关于意典的一鳞半爪的认识，第五步是在意典界里面所见的意典，关于它的更深切的认识。

寻常所谓快乐，多指饮食男女，以及其他更剧烈的嗜欲。这种快乐有两个特性：（一）幻变无常；（二）与苦相对。未得之前，竭力想得；既得之后，转眼便成梦幻泡影，并且与苦相连带，乐一去，苦马上就来，乐愈大的苦也愈大。因此柏氏无取于此种快乐，正想把它灭到最低限度，绝不肯把它当作"好"的一部分。在他所视为快乐的，乃是另一种较纯洁、肉欲成分较少、离苦较远的快乐，如眼界之乐（pleasure of sight）、审美之乐等等。这种快乐虽然也由感官做导火线，例如自然的景致、美术的作品，都要用眼去看，但是感到快乐的倒不是眼，乃是内心的情感——感官只做个媒介，自身没有多大满足，还是内心的情感得到涵养与调和。可见此等快乐另有一种超感觉的意义。引而申之，还有读书之乐、行善之乐等种种更抽象的快乐。此等比较抽象、带着超感觉意义的快乐，才是"好"的一部分，因为它是理性上的动作使情感调和的一种结果，情感愈得调和，则与理性乖违的地方愈少，而理性愈发达，愈成功。唯有这种快乐真能辅助理性。

意见把寻常感觉上所得的材料，加以半理智、半情感的解释。虽然也少不了思想的作用，但是运思时候缺乏方法，思的结果没有系统，大半出于忖度臆断，所以模糊而不成真正的知识。至于特殊的学或术，确是理智所占的成分居多，运思时候有方法，思的结果有系统。不过研究的对象还不出现象界之外，丝毫不能窥见意典的内蕴，因为意典的内蕴所表现的处处都是普遍可久的原理，而此处所发现的不是这种原理，只是应付个别事实、特殊环境的一种手段。须知柏氏所注重的是普遍可久的原理，应付个别事实和特殊环境的手段，他却不大瞧得起。例如医药一门，在他便归入此等特殊的学术之列。高一层的，换句话说，进一步的知识，便是在现象界里面所得关于意典的认识。虽然只是一鳞半爪，总算比方才所说的特殊的学术强了。这种进一步的知识，就是从前所提的数学的学。数学的学以抽象的概念为对象，而用可感觉到的形式（sensible form）来表现。它能超过特殊事实表面上的差异，直追在背后共同不变的原理，这点可算见到意典的内蕴；但是另一方面，它认识意典，还须假手于形下的——可感觉到的——形式，未能站在纯抽象的立场，这算只在现象界里窥见意典，因此对于意典的认识不过一鳞半爪（参看第四章第三节之四）。

第五步，所谓在意典界里面所得关于意典更深切的认识，便是哲学。这个境界是可算"顶好"了，虽然未必不可能，可是也够难，所以唯有哲学家才能达到。柏氏以为这境界唯有哲学家能达到，可见他把哲学，换句话说，把知识限于少数人——特殊阶级的哲学家。这点和他个人的遗传、熏习、环境等都有关系。他生长在贵族家庭，这宗事实颇堪注意；除开把知识划分给少数哲学家之外，其他如尚贤政治、阶级教育（他的教育只及于上头两级的人，所谓下级的平民，便无教育可言）等等，恐怕都是从这背景出发的吧。

柏氏所谓哲学，用今日的话下个定义，可说是：一切学问的学问。他所谓哲学的对象的意典，就是一切事物的抽象的原理。现在我们研究学问，第一步把事物分为若干类，然后按类去研究，例如质、力等类的事物归化学、物理研究，有生命的东西归生物学研究。它们分门研究的结果，各成若干抽象的原理，叫作物理学上的公例，或生物学上的公例等等。把各门学问上的原理或公例，拿来做个综合的研究，便是哲学。各门学问的对象是具体的事物，哲学的对象是抽象的原理；各门学问对于宇宙做局部的研究，哲学对于宇宙做全体的解释；各门学问是初步的工作，哲学是最后的大成。

柏氏把"好"的内容分为：（一）快乐；（二）意见；（三）学术；（四）数学的学；（五）哲学。这其实等于前面（第四章第三节之四）所举的知识的各层。"好"的内容等于"知"的内容，这为什么缘故？此处又能看出"知等于德"的精神。在柏氏看，"好"和"知"只有一个内容，并不曾分什么"好"的内容，什么"知"的内容。得到"好"的内容就是得到"知"的内容，得到"知"的内容就是得到"好"的内容，二者只是一回事。

柏氏所举的"好"的内容，有逐步由具体而抽象、由形下而形上、由感觉而超感觉、由拘虚而超越的趋势；总而言之，大致上分两大界域：现象与超现象便是。你看，最初步是快乐，快乐是具体的、形下的、感觉的、拘虚的东西，意见稍为超越一点，学术更超越一点，到了数学的学，便离开现象更远，再到哲学，那简直完全脱离现象了。唯其如此，所以自然而然地产生两种人生观：（一）解脱的；（二）救世的。前者由于不满意现象而产生的，因不满意现象而求超过现象；这是独善其身的伦理观念。后者虽然也是起于厌恶现象的心理，可是还有一层，就是因厌恶现象而想改良现象；这是兼善天下的伦理观念。前者是哲学家的事，后者是哲学家而兼政治家的事。

柏氏解脱的人生观，也可以说，是消极方面的，救世的人生观是积极方面的。怎么说呢？解脱的方法是离却现象界，直追意典界。人本来跨着两界：灵魂属于意典界，身体属于现象界；前者的功能是思想，后者的功能是嗜欲。要想离却现象界，便须摒绝嗜欲；要想直追意典界，就要发展思想。前者之所以为消极，因为有出世之概，换句话说，身体不得已而暂寄斯世，此心早已不在斯世；后者之所以为积极，以其抱入世之想，换句话说，身体既是不能脱离斯世，唯靠此心改良斯世，使身体不至深堕罪恶之中。

解脱的人生观的根据如此：唯有意典界是真、美、善，事物界恰恰和它相反，所以是伪、丑、恶。按本性说，灵魂生来便具慧眼，能够认识意典，投入人身之后，好像被禁在监牢里面，不得见外界的光明灿烂。犯人要想重见天日，唯有冲出监牢之外，灵魂要想恢复从前对于意典的认识，必须打破身体的障碍。身体有种种的嗜好、情欲，这些东西都能遮盖灵魂的慧眼，所以要打破身体上的障碍，第一件事便是杜欲绝好。因此这种人生观的大成功，在身体方面有所谓"哲学上的濒死之态"（philosophic dying），就是身体成为槁木死灰，不能为祟，一任灵魂的自由发展。这是消极方面的功夫。身体既已安顿妥帖，灵魂便自然而然地活泼起来，因为已经解放到相当程度。灵魂的功能是思想，灵魂的活泼就是思想的发展；思想的对象在抽象的原理，意典是抽象的原理，所以在此情形之下，意典界可算被灵魂占领了。这是积极方面的功夫。

救世的人生观的根据如此：事物界虽然有许多地方和意典界相反，毕竟是意典界的副本，总有几分像；既有几分像，为什么不想法子叫它更像一点？事物界不圆满处，纯由质素作梗，意典不能全部征服，为什么不帮助意典征服质素全部？灵魂的功用在撮合意典与质素，尽量使质素受意典的洗礼。灵魂在人以下的东西，因为太幼稚，没有多大能力帮助意典克服质素，所以自然界的事物一向不见有多少自动的改进。灵魂在人可算已达最高、最完全的地位，应当能帮助意典在事物界里大大发展；纵使对于自然方面的事物有鞭长莫及的形势，至少对于人事方面的动作也要尽量地叫它意典化。

柏氏所谓"顶好",用宗教的名词说,就是上帝,这是早已提过的了。若用同样的话解释他的人生观,无论解脱的也好,救世的也好,人生的最高理想总是学上帝。解脱的人生观是竭力求与上帝为伍,救世的人生观是请上帝来到世间和大家为伍。如此说法,救世的人生观所榜标的,仿佛和耶稣教所祈求的"天国降临"相似。只是耶稣教所用的方法在"爱",柏氏所取的手段在"智",再推一步,耶稣教偏重情感,柏氏偏重理智。此点很堪注意,因为这两个大潮流——希腊的哲学与希伯来的宗教——再加上罗马的法治精神,便成了西洋文明的源泉。

三、行为方法——"德"

前面论行为的目的,目的是"好";现在论行为的方法,方法是"德"。"德"这字是英文"virtue"的译语,和中文"道德"之"德"的用法不同。中文的"德"字带道德的意味,这里的"德"字并不带道德的意味。它所指的是某件东西的功能(function)。一件东西都有一件东西的用途,换句话说,都有它的好处(good for something);能尽它的用途,能实现它的好处,便是不失其功能,便是保全它的德。例如刀子,它的用途或好处在割东西,假如能割得好,便是尽它的功能,保全它的德。人也有人的好处,实现他的好处,就是尽他的功能,保全他的德。我们这里所讨论的德,就是人的德。

人的好处在哪里?就在前面所举的五步的功夫——这就是人生的目的。要实现这好处,达到这目的,所用的方法或手段便是"德"。但是有一点要明白:此处所谓目的和方法,不能分得开。譬如从北平到上海,所要达的目的地是上海,一路所经过的地方是手段。这里的目的和手段分得清清楚楚，因为所经过的济南等地绝不是上海。可是伦理学上所谓目的往往和方法相同，例如要达到善就是行善，行善就是善，善就是行善，善并不是死板板的一个东西在那里，它本身就是一个过程（process）、一个动作（action）。如此看法，那么柏氏所标的行为目的，便和行为方法相等，换句话说，"好"与"德"只是一回事。因为一个人要达到"好"，就要发挥他的"德"，"德"发挥到相当程度，就是得到"好"的相当程度，"德"发挥到极点，就是达到"顶好"。

柏氏所谓"德"，有一个意义最重要，就是"调和"两个字。怎么说呢？他主张人的灵魂有三部分，这三部分各有各的用途或功能。例如理性管思索，应为一身之主；情感管行为的推动，应供理性驱遣；嗜欲管身体上的营养，应受理性支配。这三部分既然各有各的功能，自也各有各的德；各尽其功能，各保其德，便算是调和，便成整个的灵魂，用现代的话说，便成完全的人格。

把德看作一种调和，同时就发生一个问题，就是多与一的问题（problem of plurality and unity）。提到这问题，又要从苏格拉底说起。苏氏主张"德等于知"（virtue = knowledge），那么在他，德就是知，知就是德，除知之外便无德之可言，因此他所谓德只是一个。柏氏却以为一个德还不够，换句话说，尚未能尽人之本性，因为人的功能不止一方面，动作不单是求知，求知固然是他的最高功能、最大事业，但是同时还有许多次高次大的，这些都是求知的准备或初步工作。不过这许多德至终又统归于一，而成一种调和的现象。这就是多上有一、一中有多的原理。用意典的话来说，这许多德都是行为的意典，统括这许多德的那一个德是一切行为意典的最高意典。柏氏对于德方面这样主张，就是扩充苏氏的学说，而同时却守着他的原则——他的原则是"一"，柏氏加上"多"，这是扩充他的学说；把一切德统于一德，这是守他的原则。

　　柏氏主张德不止一个，这是从哪里看出来的？因为灵魂不止一部分，所以德也不止一个。那么德之所以为多，不在行为的对象有多种，而在行为的本能有多种。行为的本能的种类，按灵魂的各部分而定，因为灵魂是行为的主动者，一切行为发自灵魂，例如灵魂有理性、情感、嗜欲各部，同时行为也有思索上的、冲动上的、营养上的种种。因为灵魂有三部分，所以行为的本能也可有三种，这三种各有各所应有的德：灵魂的理性部分 —— 思索上的行为 —— 的德是智慧；灵魂的情感部分 —— 冲动上的行为 —— 的德是勇敢；灵魂的嗜欲部分 —— 营养上的行为 —— 的德是节制。这三部分 —— 三种本能 —— 都得均匀发展，毫无畸形的毛病，在这状态之下便另成一个德，叫作公道。智慧、勇敢、节制、公道合称为四大德（four primary virtues），其实公道是其余三个德的综合。那三个德代表多，公道代表一，三个德以公道为综合，就是多统于一的意思。三个德之中，最高的当然是智慧，苏格拉底所承认的就是这个；柏氏因为不肯抹杀灵魂的其他部分 —— 行为的其他本能，所以又加上两个，但是灵魂各部分 —— 行为各种本能 —— 的调和是很要紧的，因此又特别标出一个综合的德，这综合的德就是灵魂各部分 —— 行为各种本能 —— 的调和的状态。

　　除开公道 —— 综合的德 —— 之外，那三个德的重要性成以下的比例：智慧是理性部分的德，理性所管的是辨是非、别善恶，应为一身之主，所以它的德 —— 智慧 —— 是最重要的。勇敢是情感部分的德，情感是一种动力，凡理性所见到的都要借它去实行或禁止，所以它的德 —— 勇敢 —— 是智慧的积极的助手。节制是嗜欲的德，嗜欲是灵魂的最低部分，而且往往和理性背道而驰，因此它的德只是消极的，处处表示一种抑制的态度，完全替智慧扫除障碍，所以是智慧的消极的助手。若用意典的话来说，智慧代表意典的作用，因为灵魂的理性部分是从意典来的；勇敢代表意典克服质素的作用，因为灵魂的情感部分是意典内蕴和质素内蕴的混合；节制代表质素的作用，因为灵魂的嗜欲部分完全出自质素。这三个德守着所应有的比例，换句话说，理性部分不失其为一身之主，情感部分与嗜欲部分不失其为理性的助手，而理性也不陷于孤单的地位，的确有相当的助手——在这种情形之下便是公道。灵魂各部分——行为各种本能——得其适当的分配，各尽其职，不相侵犯，这种调和的德叫作公道。

一切德各有其天然的储能（natural potentiality），这储能就是行为的本能。但是德的储能——行为的本能——不是大家一样，有个人的不同。例如有人特长于思索上的行为，有人特长于冲动上的行为，有人特长于营养上的行为，特长于某种行为的就是对于某方面的储能特别强。

凡理性方面的储能特强的，智慧的德就最高；情感方面的储能特强的，勇敢的德就最高；嗜欲方面的储能特强的，节制的德就最高；各方面的储能都调匀的，公道的德就最高。智慧高的是国家的第一等人才，应当当治者；勇敢大的稍次一等，应当做兵士；节制强的又次一等，应当做平民；国家里面的各阶级应当按各人的德来分。有较低的德的人未必有较高的德，可是有较高的德的必同时有较低的德；例如勇敢的人必也会节制，智慧的人必也兼能勇敢与节制，所以有最高的德的人必是最调和的人，换句话说，是最公道的人。

凡有德的人必是各方面的本能都均匀发展。所谓均匀发展也者，就是各管各的事，不互相侵犯。在这种状态之下，理性便做了一身之主，因为这本是它的事。理性做一身之主，那人便是最自由的；世上最自由的事无过于理性自主（autonomy of reason），最不自由的事无过于受情感支配，被嗜欲拘束。

德自身就有好处，换句话说，均匀地、尽量地发展各种本能，这事本身就是个酬报，不必再有什么外来的赏罚（external reward and punishment），所以做有德的人是无条件的事，动机就在这里。前面提过，伦理上的行为，其方法和目的往往相同；这就是一例，因为"德"等于"好"，"德"虽是方法，"好"虽是目的，但是"德"发挥到相当程度，就是达到"好"的相当程度。前面也提过，柏氏的所谓动机，和目的相等；做有德的人，动机就在做有德的人，"德"就是"好"，就是目的，那么动机和目的不是相等么？

"好"就是"德"，从目的或理想的立场说，叫作"好"，从方法或实行的立场说，叫作"德"，其实只是一物。动机和目的相等，就是为"好"而求"好"，换句话说，就是为"德"而行"德"，那么一切行为的动机都是好的，换句话说，一切行为都出于善意（good-will）；这点和康德的主张很相像。不过有个不同：柏氏所标的四大德之中，有个节制的德，可见他还肯给嗜欲一个地位，就如前面所说，给它一个通气筒。在柏氏，嗜欲不必完全消灭，只要充分受理性克服，仍不失为有德之人；这在康德绝不如此，行为的动机一掺上利害的计较，换句话说，一有情欲的萌动，那行为便失去道德上的价值。在这点上，我们便能看出柏氏和康氏分家的地方。

第三节　社会伦理 —— 政治论

一、总论

柏氏把国家看作一个有机体，同人一样，可以说是一个放大的人。例如人的灵魂有三部分，即理性、情感、嗜欲；国家的分子也有三等，即治者、兵士、平民。治者之于国家等于理性之于个人，兵士之于国家等于情感之于个人，平民之于国家等于嗜欲之于个人。所以智慧是治者的德，勇敢是兵士的德，节制是平民的德，这三等人各尽其职，不相侵犯，便是公道。国家太平等于个人有德，个人有德在乎各方面本能的均匀发展，国家太平在于各等人的合作调和。因此柏氏的政治论和道德论遥遥相对，也可以说他的政治论就从他的救世方面的人生观出发。前面曾说，他有两种人生观：解脱的和救世的。解脱的人生观起于厌恶现象界而想脱离现象界的心理，救世的人生观起于不满现象界而想改良现象界的心理。前者最大的成绩只能做到哲学上的濒死之态，换句话说，只能做到把身体上的——现象界的——障碍减到最低限度，毕竟不能做到一尘不染的地步，况且只能独善其身，身外的众生完全管不着。所以这种人生观一定不够，从社会的立场看，很不相宜，因为在这立场上并非是替大众设想，替大众设想，应当有个宜于大众的人生观。宜于大众的人生观便是救世主义。救世的人生观由个人的怀抱一推到群众的要求，便成了政治论，并且政治论所根据的人生观唯有救世方面的才行，解脱方面的和政治论的原意就不相合。

　　古代希腊民族有个大问题，就是统一的问题。当时希腊分作许多国，平日彼此争雄，外患一来，既不能以一国之力单独抵抗，又不能联合起来共同抵抗；所以一般思想家就着力在这问题："怎样化个人为团体，化单独为集合？"——这问题在他们脑中盘旋不休，他们以为这就是政治论上的唯一问题。据他们看，国事是行为的对象，报效国家是唯一的德，那么只有社会伦理，没有个人的伦理。这是他们的思想受环境拘束的地方。柏氏的眼光却放大些，他承认个人的价值，提倡个人伦理，因此国家的地位就不是绝对的，国家之外还有个人。须知以国家抹杀个人，往往国家的进步也慢，并且太平的局面不能持久。因为在国家专制之下，个人的自由一概丧失，个人的本能丝毫不能发展，那真陷于"人之云亡，邦国殄瘁"的境地了。柏氏有见于此，所以特重个人伦理。他所主张的哲学家的统治者，就是个人道德极高、个人修养极深的人，并且当了统治者之后，还要不断地思索，不断地求个人的进步。这样一来，非但个人方面的价值提高，而且能促进国家的进步。

因为他提高个人价值，特重个人伦理，于是便发明一种解脱的人生观，这种人生观就是替个人谋幸福的方法。但是个人毕竟离不开社会，独善其身是社会所不许的，因此便在个人身上加以责任，这责任就是替大家谋幸福。由此说来，个人对社会有一种道德上的义务，社会对个人也有一种道德上的责望，两方面成不解之牢。在个人方面，总想尽量求解脱，尽量提高个人的价值；在社会方面，总想尽量使个人服从大众，尽量消除个人与团体之分；但是寡究竟不能敌众，个人不得不将就团体，于是在国家的统治制之下，个人就牺牲了他的自由，而成国家的一分子。柏氏心目中的国家，就是在这种情形之下成立的、存在的。在这种国家之内，一切利害都是共同的，万众非但一心一意，并且一耳目、一手足；大家合起来成个有机体，好比一个放大的人，一切行为都由这个有机体出发，不许有个人单独的行动。

可是要记住：个人之所以参加团体的生活、担任国家的事，是由救世的人生观出发。世何以必须救？因为它实在坏。它为什么坏？因为只是个现象界，现象界有好多地方不像意典界，所以才坏。它坏的原因既在不像意典界，那么想法子叫它像，这世岂不得救了么？是的，哲学家受社会的委托、负起国家的责任之后，所做的事就是在此。但是须知：社会若肯许他自救一身，不管他人，这是多么轻松、多么直截了当的事；只是社会不放他过，必要叫他担负相当的责任，所以他就得牺牲自己，替大家想法子。

二、国家起源

柏氏有一段讨论国家起源的话，现在姑把它译好抄在下面（译文根据 *The Republic*［《理想国》］，translated by Davies and Vaughan，第二卷，369-372）：

我说：我想国家的成立是由于个人不能独立生存，同时又有许多需要。你想还有别的原因？

他说：没有了，我完全赞成你的话。

我说：那么事实是这样：个人有许多需要，为求供给这些需要，就找他人帮忙，于是便汇集了许多伴侣住在同一的地方。在这种共同生活状态之下的土地与人民，便叫作国家。是否这样？

他说：毫无疑问。

我说：各个人间的彼此交易，不管所交易的是什么东西，这交易总是从个人的利益出发。

他说：自然的。

我说：那么请来组织我们理想中的国家。似乎国家的成立，由于人类的自然的需要。

他说：那是没有问题的事。

我说：对了。但是最急的需要无非维持生命的东西。

他说：这话最可靠。

我说：其次的需要就是一所房子，再次的需要就是衣服这类东西。

他说：不错。

我说：那么请来考究一下：应当怎样，才能供得起我们国内的一切需要。第一件事是不是要有一个农夫、一个泥水匠、一个职工？这三个人就够了，或是还要加上一个鞋匠，以及一两个替我们预备其他身体上的需要的人？

他说：绝对要的。

我说：那么最小而又能成国的国家，必须有四五个人。

他说：我也觉得如此。

我说：究竟这些人是否应把自己的工作的结果任团体的支配，例如一个农夫费了四倍的工夫，预备四个人的粮食，或是不管他人，只费四分之一的工夫，替自己预备粮食，然后再把所剩下的四分之三的工夫来盖房子、缝衣服、做鞋子，省得与人合伙，而自己包办衣食住三件事，一切自作自享？

爱登曼图就答应道：喂，苏格拉底！恐怕前一个办法更容易些。

我说：是的，你的话可真对了。方才你答应了之后，我再细细一想，觉得世上没有两个人生来就是一样，人的天秉个个不同，一个宜于这种职业，一个宜于那种职业。你想是否这样？

他说：是的。

我说：好吧。一个人怎样最能成功——把他的能力分管好多事，或者专攻一件事？

他说：专攻一件事。

我说：还有一点我想也很明白，就是：假如把某事的适宜的时间错过，便永远不能重来。

他说：那是很明显的道理。

我说：因为事情不等作者，而作者却要等它，万不可视为莫须有，以致坐失机会。

他说：做事的人应当这样。

我说：那么可见得：假如作者是职守专一，事情合他的天才，做来适得其时，而又没有他事分他的心，无论什么事，都能用最经济的努力收最圆满的效果，不论在量方面或在质方面。

他说：毫无问题。

我说：那么，爱登曼图，必须四个以上的人民，才能供给方才所举的那些需要。因为一个农夫，假如要耕种得很好，断断忙不及自己造犁具、铸铧头，以及其他农业上的器具。乃至泥水匠，也不能自己制造建筑上所需要的家伙，其他如织工，如鞋匠，一律如此。

他说：不错。

我说：那么我们还要木匠、铁匠，以及其他类似的工人。他们都是我们这小小的国家的一分子，和其余的共成这国的人口。

他说：那是自然的事。

我说：这国家还不算十分大，纵使再加上养牛和牧羊，以及做同样工作的人。必须有他们，然后农夫才有牛耕田，农夫和泥水匠们才有畜生搬运耕种和建筑的原料，织工和鞋匠们才有人供给羊毛与皮革。

他说：假如这些人都全，这国家也不算小了。

我说：并且无论什么国家，很难有那么富足的土地，能够无需乎和外面通有无。

他说：这是不可能的。

我说：既是如此，还要一班新的人物，专办输入货物的事情。

他说：要的。

我说：好了，假如这班经手人空手出去，没有东西供外国人的需求，那么必也空手回来，带不来货物补国内的缺乏。是不是这样？

他说：我也这样想。

我说：那么国内所产的，非但要足以自给，还要适应一班和我们通有无的外国人的需求。

他说：那一定的。

我说：那么我们的国家需要更大数目的农夫，和他项的工人。

他说：是的。

我说：并且需要好多经手人，办理送出、输入的事宜。这班人叫作商人，对不对？

他说：对的。

我说：那么我们需要商人。

他说：自然。

我说：假如是由海上通商，还要不少精于航海的人。

他说：不少。

我说：但是请问，在本国之内，大家应当怎样彼此交易？你知道，就为的是彼此要交易，所以才组织团体，成立国家。

他说：自然用买卖的方法。

我说：那么因为要交易，便产生了市场和货币。

他说：毫无疑问。

我说：假如一个农夫或别的工人把他的产品送到市场，刚好这时候遇不到要同他交易的人，那么他就不回去做正经事，成天在那里等着么？

他说：没有的事。一定还有一班人，看准了这困难，出来想补救的办法。在秩序好的国家，大体上说，这种事都是那身体薄弱、当不起其他繁杂的工作的人做的。他们的事只是坐在市场里面，用钱来买货物，有人要时再卖出去。

我说：那么由这种需要就产生一班零星买卖的小贩。这班坐在市场里面、单管买入卖出的人不是叫作小贩？那班奔走各国、专司送出输入的人不是叫作巨商？

他说：正是如此。

我说：我想此外还有一班劳动的人，虽然他们的智力不足以居公民之列，可是身体上的气力很大，很能做苦工。这班用苦力卖钱的人叫作佣工。是不是？

他说：正是的。

我说：那么佣工也做了国家的附属的分子。

他说：我想是的。

我说：爱登曼图！现在我们可能说，我们的国家已经达到成人的时期？

他说：恐怕可以说。

从以上一段话看，可见柏氏以为国家的起源由于个人的需要。个人的需要很多，而力量有限，单说衣、食、住三件极简单的事，便已不能一人料理。纵使勉强由自己供给，究竟太苦，太麻烦，不如大家分工——我管种田，你管做衣服，他管造房子——来得容易、省事。所以原始的国家的各分子，只是一群农夫与工商人，他们的结合，都在分配身体上的需要的条件之下。

可是人的欲望无穷，衣、食、住既有着落，便想过更快活的日子，于是又发生种种超过最低限度的要求。因为有更大的要求，原有的土地便觉得太小，原有的财源便显得太狭，于是便起拓地辟疆之念；要想拓地辟疆，必须用武力，于是便产生一个军人阶级。这是兵士之由来。同时因为人民的欲望不断增加，而富源毕竟有限，内部不免时时发生争夺不平的事，于是便需要一班治者。这是治者阶级之由来。以上是对内说的，至于对外，我们想拓地辟疆，人家也想拓地辟疆，所以非但侵略方面需要军人，自卫方面也需要军人。内争之外还有外患，内争要有人持平，外患也要有人底定，并且非但国内的人事日繁，国外的交涉也是日广，所以无论对内对外，都需要一班治者。有了治者之后，国家便有组织；有组织，国家便成个很坚固的整体；成个整体的才是正式的国家。

三、国家目的

国家的起源，虽然由于人类的自然方面的需要，可是国家的目的，却不止在供给这些需要。因为人的欲望无穷，无论如何，供总是不能应求，纵使国家致全力于供方面的事，恐怕还办不到。所以国家重在能使人民调节欲望，这是国家所应当培养的最低限度的德，叫作节制。关于欲望方面既已养成节制的德，再进一步便要提倡勇敢，因为勇敢是做人的力量，无论个人方面或团体方面，都需要它。个人没有勇敢，那就知过不能改，见善不能迁；团体缺乏勇敢，那也不能兴利除害。节制是消极方面消除障碍的德，勇敢是积极方面增加力量的德，有了勇敢，国家才有生气，才谈得上其他的事。这两种德都全之后，智慧可就来了，这才是国家的最高目的。节制和勇敢可说只是先决条件，都是智慧的准备。就个人说，必须先能节制，智慧方能发展无碍，因为情欲的蒙蔽去掉，理性的眼才能光明灿烂；必须先有勇敢，然后智慧的工作才不算空，因为有了力量，智慧方不失其用，所见到的方能实行出来。就团体说，团体是个人的汇合，是放大的个人，自也同一道理。最后国家所应当提倡的是公道的德，因为人的天秉不齐，有的思索上的本能特强，有的冲动上的本能特强，有的营养上的本能特强，合这些天秉不同的人在一国之内，最大的目的总在使他们个个都能发展自己的本能，各尽其职，同时不侵犯他人——在这种条件之下所产生的德，叫作公道。

根据前段的话，可知国家最大的目的在于培养国民的德，其他如法律、制度等等，都是附带的条件。替个人方面着想，也要在国家维护之下，才能尽量发展他的本能、保全他的德。这是很明显的道理，例如在眼下中国的混乱环境之中，有多少人能够尽量发展他的本能、保全他的德？换句话说，若没有国家替个人预备适当的环境，甚至独善其身恐怕也做不到。

国家所提倡——社会伦理所标榜——的德，何以同个人所讲求的德一样——也是节制、勇敢、智慧、公道？因为国家是个有机体，是个放大的个人，而个人伦理与社会伦理两两相对。个人灵魂的三部分——理性、情感、嗜欲——等于国家元素的三阶级——治者、兵士、平民。因此个人各方面的德等于国家各阶级的德，个人各方面的德的综合等于国家各阶级的德的综合。并且前面说过，"德"等于"好"，在理想方面叫作"好"，在实行方面叫作"德"，其实只是一物；个人伦理所标的德既等于社会伦理所标的德，那么个人伦理——个人行为——所立的目的或理想（就是"好"），也等于社会伦理——团体动作——所定的目标或理想。这就是同样的理想表现在两方面——个人方面与团体方面；这就是伦理学和政治学之所以分不开。本章把它们合起来叙述，也是为这缘故。

　　国家固然三种德并重，要取个调和的地位，以公道为归宿，但是三种德之中，柏氏所看作最重要的还是智慧，因为这是太平的门径。怎么说呢？国家智慧的德愈高，就是治者的程度愈好，治者的程度愈好，国便治得愈得法，同时国家就愈太平。治者所用的治国的工具是什么？总不外乎法律、制度等等。治者的智慧若大，还怕法律、制度不好，不完全么？所以柏氏心目中的国家，最重要的东西就是好治者，可见得他的政治是尚贤政治。

　　智慧哪里来的？研究哲学所得的。哲学是训练智慧最好的工具，也可以说是智慧的源泉。所以若要有智慧的治者，必须请哲学家当治者。柏氏说：

> 　　除非哲学家抓住国家的政权，或执政者精通哲学，换句话说，除非政治和哲学打成一片，二者汇于一人之身，同时通其一而不兼其二的人绝对不许执政，要想国家太平、人类安乐，是不可能的事……（ *The Republic* ［《理想国》］, translated by Davies and Vaughan，第五卷，473C）

　　以上所引柏氏的话，可算是他的政治哲学的一把总钥匙。

四、国家制度

甲 哲学家的统治

　　关于国家的制度，柏氏主张尚贤的原则。只要治者是贤人，其他问题都容易解决。他所谓贤人治者，就是智慧极高同时力量又大的人，换句话说，就是理论家兼实行家，哲学家兼政治家。治者既是贤人，一切国事便要凭他处理，不可叫他受法律，以及各种制度的拘束，因为法律、制度在他眼里只是一种死的羁轭，非但无用，有时反能误事。由此看来，可知柏氏所主张的是一种贤人专制的政治。

原则既定，细则也不妨提出讨论。柏氏共提四项如下：（一）治者治国，处处顺着民意，或是违拂民意？（二）治者治国，必须按固定的法律，或是独出心裁？（三）治者应当自穷人出身，或自富人出身？（四）治者应当是少数人，或多数人？

关于第一个问题，柏氏以为：齐民的智慧自然不及贤治者的智慧，治者所视为好的，齐民未必能见得到，因此善政往往必须强迫施行。齐民好比是病人，治者好比是医生，善政好比是良药；良药苦于口而利于病，善政往往惊人动众而结果是好，良药不管病人愿意与否，必须叫他吃，善政也不管人民信服与否，必须叫他行。

关于第二个问题，柏氏以为：法律有以下的特性：（一）普遍的——对于个别的人和特殊的事，往往包赅不尽，因此不能体贴人情，曲洽世故。（二）呆板的——往往跟不上即时即境，因此未必都能适用。所以在贤治者统治之下，法律不是什么了不得的东西，治者尽可独出心裁，他的意旨随地随时都成法律，不必另立一种固定的、成文的法律。但是此等情形只限于贤治者统治之下，若不得贤治者，宁可牢守着法律，毕竟还能杜绝治者个人的乱作胡为。

关于第三个问题，柏氏以为：无论治者是穷人或富人出身，只要有贫富之分，都免不了偏袒他所出身的那个阶级——穷人出身的治者必袒护穷人，富人出身的治者必袒护富人。为避免这种流弊，他便想法子不许有资格当治者的人有贫富之分，这法子就是共产制度——有资格当治者的人，都不许有私人财产。关于共产制度，下文还要详论，此处暂且搁下。

关于第四个问题，柏氏以为：政治的技术不是人人都有，只是少数人有这种本能，因为政治同哲学是一件东西，哲学的事在于思索，思索的本能特强的人本不多见。所以治者必须限于一人，或一人以上的极少数的人。在个人，做一身之主宰的是理性部分，理性在人，和其他各部比，本是极小部分，可是能做一身的主宰；同样，在国家，智慧最高的人当治者，有智慧的人在一国之中，和其他的比，也是极小部分，可是必须要他当治者。于此可见柏氏处处以个人比国家，国家的性质在他眼里同个人的一样。

以上四项问题，柏氏都按尚贤的原则解决。第一，因为治者是贤人，他的政策必不会错，因此可以强迫施行，不顾人民信服不信服。第二，因为治者是贤人，他出的主意无有不对，因此法律在他便无关紧要，他治国不必遵守法律，可以随时独出心裁。第三，因为要贤人当治者，所以有资格当治者的不许有私人财产；当治者的不许有私产，这职分纯出义务，那就没有人去争，于是所推举出来的必是贤人。第四，因为要贤人当治者，贤人不可多得，所以治者就不能多，只限于一人，或一人以上极少数的人。

乙　三阶级

柏氏当时早已见到分工（division of labour）的原理，所以主张一国的政治和经济，应当由两班人担任。担任政治的人叫作护国阶级（guardians），担任经济的人叫作平民阶级（people）。平民阶级是生产者，护国阶级是消费者；平民阶级是被治者，护国阶级是治者。这是初步的分划，再进一步就把护国阶级分为两级：（一）治者（ruler）；（二）兵士（warriors）。治者是执政的人，兵士是他们的助手。这两级人和平民共成三层阶级。这三层阶级各有各的职司：平民管种田、做买卖，所以又叫作实业界（industrial order）；兵士管对外的国防、对内的治安，这些都是军政方面的事，所以又叫作军界（military order）；治者管一切行政上和教育上的事，所以又叫作政治界兼教育界（official order and teaching order）。

阶级的如此分法，又是出于以个人比国家。国家的治者阶级等于个人的理性部分，国家的兵士阶级等于个人的情感部分，国家的平民阶级等于个人的嗜欲部分；平民所管的是国家的营养方面的事，兵士所管的是国家的冲动方面的事，治者所管的是国家的思索方面的事。

各阶级里面的人，是否分定之后世代相承，例如祖宗著籍平民阶级，子孙便自然而然属于这个阶级？不是的，各阶级的人可以随时分配、调动。分配与调动的标准，在于个人的天秉，例如天秉长于思索的便归入治者阶级，其余依此类推。至于管理分配与调动的人，是国家的官吏，他分配你到哪级去，你就得到哪级去，个人没有自由选择的权利。

三个阶级各有各的德：治者的德是智慧，兵士的德是勇敢，平民的德是节制，各阶级的德一应俱全，换句话说，诸德的调和，便是公道。各阶级的德代表国家的德——一国之中，假如治者最健全，那国就是最智慧；假如兵士最健全，那国就是最勇敢；假如平民最健全，那国就是最节制；假如各阶级都健全，那国就是最公道。治国的技术，就在使各阶级调剂得妥当；换句话说，就是使各阶级的德一应俱全；再换句话说，就是使各阶级的人做所应做的事，不做所不应做的事。因为人的本能各有所长，同时也各有所短，最可惜的事就是不去做所长的事，例如不叫哲学家执政；最危险的事就是去做所短的事，例如叫兵士执政；最不可能的事就是一个人兼管许多事，例如叫一个哲学家执政之外，同时还当兵士，还像平民那样自耕自食。

根据分工的原理，柏氏主张平民不许有参政权，治者与兵士不许耕田、做买卖。但是治者和兵士们既可不耕而有食，便不许有财产、有家庭，因为他们的"食于人"的特别权利，只是服务国家的报酬，有偌大的报酬，也应当有偌大的代价。不过我们知道，柏氏是个贵族家庭出身的人，潜意识上总不免对于劳动的工作怀蔑视之意，因此便不许治者和兵士种田、做买卖，以为这种下贱的事有碍上等阶级的人的风格。一方面不许平民参政，也是出于同样的心理。

三层阶级虽然分得很严，可是治者和兵士比较接近，因为他们同是管政治上的事，并且当治者的人往往是从兵士阶级升上来的。

治者虽然以政治为职业，但是行政上的工作不可占太多时间，大部分的时间应当用在思索上，换句话说，应当不断地研究哲学。有两个原因：（一）就个人的价值论，他应当有充分的时间做个人的修养；（二）就社会的需要说，他也应当有充分的时间做学理上的准备，因为政治同哲学是一回事，治者的哲学如果不深造，政治上的贡献就也有限得很。根据这个理由，治者是有任期的，由同一阶级——治者阶级——的人轮流来干。在卸任或休假的时期内，他们可以尽量研究哲学，这种研究可供将来回任时候用。

丙　共产

柏氏的共产制度，只行于上等阶级——所谓治者与兵士阶级，平民还许有私产。平民把耕种所得的，抽一部分供给治者和兵士，所余的自己留住；治者和兵士除却消费上所必要的之外，不许储积钱财。柏氏之所以如此主张，有个最大理由：他以为凡使国家团结的都是好的，凡使国家分裂的都是坏的；使国家分裂最大的原因是个人的利害观念，个人的利害观念若能取消，换句话说，个人的利害若能和国家的利害打成一片，国家必可团结，不会有分崩之虞。个人的利害观念从哪里来？从私产的制度来，所以必须把它废除，用共产制度代替。

柏氏的共产制度不行于平民阶级，难道不怕平民有个人的利害观念么？这点他太忽略，他简直就不把平民当一回事，他所立的种种政治制度、教育制度，都是为上等阶级而设，平民在他眼里只是上等阶级的附属品，他们的地位几乎等于奴隶。

有人说，现代苏俄所行的共产制度，二三千年前的柏拉图早已想到。其实这话附会得很，柏氏所谓共产和苏俄所行的共产完全不同。最大而明显的理由有二：（一）柏氏的共产是从理想主义出发，因为他的国家是个理想上的构造；苏俄的共产是从唯物主义出发，因为它的政治制度是经济环境的产物。（二）苏俄的共产，目的在废除阶级制度——要把贫富两阶级打消；柏氏的共产，目的在维持阶级制度——要严分治者与被治者二阶级。这是根本上的不同，至于详细的比较，不是本书的事。不过有个奇怪现象，就是在不同的前提之下，可以产生相同的结果——在唯物主义的前提之下能生共产主义，在理想主义的前提之下也能生共产主义，于此可见思想的奥妙了。

丁　公妻

柏氏的公妻制度也是只行于治者和兵士两阶级。主张这种制度的理由有二：（一）目前方便——公妻则废除家庭，没有家庭，男子便无内顾之忧，能够尽瘁国事，女人也免却事育之劳，可以和男子受同等的训练，同样替国家服务。（二）将来的国民好——在公妻制度之下，国家公共场所所抚养的小孩子，不会传染家庭的恶习惯，不会承继父母的坏模样，这是一件；并且人民从小没有家庭，心目中只知有国家，从小就过团体的生活，不会发生个人观念，这都是有益于国家的事，国家若想永远团结，非行这制度不可。

公妻制度的最大目的还是改良人种，因此国家对这方面的事非常注意，并且行使绝对干涉之权。例如男女在何等身体健康的条件之下方许同居、同居的年龄、所生子女的数目等等，一概由国家来定。小孩一生出世，立刻就离开父母，送入国家所设的育婴所，此后骨肉之间不许互相认识。非但如此，凡可以帮助改良人种的法子，都一一用到，最厉害的可算选择婴儿的办法。在这办法之下，凡不健康或生来有残疾，以及未经管理人口机关许可而同居所生的小孩子，一概不予教养，弃掉任他自然消灭。

五、教育

前面说过，国家的大目的在于养成人民的德，人民如果有德，自己都会上轨道，不用法律制度来鞭策他；如果无德，法律尽管细，制度尽管严，也不会有多大效力。要人民有德，有什么方法？唯有讲究教育。曾受教育的人，自己能分别是非善恶；不曾受教育的人，虽然天性也有好的，可是危险得很，谁也不能担保他将来变成什么样子。总而言之，在失教的情形之下，人民的德如同在风雨飘摇之中，凶多吉少，而国家的前途，也就不堪设想。

就国家方面说，必须讲究教育，国家的前途才有希望；就个人方面说，必须在国家的提倡与计划之下，方能得到圆满的教育，因为个人与社会息息相关，假如没有适当的环境、良好的空气，很难自己向善，纵有一二材质特强的人，恐怕也不能充分发展。

但是谈了半天教育，至终只限于头两个阶级，平民阶级简直置之不管。他这种主张，完全从贤人专制的原则出发，因为据他看，治国的唯一问题就是培养贤治者、好官吏，治者既贤，官吏既好，国事交他们手里，便万无一失。平民本来不得参政，只有服从的义务，所谓"君子之德风，小人之德草，草上之风必偃"，有贤治者，有好官吏，还怕平民不上轨道么？可是这种看法是不对的，因为平民毕竟有他们所应有的德——所谓节制之德，假如不受教育，这德保得住不会失掉么？不是和以上两阶级同样在风雨飘摇之中，谁也不能担保将来的结果如何么？

国家的最大使命是办教育，教育所应当注意的有两方面：（一）知；（二）行。换句话说，教材要包括科学和伦理两门；再换句话说，要注意哲学的全部。至于教育的程序，是由实际而理想，由具体而抽象，由特殊而普遍，最后的目的要达到意典的认识。教育的时期不限于幼年，成人以后还有教育，不过教育受得愈久的便是愈可造就的，将来所处的地位愈高，愈不可造就的愈早停止教育，到相当程度便派出去服务。他把教育按年龄分为若干段落，每个段落之后施行考试一次，成绩好的 —— 材质强的 —— 继续受教育，不好的派去做所能做的事。现在把他所定的教育年龄，和各年龄间所用的教材，制表如下：

年　龄	教　材	
1—2 岁	身体上的抚养	
3—6 岁	故事	
7—10 岁	体育	
10—13 岁	读、写	
14—16 岁	诗歌、音乐	
16—18 岁	数学一类的科学	
18—20 岁	军事训练	
	考试	凡不长于科学，而有勇气的人，就当兵士
		其余的人继续受教育
20—30 岁	科学	比以前所念的更正确，更普遍
		混合研究，注重部分与全体的关系
	考试	成绩差的派出当差事
		其余的人继续研究
30—35 岁	辩证学	

续表

年　龄	教　材
35—50 岁	当政府里面的职务
50 岁	以上哲学上的功夫已经深造 加入治者阶级，和同级的人轮流执政

从以上的表看，可见他所定的教育时期分两大段，第一段是预备时期，第二段是真正的教育时期。从 3 岁到 16 岁是预备时期，教材偏重行方面，换句话说，所采的多伦理学方面的材料。例如故事一门，便是把古先英雄豪杰的遗事，以及神明上帝的奇迹，灌注儿童脑中，使他们长大之后，心坑里有一种不可磨灭的慷慨忠义的性根；其次如诗歌、音乐，都是调和性情、引诱儿童向善的工具。从 16 岁以后是真正的教育时期，教材偏于知方面，换句话说，所采的多科学方面的材料。16 岁到 20 岁间所念的数学一类的科学，是分科的研究；20 到 30 岁间所念的，是把方才分科研究的结果，拿来做个综合的研究，看看各门彼此间的关系如何、合拢起来所得的结果怎样。这种综合的研究，是替将来打底子，因为辩证学就是综合的学问，并且国家所需要的也是知道怎样汇通的人才。此外还有一点很堪注意，就是必须研究过辩证学，方许担任政府里面的职务，换句话说，凡管国家行政的人，必须懂哲学。此点可算是柏氏思想特色的地方。

我们看柏氏这张课程表，能够发现两点：（一）儿童 —— 16 岁以前 —— 的教材，很像中国古代庠序里面所施行的。中国古代教儿童以礼、乐、射、御、书、数，这些和柏氏的音乐、体育、读写等科不相似么？射御就是体育，礼乐就是音乐，书数就是读写一类的东西。东西古代的思想，相似如此。（二）希腊人特别注重知识。你看军事训练以前，先要学数学一类的科学，可见武人也得有科学的训练与了解。当官吏的所受科学的训练，所得科学的知识，比兵士们更深一层。至于执政的治者，便须懂哲学，哲学是一切科学的汇通，所有学问的大全，懂了哲学方许当治者，可见治者的程度如何。因此我们可以说，注重理智是希腊人的特点。

当时希腊的教育已有音乐和体育两门，但是柏氏有他所要修改的地方。他以为体育虽然是身体上的训练，但是应当借此同时训练灵魂，不是只养成粗粗笨笨的身体便算了事。体育怎样训练灵魂呢？例如公平竞争的习惯、团体的生活、互助的精神等等，都能借它培养、表现。至于音乐，他主张要很谨严地选择材料。他以为这两门功课，如果好好地教，所得的效果很大：能使心身均匀发展，气力和文采汇于一人之身，这才是健全的国民。

他另定体育和音乐的目的：体育的目的在于养成健全的身体、俭朴的生活、坚强的意志；音乐的目的在于培成爱真、爱美、爱善的心。因此这两门功课都是将来求更高知识的准备。有合格的身体，将来身体才不为累，灵魂才能一无障碍地做它的思索的工作；有爱真、爱美、爱善的心，才能虚心接物，对于学问才能入门。

他根据他所定的目的，把音乐重新审定过。审定完全以伦理为标准，凡能够劝善禁恶的方许留住，带些浪漫意味的一概删除，例如荷马的诗歌，便在摒弃之列，其他如记载神明的猥屑故事的诗歌，镌镂神明争斗嫉妒的故事的雕刻，一概禁止。据他看，美术一类东西，只是一种描写或模拟。现象界已经比意典界低一等，美术若不直追意典界，而只做到现象界的模拟，那就卑卑不足道了。他所谓模拟意典界，就是表现一种理想的追求，具体些说，就是有能力兴发人的善心，不只是描写些不相干、无关风化的俗人俗事而已。

柏氏这样把美术加以审定，凡不合于伦理标准的都在摒弃之列，其中有个很重要的意义，就是把美术附属伦理，换句话说，把美归到善里面去。我们知道，在他知行相等，那么真与善又化成一物。真美善三个价值，美既附属于善，善又和真相等，于是在他只是一个价值。还有一点：他把美归到善，就是把人类文化最精细的一部分，放在伦理的基础之上，同时又主张知等于行，也是把一切知识放在伦理的基础之上，因此我们可以说，他把人类的全部文化放在伦理的基础之上。不过有个特点极宜注意，还是知行相等的主张，行等于知，行就变成活的东西，换句话说，伦理的观念、行为的规则与模范，乃至风俗习惯等等，都不断地在那里进步，因为知识这东西是不会停止的，伦理有知识做引导，换句话说，人事有科学做指南针，还怕不上进、不改良么？这种学说，真是人生幸福之门。

六、余论

我们叙述柏氏的政治论之后，觉得它有同近代的政治论大不相同的地方，就是重全体、轻部分的精神。所谓全体也者，就是国家；所谓部分也者，就是个人。在他的理想国里面，个人完全隶属国家，要为国家牺牲一切，例如不许有私人财产，不许成立家庭，乃至男女同居、所生子女的数目、婴儿被培养的资格等等，都由国家来定，这不是把个人所应有的权利，一概归到国家么？

注重国家，抹杀个人，本是希腊当时思想的普遍现象；前面曾说，柏氏原想挽救这种不平衡的风气，所以特别注意个人伦理，并且讲社会伦理是从个人伦理出发，可是一到讨论国家的问题，便也同样抑压个人。这也许因为他受当时的传统思想影响太深，以致无法摆脱。但是还有一个可能性很大的原因，就是当时希腊不统一，分做许多小国，平日彼此战争，外患一来，便无法自卫，柏氏看此情形，为救时计，不得不抑低个人，提高国家，想创个对症下药的学说。殊不知这样一来，系统上就不免发生矛盾：这种团体主义的社会伦理，和前半截的个人主义的个人伦理，怎能合在一起？

但是大致上说，他的政治论和他的系统的各大部分，总算还能调和。例如他在意典论里面把意典界与事物界分得清清楚楚，在政治论里面护国阶级与平民阶级便也同样分划：意典论上提高意典界，抑低现象界；政治论上也尊重护国阶级，轻视平民阶级。在格致学里假定一个创世者来把质素克服，在政治论里便设个全权的治者阶级来统治平民。意典或创世者是最好、最完全的模范，治者阶级也是最好、最完全的全国的师表。所以我们可以说，他的政治论上的贤人专政制度，根本是从他的形上学的原则来的，在他的全部系统里面，成为部分与全体的关系。从另一方面说，他的理想国的组织，完全模仿宇宙的安排。你看国家的三阶级，恰恰和宇宙的三部分相仿佛：治者阶级好比宇宙的意典界，平民阶级好比宇宙的现象界，兵士阶级是承上接下的人，治者施政要它当助手，好比灵魂做意典与质素的媒介，意典要把质素理性化，须靠灵魂做中人一样。此外，他的国家的组织，还像一个人，因为人是法天而生，他的各部分就等于宇宙的各部分。因此我们可以说，柏氏的理想国是整个宇宙的反映，整个人的摹本。不过把护国阶级比意典界、平民阶级比现象界，治者阶级比创世者、被治者阶级比质素，这种比拟方法是否可通，尚是一个大疑问呢！

他的国家真真不愧称为理想国，政治论方面的国家的组织，按着形上学方面的宇宙的构造，这才是奇想天开的悬拟。所以他的国家制度乃是艺术上的创作，其中各阶级好比一个雕刻上面的线（lines of a sculpture），极清楚（transparent），极调和（harmonious），极均匀（well-proportional），但是究竟可行与否，也是个大疑问。

柏氏晚年的政治思想，倾向于君主专制（monarchy），但是这君仍是精明之君，他治国无须法律，任意措施，无有不当。我看他把尚贤制度换个君主制度，无非要增加行政的效率，因为尚贤制度之下的治者不止一人，遇事还免不了意见的分歧，而影响到行政的效率。至于这种君主的政治上的学识，并不比尚贤制度之下的治者低，所不同的只是以一个人代替两三个人。但是这是最好的，换句话说，理想的制度，恐怕不易做到，所以又想个次一等的，就是君主而守法律的制度，叫作"有法君主"，用现代的名词说，便是君主立宪。我们且把他在论治术书上所举的各种制度写在下面（排列的次序按好坏的次序）：（一）有法君主（monarchy with law）；（二）有法贵族（aristocracy with law）；（三）有法民治（democracy with law）；（四）无法民治（democracy without law）；（五）无法贵族（aristocracy without law）；（六）无法君主（tyranny or monarchy without law）。据他看，理想政治如果不可遇，有法政治总比无法政治强；最好的是有法君主，最坏的是无法君主；在有法政治之中，民治最是平平，但是在无法政治之中，民治却又坏的程度最低。

柏氏以前在《理想国》书上所举的各种政制也写在下面：（一）尚贤政治（aristocracy, the ideal state）；（二）军阀政治（timocracy）；（三）富阀政治（oligarchy）；（四）庶民政治（democracy）；（五）小人政治（tyranny）。尚贤政治就是前面所叙述的哲学家统治的制度，这是他的理想制度；次一等的便是武功胜于文治，武人秉政；再次一等是武人执政既久，渐失尚武精神，爱财贪利，都成了富人，在富人统治之下，贫民备极压迫；又次一等的是贫民铤而走险，出来夺取政权，便成庶民政治；最下的是小人政治，上自国君，下及群臣，无有不是小人，成个群小弄权的局面——这种政治是庶民政治的反响，同时和尚贤政治恰恰相反。

把以上两种分类拿来细细研究，可以发现一宗很有趣的事实，就是柏氏愈到晚年愈倾向君主专制，而同时对于庶民政治厌恶的心也愈差，这是很奇怪的事实。大家知道，《理想国》这书比《论治术》先写的，《理想国》里面的尚贤政治，到了《论治术》，便改写君主专制，这是晚年倾向君主专制的一个证据。在《理想国》里面把庶民政治和小人政治看作半斤八两一般的坏，可是在《论治术》里面却看作坏中的最不坏，这是他晚年对于庶民政治厌恶的心渐渐减轻的证据。据我推测：因为他是贵族出身的，所以他的全部系统都带些超越的意味，君主专制只是他的全部系统的大前提之下的必然结果。至于他早年厌恶庶民政治那样深，是因为苏格拉底的冤狱的缘故，自从这事发生以后，他便下个断语说：在无理性的庶民统治之下，生命是毫无保障的；但是经过时间的教训，他才觉悟在一切坏制度之中，还是庶民政治比较差些，因为在这制度之下，毕竟有许多人的意见互相牵制，不像一个人或几个人那样容易胡为乱做。至于他对于坏的君主专制，则始终看作最要不得的。你看，无法君主等于小人政治，二者，前后都排在最末，可见他是多么反对的。由此可知柏氏并不是特别喜欢专制，他的着眼处还在好治者，治者若好，其他行政的方式只是旁枝的问题；不过好治者若兼专制，行政上的效率可以增加，但是坏治者再加专制，那就助纣为虐，危险到万分了。柏氏此意，研究他的政治思想的人不可不知。

《立法篇》是柏氏最晚年的著作，这书里面的政治意见，比中年时候的温和得多，不像先前那样热烘烘地追求理想。我们把他在这书上修改以前的主张的地方列举如下：（一）放弃哲学家统治的主张，用一个国事会议团体（state council）和一个执法团体（collegium of warders of law）等等代替。（二）放弃哲学家统治的制度，就是不再想有完全的治者，因此国家的行政便须依照法律，所以他提议采取三种政制——君主、贵族、庶民——的长处，融合起来创个新的制度。（三）共产和公妻的制度取消，同时使人民个个有产，把土地按份分给他们；又替他们定个私有财产的最低和最高限量——最高限量不得超过最低限量四倍以上，在这限制之内允许人民自由买卖产业。（四）农、工、商各业归奴隶来管。据我看，柏氏晚年血气就衰，想象力不及从前，而追求理想的欲望也降低了，因此中年时候的奇妙的议论便保留不住，自动地往平易方面修改。可是有一点应当注意，就是他的贵族的倾向始终不减，你看《立法篇》里把农、工、商各业归奴隶管理，可见他依样轻视劳动的工作，可说他这样的心理，比当初写《理想国》时候还厉害。

第四节　批评

一、关于个人伦理——道德论——的批评

（一）凡主张理想主义的人，最困难的问题就在如何达到这理想。柏氏的哲学便感到这困难。他把理想，就个人方面说，放在此身之外；就团体方面说，放在现世之外。理想既处超越的地位，就变成神圣不可侵犯的东西，和此身、此世唯有显得悬绝；二者既是互相悬绝，再想把它们撮合起来，不是大麻烦的事？好比一块布，本来要整块地用，偏要把它裁开，然后再拼成整块；据我看，何必多此一举？他的哲学的大前提，先把宇宙分成两界，一个是上界，一个是下界，上界叫作意典界，下界叫作事物界；然后再把它们撮合起来。撮合的方法，据我看，有三条路可走：（甲）叫事物界去就意典界；（乙）叫意典界去就事物界；（丙）叫两界彼此携手，取个平分之势。第一、第二两条路，柏氏都走过，他创解脱的人生观，就是想走第一条路；创救世的人生观，就是想走第二条路。走

第一条路的具体办法，在于消除身体上的障碍，杜欲绝好，习作哲学上的濒死之态；走第二条路的具体办法，在于再造国家，革新政治，养成人民的德。这两种办法，究竟能否达到目的，乃是一个大大疑问。并且走这两条路的结果，便各趋极端，流弊也不容不顾到。叫事物界去就意典界，换句话说，实行解脱的人生观，结果把事物界的特性一概抹杀，换句话说，把人性穿砑、禁锢到极点；况且按他的话推下去，这种人生观的极端必至身体不存，那真做到寂灭虚无了。这种结果，是全部牺牲事物界，全部牺牲身体。叫意典界去就事物界，换句话说，叫意典降临现世界，结果能降临到什么程度，又是个问题了。恐怕必须为求适合事物界的实际情形，而牺牲意典；你看柏氏晚年把所有的理想制度，如哲人治者、共产、公妻等，一概放弃，不是一个证据么？走第三条路的是亚里士多德，但是严格说来，他并不曾走过这条路，而又能达到这条路的目的地。怎么说呢？根据他的系统，不必走这条路。他在形上学上，不曾把意典与事物分成两界，他说，共理就在殊事里面（universal in the particular）。用柏氏的名词，共理就是意典，殊事就是事物；主张共理在殊事之中，就是不肯把它们分成两界；亚氏此论，乃是针对柏氏的主张而发。此外在伦理学上，他虽然承认人有各方面的本能，如营养的本能、冲动的本能、思索的本能，可是不像柏氏那样清清楚楚地分成几部分，各部分如水似火地冲突，必须理性克服其他部分，才算上了轨道。他以为：人既有各方面的本能，这些本能就各有其相当地位，伦理上的要求，只是叫它们均匀发展，不要偏倚便罢，因此他有中庸之说。中庸就是各方面本能均匀发展的一个标准。中庸的原则只是不许非理性方面的本能太发达，以致理性方面的本能没有机会发展，而成个野蛮横暴的人；不许理性方面的本能霸占一切，以致非理性方面的本能一概压住，而成个冷酷刻削的人。亚氏这种办法，用柏氏的话说，可算意典与事物两界彼此携手，取个平分之势。理性方面的本能属于柏氏所谓意典界，非理性方面的本能属于柏氏所谓事物界，换句话说，人生的理想属于意典界，身体上的情欲属于事物界；但是要记住，亚氏自己并不曾这样分，我们权且用柏氏的话说是如此。他的主张，不是叫人生的理想笼罩一切，身体上的情欲禁锢到丝毫不得满足，乃是使身体上的情欲在人生的理想指导之下求相当的满足，而同时又不许太过，处处要取个中庸的形势。这种做人的方针，据我看，比柏氏的近于人性，而且容易做到。

（二）柏氏的两种人生观——解脱的人生观与救世的人生观——彼此之间有冲突。解脱的人生观叫人脱离现世界，救世的人生观叫人加入现世界，要想把出世的思想和入世的思想排在一个系统里面，可能么？这是理论上的冲突。个人有个人的价值，但是生活在社会里面，对于国家就有应负的责任，在此情形之下，究竟叫他采取哪一种人生观？就个人方面说，应当求解脱，自己解脱，就不能顾到别人，这是国家所不容许；就社会方面说，应当想救世，救世就不能自己解脱，这又有损个人的价值，有亏对自己的责任。在此情形之下，真是进退两难。这是实行上的冲突。

二、关于社会伦理——政治论——的批评

（一）方才刚说，柏氏的解脱的人生观和救世的人生观有冲突；非但如此，还连带着和他的政治论不相容，因为政治论是从救世的人生观出发。他的政治论非但从救世的人生观出发，并且还推到极端，非但要个人抱救世之想，简直把他的自由完全剥削。你看个人为国家而牺牲家庭，牺牲财产，乃至婴儿的生存权利也要由国家来

定；这样一来，个人简直成了国家的器具，要想自己解脱，有这么一回事么？

（二）柏氏说，国家的目的在于养成人民的德；又说，国家的起源由于人类自然方面的需要。根据动机与目的相等的原理，应当国家的目的在什么，起源也是由于什么，断不会目的在一件东西，起源倒由于另一件东西。现在柏氏把目的和起源分道而驰，这是一个矛盾。并且主张国家目的在于养成人民的德，是理想论者的论调；主张国家起源由于人类自然方面的需要，是唯物论者的论调；这两种相反的论调怎能排在同一系统里面？这是另一个矛盾。

（三）柏氏的《理想国》里面，经济由下层阶级——平民——担任，政治由上层阶级——治者与兵士——担任。在我们看，经济是政治的基础，至少也和政治占个平等地位；可是柏氏非常蔑视下层阶级，可见他不曾见到经济的重要。这是一层。下层阶级毕竟占国家人口的大多数，柏氏这样不理他们，简直把他们置于不教不养的地位，一方面却叫他们出钱来养上层阶级的人——这种局面，是否可以久安，柏氏似乎不曾想到。这是又一层。

（四）怎样保持国家的威权，而同时不失个人的自由，使得国家的目的完成，个人方面又能发展本能，这是政治论者很重要的一个问题。柏氏似乎始终不曾想到这点，你看他讲道德论的时候，便叫个人自己求解脱，讲政治论的时候，便叫国家执行无上威权，至于此中应当如何调剂分配，他却一字未提，以致道德论和政治论发生冲突。

（五）柏氏把男女同居当作替国家制造人民的手段，抹杀嗜欲方面的好色之性，不顾情感方面的恋爱之情。讲功利讲到这个地步，真不像一个理想主义者的口吻；站在理想主义者的立场，应当把男女同居看作一种极高尚、极神圣的结合。此外，所生子女，培养与否由国家定，定的标准在健全不健全，健全的将来能为国家用，因此便留下培养，不健全的将来不能为国家用，因此便弃置不养；这又是极端的功利主义，丝毫不讲人道。理想主义者应当讲人道的，柏氏乃至于此。这些都是他持论不调和的地方。

（六）柏氏把美术附属伦理，把美统于善，于是美本身失去独立的价值。他这种取消美的价值的主张，假如当时果然实行起来，不知影响人类的文化有多大呢！他所以要取消美的价值，由于教育上的动机，因为当时有不少美术作品，不合他的教育标准。由此可见他这样大胆的主张，也是出于功利主义。

三、总结

我们全部叙述柏氏的伦理学之后，觉得他的伦理思想纯是贵族式的。可有两个证据：（一）个人伦理方面的 —— 他在这方面所定的最高目的 —— "顶好" —— 是一种纯理智的境界，用他的话讲便是：很透彻地认识意典，便是哲学。试问能够达到这种境界的，世上有多少人？（二）社会伦理方面的 —— 他说国家的目的在养成人民的德，诸德之中最注重的还是智慧，促进智慧是国家最高的目的。试问智慧是哪一阶级的德？是治者的德。国家的最大目的在促进智慧，就是说国家最重要的事在培养贤治者，因此他的整个教育计划，都是为栽培贤治者这目的而设。试问全国有多少人，治者共占其中几分之几？而灌注全部注意力在治者一班人，可见这种政治是多么贵族气的。或人说：柏氏的主义不是理想主义？你从前不曾说，他的理想是有进化的，内容能随时往前推？安知柏氏不是故意定个这么高远的目的，使将来全人类都变成纯理智的动物，都达到有资格当治者的程度，大家尽能自治，一切制度全可取消，结果实现乌托邦么？我说：要全人类都变成纯理智的动物，世上有无此事，暂且不问，但是在理想主义者的希望中，还不是绝不允许的事，换句话说，在理想主义者的论调上，还不算什么离奇；至于要全人类都达到治者的程度，大家尽能自治，而实现乌托邦，这希望也是理想主义者所能有的。但是按他的制度，劳动的工作 —— 如衣、食、住等事 —— 都不许上等阶级的人沾染，劳动视为鄙事，上流的人不合穷亲，那么将来全人类都达到治者的程度，不是都变成上流的人么？不是都不合管这些劳动的鄙事么？那么这些也由谁管，大家怎样活着？由此看来，或人之论不能成立，而柏氏的伦理思想至终不能辞贵族之咎。

第八章　晚年思想的变迁

第一节　引端

以上所叙述的柏氏的思想，都是那些最能代表他的特性的，换句话说，是他自己的纯粹的主张。但是他的系统既经成立以后，到晚年，因为年龄的关系、经验的增加，和他人学说的影响，思想上便起了变化。我们在这方面，也不得不略为注意。

年龄的关系如何？老年人血气就衰，往往于思想方面少理想，于行为方面欠活力，一切趋重实际，没有骛远的心。这是生理的变态影响到心理的地方；在柏氏，使他壮年时代的雄心退减了许多，虽然未必推翻以前的理想主义，至少也不像当时那样热心。在经验方面，眼见希腊当时的环境那样不可作为，加以累次政治运动的失败（指意大利之行），使他对于理想国家发生怀疑，而想求个适应实际环境的制度。至于学理方面，则晚年和毕达哥拉派接近以后，醉心他们的唯数主义，便吸收进来，和自己的学说冶于一炉。

他晚年思想发生变化，这宗事实有亚里士多德做佐证，亚氏书里曾经指出。至于变化的痕迹，在柏氏自己的绝笔著作——《立法篇》——里找得到，这本书可算他晚年思想变迁的唯一根据。

柏氏晚年思想变迁的方向，一言以蔽之，是由理想而实际，换句话说，渐渐侧重实际的问题。因此他对于以前的思想修改的地方，多在伦理方面，特别是关于社会伦理——政治论——的问题，因为这方面的问题最关实际。我们打开《理想国》和《立法篇》来看，便能觉得这种变迁的趋势：《理想国》是何等追求理想，《立法篇》是何等讲究实际；《理想国》的中心问题在培养哲学家的统治者，《立法篇》的中心问题在立法创制。

第二节 辩证学方面的变迁

根据亚里士多德的话，似乎柏氏到晚年的时候，把意典的范围缩小，只承认自然物有意典，人事界没有。我看，果然如此，困难的地方更多，因为这样一来，（一）意典更严格地成了做自然界模型的另一世界，结果只是重复疣赘；（二）人事界既然没有意典，意典便失去伦理上的意义，不做人生的理想，结果非但在格致学方面站不住，而且在伦理学方面也丢了大本营。

柏氏因为要避免意典中散漫的困难，便吸收毕派的数的原理，而成意典上一与多的原理。再进一步，简直就把意典等于数，且说：最高意典——"好"——是一，其他意典是由一所产生的数，某事某物是某数，某事某物的变迁是某数的变迁，等等（参看第五章第三节之七）。他壮年的时候，就听见毕派的学说，虽然佩服，还不像晚年那样倾心，后来在他的最后的著作——《立法篇》——里，数学几乎占领了哲学的全部。

第三节 格致学方面的变迁

柏氏岁数愈大，愈觉得这世界坏——不论在自然方面或人事方面。宇宙上的一切动作，都是发自灵魂，那么好的动作发自好的灵魂，坏的动作发自坏的灵魂。因此除方才所说的灵魂之外，另外假设一个坏的灵魂。在他以为，这种灵魂是必需的，因为有它，一切坏的现象才有归根之处。

我看，柏氏另外假设一个坏的灵魂，俨然是个矛盾。按他的大前提，除上帝是自在的之外，一切都是上帝所造，那么这个坏的灵魂也是上帝所造；上帝会造坏的灵魂，它自己必也是坏，坏的还配做上帝？这是一层。暂且退一步，承认坏的也配做上帝，那么这上帝和最高意典——"好"——成个什么关系？势必成为彼此对峙、不分上下的两个上帝，因为世上好的东西绝对不能归根到坏的上帝，坏的东西也绝对不能归根到好的上帝。由此看来，这种宇宙观岂不成了善恶二元论的宇宙观？这和他的原意不是一违千里？并且，如果主张善恶二元论的宇宙观，便愈显得中了人本主义的毒。

第四节　伦理学方面的变迁

一、关于个人伦理——道德论

方才柏氏把伦理的基础完全建筑在哲学之上，实际上哲学和伦理打成一片，具体些说，唯有懂哲学的，行为才会好，行为好的，必是懂哲学。到晚年，却把伦理的标准放低，伦理的基础不建筑在哲学之上，换句话说，不以理性知为根据，而以寻常知为根据。所谓寻常知也者，包含意见与感觉，伦理的基础建筑在意见与感觉之上，就是说，用常识判断是非善恶。这样一来，要想成德，无需研究哲学，只要于日常的见闻之中，稍加注意，行动之际，略为审慎便可。可见这里所标榜的只是寻常德，理性德不敢问津，再推一步，柏氏已经放弃行等于知的理想了。

《立法篇》里还保留着四大德的名称，可是内容和性质，以及彼此互相的关系，已经不是从前那样。方才纯理性的智慧一德，到这里就变成思考，或言行上的敏慎（仿佛孔子所说的"敏于事而慎于言"的敏慎）。所谓思考或敏慎，其性质和节制相近，只是把一切情欲和愿望拿来甄别审察一番，假如不十分不合理，都放过它。这里所谓思考和方才所谓智慧，其分别如下：（一）智慧从纯知出发，思考则由行出发，而以知为参考；（二）智慧的效果，以知制行，人情完全被理性克服；思考的效果，人情参酌理性，知行平分，取个中庸之势。由此可见，柏氏晚年的伦理思想，渐渐由绝对的理性主义退到相对的理性主义，至终几乎走上亚里士多德的路，"爽性开放门户，请人情来从长计议"（参看第七章第二节之二）。

《立法篇》里把勇敢看得很低，认为诸德之中最下的；一方面却提高节制，因其性质近于思考，干脆就把它等于思考，占思考的地位。他把节制看得这么重要，就是提高人情的证据，因为节制是营养方面的德，这方面所包含的无非是情欲、愿望等等，这些都是人情的要素。

柏氏在个人伦理——道德论——方面提高人情，同时在社会伦理——政治论——方面就提高个人的自由；前面所说——他想融合君主、贵族、庶民三种政制而成一个新制度（参看第七章第三节之六）——便是一个好证据。我觉得，他在这两方面的提高，乃是出于同一心理，弃理想、趋实际便是。在他，理性能全部克服人情，治者能替人民安排一切，本是理想中的事，无奈绝对不能实现，因此不得不另想办法。

二、关于社会伦理——政治论

甲 总论

国家的目的，柏氏始终认为是培养人民的德，和连带而起的人民的幸福。不过关于达到此目的的方法，晚年的意见和以前的不同。写《理想国》的时候，竭力主张哲学家的统治，以哲学为教育的材料；到了写《立法篇》时，这些主张一概放弃，治者不必是哲学家，能得敏慎公直的人便行，教材无需哲学，只要寻常知和寻常德就够了。

有一点要记住：柏氏虽然放弃以前的主张，可是至终相信它是最好、最完全的，可惜这世界实在坏，容不了这么好的东西。这是实际环境的错，那些主张本身无罪；由此可知，他晚年思想的变迁，大半是受实际环境逼迫，理论方面并没有什么动摇。总而言之，他晚年思想的变迁，只在观点上；但把《理想国》和《立法篇》二书比较来看，便可见得：前者是从理想出发，后者是从实行出发。理想总是那样，唯有在实行方面有斟酌余地，不过目的总在尽量达到理想，做一分算一分，所谓"多多益办"，乃是此时所应持的态度。

柏氏晚年的著作——《立法篇》——里所讲求的，只是介于理想国家和实际环境之间的一种制度，这种制度的功用在于承上接下——使方才的理想能够相当地表现在实际环境里面，同时实际环境也能够相当地受理想的改造。目的既已降低，方法自然也不得不降低，所以方才以哲学为政治的根基、哲学家为国家的栋梁，这些办法都显得太高妙，如今不适用了，《立法篇》里所寻求的，就是这种迂远的方法之外的另一种切迩的方法。

乙　法律

方才柏氏不赞成定法律，以为在哲学家的统治之下，法律非但无用，有时反而有害，因为知识这东西最圆通，治者既有充分的知识，便能应付一切，不用死板板的法律拘束他，使他感觉不方便。这是柏氏理想的梦未醒时候的主张。后来他觉悟哲学家的统治绝不可能，不得不找个代替的办法，就是立定法律，使治者以及官吏一律遵守。所以《立法篇》里对于国家的制度、人民的生活，乃至极小的事，都一一规定出来。法律制定以后，视违法为莫大之罪，所有官吏，只是法律的奴仆，行政上不许丝毫枉法。

柏氏晚年虽然注重法律，可是始终不曾忘记它的短处，就是不能曲尽人情、深入事理。为补救这缺点，他主张立法时要参考一时、一地、一国、一族的特性。但是他对于人民之守法，并不赞成麻木的、机械的服从，希望有充分的了解，觉得法律是自己所需要，并非外界强加于我的。

丙　宗教

柏氏晚年以宗教代替哲学做政治的基础。国家的行政建筑在神权之上，把法律当作神的规条，违法就是开罪于神。国家太平等于神明降福，人民的幸福之门在于敬神，因此一国之中，各区域有各区域的神，各阶级有各阶级的神，庙会、祭祀等等，看作人民毕生的最大责任。

柏氏晚年提高宗教的地位，很显明地是从功利主义的心理出发，在他以为当时人民的程度还够不上讲知识——谈哲学，最好的办法就是用宗教范围他们。于此可见柏氏也曾采取愚民的政策。还有一点应当注意：前面说，他不赞成人民麻木地、机械地服从法律。可是一方面却把法律当作神的规条，这样一来，人民安得不麻木地、机械地服从法律？这是一个矛盾。

丁　教育

柏氏晚年关于教育的主张，大致上和以前的相同，仍是：（一）国家施行强迫教育；（二）男女受同等教育；（三）孩提生下便受教育。只是教材方面略有变更，就是把辩证学除掉，其他如音乐、体育、数学等等仍旧。治者也不必毕生受哲学的训练。以前把数学当作哲学的准备，现在却视为最高学问——课程中最深的一门。

柏氏这样注重数学，完全是受毕派的影响。他以为数学有以下的好处：（一）在日常生活上有用；（二）能做一切技术的工具；（三）能训练头脑，增长悟性，结果为学、治事两方面都占便宜；（四）能帮助人了解日、月、星、辰运行的秩序，因此增加他们对于神的智巧的钦仰。末后一点柏氏看作最重要，因为他晚年以神道设教，数学能在这方面有贡献，当然极端欢迎。

《立法篇》里所谈的教育，等于理想国里兵士阶级的教育，因为哲学家的治者阶级既已取消（此节下面详论），自然他们的特殊的教育——哲学的教育——便也无用。至于奴隶阶级或平民阶级（《理想国》里面的平民几乎等于《立法篇》里面的奴隶，因为他们的职业和奴隶的相同，并且也不许参政），根本就没有教育可言，无论《立法篇》或《理想国》，都不曾提到他们的教育问题。

戊　制度

子　总论

柏氏晚年所主张的政治制度是个混合式的。他以为好制度应当同时兼顾及两件事：（一）国家的统一；（二）人民的自由。要使国家统一，以君主为相宜；要使人民自由，以民治为相宜。国家统一和人民自由既是政治上的第一前提，所以君主与民治乃是两种基本的制度；二者若能融汇调和，便是政治上的大成功，他在《立法篇》里所讲求的就是二者融合起来的另一种新制度。

柏氏晚年知道注意人民的自由，总算比以前进步，以前不曾见到这点（参看第七章第四节二第四项）。在他以为，在理想的制度——哲学家统治——之下，人民无需有自由，而所得的福利比有自由更大；现在他觉悟这种理想的制度绝不可能，因此不得不替人民想个自救的方法，就是给他们自由权。

丑　财产

柏氏晚年放弃共产的主张，以为这是不可能的制度，但是这制度的大目的——均富——仍旧保留，不过换个方式来达罢了。他所用的新方式可有三方面：（一）人口；（二）土地；（三）财物。

关于人口，他限定五千零四十个人，不许增，也不许减。若有增的危机，便节制生育；若有灭的危机，便奖励生育；其他如移民到殖民地上、收容外国人入籍等等，都是维持人口的平衡的办法。人口既有固定的数目，然后把全国的土地按份分给个人。父死传子，无子螟蛉。这是关于不动产方面的制定。至于动产，也有固定的限量。为避免这方面的不平均，便立法禁止：（一）嫁女送嫁妆；（二）借钱取息；（三）收藏现金现银，另创一种货币，在国内可用，出国便不流通。

寅　婚姻

公妻制度取消，人民仍许成立家庭，不过他们的结婚生活，应受国家绝对的监督。例如结婚的年龄由国家定，两口子的性格合乎固定的标准方许配合，以及对于子女的责任等等，非但法律上有固定的条文，而且设官专管。其他如禁止独身，离婚要受官吏的审查和许可，中途丧偶的无子方许续弦或再醮，以及男女的贞洁等等，法律上都有规定。

卯　生活

人民日常生活的状态，法律亦加规定。生活的习惯如简朴、节制、耐劳等等，非但用教育养成，并且用法律规定，规定以后叫人民实行。

虽然家庭组织和私产制度不曾废除，可是家庭式和私产式的生活却要尽量避免，避免的方法有两种：（一）公共教育；（二）公共伙食。这两种办法，前者是训练儿童团体生活的习惯，后者是实行团体生活里面的一个重要的部分。

家庭的琐事既已免除了许多，妇人就要和男子受同等的教育与训练，同样服务国家，同样效死疆场。

工商业和农事既由奴隶们管，公民便当致力国事，一方面改良自己的生活。

防止人民学坏，国家用两种方法：（一）所有艺术作品加以检查和审定；（二）入境的外国人加以监督，不许和本国人民随便往来；出国旅行只限于成年的人，旅行的目的须经国家认可，归国时候不许把外国的坏模样带进来。

己 阶级

《理想国》里面把人民分做三个阶级，《立法篇》则只承认一个阶级，就是《理想国》里面的兵士阶级。这只因为：（一）哲学家的统治既不可能，所以特殊的治者阶级便无形取消；（二）工商业和农事既由奴隶们管，平民阶级也取消了。这两个阶级既已取消，所剩的都是公民。老实说，一国之中，只有公民和奴隶，自由人和非自由人的分别。

《立法篇》里的公民何以就是《理想国》里的兵士阶级？因为国家只是公民的国家（与奴隶无干），一切国事都由他们担任，国事之中，对内的治安和对外的防御当然占大部分，所以他们就等于兵士。此外，特殊的治者阶级取消，治者的事也由他们来办，因此可以说，这里的公民，其实等于《理想国》里面的治者和兵士两阶级。

因为国家是公民的国家，公民才算人民，奴隶不算，所以一切法律制度都是为公民而设，关于奴隶没有什么规定，对他们简直不屑意。

第二部分
柏拉图之形上学
与伦理思想

论柏拉图之爱底亚斯

柏拉图之爱底亚斯论（theory of ideas），为希腊思想界之最大发明，而希腊哲学之所以别于近代哲学者，亦于是乎见。虽柏氏于晚年著作中，不复坚持爱底亚斯（ideas）之说，然历代学者，莫不以此说代表其中心思想。兹请论其大略如次：

柏氏受业于苏格拉底之门，故其思想受苏氏之启发与影响处颇多。苏氏每与人论辩，必先将所论之对象，定其界说（definition），令彼此胸中有共同之概念（concept），然后所论，乃有所归，不至无的放矢。夫定一物之概念，徒事举例，不足以济事，必也胪列一切要素（important elements）而后可；盖若是，乃能包括其类，而所以异于他类者亦见。例如欲知何者为人，告以甲为人，乙为人，不足以表人之概念；必曰"举凡圆颅方趾，多智慧，辨善恶者为人"，然后人之概念立。

苏氏重概念，柏氏乃更进一步，令其成一独立世界；不徒独立，且在物质世界之上。世上诸德，如善恶美丑等，莫不各有绝对之概念（即爱底亚斯），存于概念世界中。不徒形上之物已也，即形下之物，亦莫不然。例如椅桌等，亦皆有绝对的椅桌之概念在。

世间一切事物，皆各有其绝对之爱底亚斯，然此种爱底亚斯，从何而来？是否即物而取其主要之性质，然后以之立为概念？按苏氏盖即如此主张，而柏氏则否。柏氏以为先有爱底亚斯，然后有物。前者为绝对的，固定不变的；后者为相对的，常变的。物之存在，有赖于模仿爱底亚斯，而分有其性质。凡模仿之物，总不若所模仿者之完备，故爱底亚斯至为完备，而物则多所缺陷。今请举一实物为例，以见其存在之由。如下图：

大马之所以存在，在分有（participate）马之概念与大之概念，合于一处而成者。

概念固定不变，而物质常变。例如马必有死，举凡一切生物莫不然也，即无机之物，亦不免于毁坏；而各物之概念，无不常存如故也。又如大马，以比于更大之马，则为小矣。然则谓为"大"之概念毁灭可乎？曰：不可。向者此马分有"大"之概念，故为大；今以比于更大之马，则不复分有"大"之概念，转而分有"小"之概念，是则"大"之概念退，而"小"之概念来也。

以上叙柏氏爱底亚斯说之大略，大略既明，可以进而讨论问题矣。近代有人以逻辑上之概念（logical concept），当柏氏所谓爱底亚斯，其实未免张冠李戴之讥。夫逻辑上之概念，起于概论（generalization）：将特殊（particulars）之事物，举其共同性质，然后纳之于一名之下。故逻辑上之概念，抽象之名词（abstract terms）耳，非若爱底亚斯之有独立性质，而成为一物（an entity, a being）者也。且以成立之次序论，殊事（particulars）在先，概念在后，而柏氏之爱底亚斯则适得其反。以内容论，概念取资于殊事，而爱底亚斯则为众物质之源：物质乃分有爱底亚斯之性质而存者也。概念唯恐不能概括各殊事之情，而爱底亚斯则终难为实物所模仿而能逼肖。

　　或谓爱底亚斯等于模型（pattern or form），世间一切事物，皆按此模型所造。然此说用以解释形上之物则可，用以说明形下之物则犹未慊。例如仁义忠信，形上之物也，外界本无是物，尽可听人立其概念，然后以事实拟之；曰：若是者为仁义忠信，不若是则否。事实未能与所定之概念尽合时，曰：是未能分有其全部，特模仿而未能逼肖者耳。但实在论者（realists），犹谓形上之物，如仁义忠信之类，亦有标准，而存在于外界。姑舍是不论，至于形下之物，似万难谓有概念在先，物反在后，其存在不过分有模仿概念之性质而已。必如是言，则唯限于命名耳。例如必若此若此，乃名为马，否则不以马名之，是可也。然彼物之名为马与否，固存在如故，而亦不变其固有之性质也。今曰必先有概念，然后物乃分有之、模仿之而存在；世上日有新物发现，然则其爱底亚斯固已存在于千百年前耶？飞机潜艇，今代之发明也，其爱底亚斯固早已存在矣；何以吾人之高祖，不见有物焉分有飞机潜艇之爱底亚斯，而翱翔于天上，沉潜于水底耶？

　　或谓柏氏之爱底亚斯，即今日科学之所谓公例（scientific laws）。此说亦似是而实非，盖科学上公例之成立，必先有一切事实，然后从其中抽出固定不易之原则，立为公例；爱底亚斯则反是也。按此乃古代思想之所以别于近代思想。近代思想，莫不由殊事推知公理（universal law）；古代必先立公理，然后殊事从公理生。

　　以上论近世对于爱底亚斯之解释，各有未当之处；然则爱底亚斯究为何物？曰，不可得而知也，其俟诸后日之研究乎。按柏氏之创为此说，有时代之背景在焉，今请论之如下：

　　（一）受智者之影响。希腊古代，有所谓智者（sophists），循行各地，施教于人；谓人为一切事物之标准（man is the measure of all things）。世间无所谓是非善恶，唯人之所是者是，所非者非，所善者善，所恶者恶，如此而已。苏氏起而欲挽此狂涛，每事必求概念，事物虽常变，而概念不变；如是，于常变之中，得一不变之物，以为是非标准。柏氏本苏氏之意，而变本加厉，遂将抽象之概念，变成实体之独立世界矣。

（二）受几何学之影响。柏氏之世，几何学盛行，故柏氏于讲学之所，榜其门曰："不谙几何学者不得来学。"夫几何学之公例，莫非自完自备，莫非绝对。揆诸几何学，必先有绝对之方，然后有一切方物；必先有绝对之平面，然后有一切平面之物。柏氏遂以此原理，施及世间一切事物。

以上备论爱底亚斯之意义、后人之解释，以及此说产生之原因，今请提出数项问题，以为本文结束：

（一）世上时有新物发现，不可掩之事实也。凡物皆有其爱底亚斯，故每生一物，必有一爱底亚斯随之；然则物固在先，爱底亚斯在后矣。

（二）柏氏对于爱底亚斯之多少数目，终无定论。时谓唯形上之物有之；时谓一切事物，不论形上形下，皆有之。苟令只形上之物有之，则爱底亚斯不得为宇宙之原理，不能解释一切；盖宇宙间形上形下之物各居其半，或形下之物多于形上者，未可知也。苟形上形下之物俱有之，则不免有上文所称之弊——物质固自能存在，不待爱底亚斯之加入，或名词之规定也。且柏氏谓概念世界无有不善，苟世间一切皆有爱底亚斯，则奸淫邪盗亦有之，然则概念世界固非尽美尽善矣。

（三）柏氏于实质世界之外，增一概念世界，似亦无补于事实，盖于解释宇宙现象，并不见其便利。非徒无益，且有时反多纠纷；俗所谓"多置香炉多神鬼"，其斯之谓欤。

柏拉图与亚里士多德之伦理思想及其比较

古希腊苏格拉底以前之哲学家，大都醉心于宇宙根本问题之研究，所谓形上学者，彼辈之所致力者也。对于人生问题，鲜及之者。迨苏格拉底起，一反前人之倾向。以为宇宙之大，其机密而微，以渺渺之人智，而揣摩乎此，殆鲜有功。何如近取诸身，探求为人之道，不徒易于有功，而且切于实用。故苏氏之哲学，皆作人生方面之研究。

柏拉图者，苏氏之弟子也。其为学虽博涉多通，要以人生为归宿，所谓治平之道，其所最切者也。柏氏之传，有亚里士多德者。亚氏为学，无所不通。形上之理，形下之事，莫不窥其深处。著书甚多。其为学善于分门别类，建立系统，为今世众科学之鼻祖。呜呼，伟矣！

关于伦理思想，亚氏著有专书，柏氏则散见其对话录中。二家之说，可得窥其梗概，而证其异同焉。

一、柏氏之伦理思想

欲知柏氏之伦理思想，必先了解其关于形上学之见解如何。柏氏谓吾人所居之世界，为幻，为妄，常变不居，无可执着，污浊万恶，苦恼咸粹其中。张东荪师以佛教之术语，称之曰事世界。另有世界焉：真实，常住，清净，快乐。张师称之曰理世界。前者可

见，后者难知，前者以五官接，后者以精神通。此其大较也。故柏
氏所以如此主张，有其来源可寻。兹略及之，以助了解。

　　柏氏之思想，实集希腊各家之大成。东方人士，有以西方
之孔子目之者，职是故也。柏氏之理世界，盖取材于芭门匿底斯
（Parmenides）。芭氏谓宇宙虽森罗万象，变幻无常，究其根底，有
唯一不变之一物焉，名之曰一（oneness）。宇宙万物，皆此一之表
现，然谓之竟等于一，则大谬耳。此一以哲学常用之词称之，则为
本体。本体不可见，不可知，故为抽象。本体有特征三：（一）以
时间论，则常住不变；（二）以空间论，则绝对唯一；（三）以由来
论，则无始无终。

　　氏之事世界，则溯源于赫拉克赖图斯（Heracleitus）。赫氏谓宇
宙唯有变化之一大流而已，所谓万物，不过此大流中之波浪耳。夫
流之与波，孰为根本，不待思而知流为根本，波为现象。今以万物
为真，犹以波为流也。万物不过吾人于茫茫宇宙之大流中，观察所
注意之点已耳。其实宇宙之本体，即变化也，于此变化之中，欲求
不变常住之物，宁非妄耶？

　　芭赫二公之说，于柏氏大有启迪之功。柏氏取之以成其两世界
之说。芭氏之论，止于常住不变之本体而已，柏氏则进而问此本体
为何物。赫氏以变化为本体，柏氏则一变以为现象。于是其两世
界，遂以成立。本体为爱底亚斯（ideas；张师译为理，或为格式，
或为模型），是不变常住，理世界也。现象为万物，是变幻无常，
事世界也。

　　至于二世界之关系，请模略言之。理世界居先，事世界在后，
后者分前者之精蕴而成立。理犹模型，万物犹泥土，泥土纳于模型
之中，乃成其像；万物之于理，犹泥土之于模型也，万物模仿是理，
以成其态。然不径等于理，逼肖无遗，终必稍逊于理，无可奈何之

事也。于是，理为完全，物为亏缺；理无不善，物则有败劣者矣。

人处于事世界中，如生来瞽者，不知其为缺而不全，恶而无美。唯智者能仰慕理之世界，而有志追求。盖智者之灵魂，来自清净之所——理世界是已。下世之时，其宿慧之损固多，然尚能忆及理世界之乐趣，而生向往之心。常人非无宿慧，特其灵魂，未能纯净，下世之顷，宿慧尽忘，理世界之境况，漠然不知。故处于事世界中，引满自足，不知有所谓理世界也。虽然，闻智者言，可以回忆及之，如梦中惊醒者然。既悟则可勉力追求之矣。

不满于事世界，而思追求理世界者，是求解脱也。解脱之方，柏氏以为舍绝态无术。柏氏谓世间一切罪恶，皆生于欲，所谓以身为形役者，莫非有欲之故。无欲则身轻，而心不为所累，得以从事理之追求。柏氏以身体属于事世界，灵魂属于理世界，故五官不能窥理，唯灵魂乃能与理通。故身体可以为灵魂累，常使其不自由。于是宜故苦身体，毁之，弱之，使其无力以牵制灵魂。纵不能使身体离灵魂，亦当令其受制于灵魂。欲如是，其唯"习作死态"（practising death）乎！

向所论者，为柏氏解脱之人生观，出世之思想也。自己既能解脱，亦当使人解脱，故曰：本以超度一切众生为上，不能，亦应自度其身。其入世之思想，亦有可述者焉。

关于入世方面，柏氏创为救世主义。救世之方，则在修德，修德云者，发展个人之本能，而调和其天性之谓也。柏氏谓人性有三要素：（一）嗜欲；（二）情感；（三）理性。是三者皆有其相当之德：嗜欲有节制（temperance）之德，情感有勇敢（courage）之德，理性有智慧（wisdom）之德。一人之身，诸德皆备，其人斯得称为公义（justice），而个人调和矣。

个人之调和，在于三德俱备，在于得公义之德。个人，社会之分子也；个人有调和之美，社会亦有调和之美。社会尽调和之美，则安宁。柏氏谓一国之民，可分三等：（一）治者；（二）士卒；（三）庶人。治者特重智慧之德，无之，则不能纲纪万方，平章百姓。士卒特重勇敢之德，无之，则不能为国干城，捍御外侮。庶民特重节制之德，无之，则不能勤于生产，以相生养，以事其上。苟是三民者，各保其所特重之德，善用其本能，而发展之，则国无不治，而社会无不安宁。盖一国犹一身也，一身之四肢五官，心肝肺肾，各尽其用，则身无不强；一国之民，各尽其分，则国无不治；此一理也。

柏氏之论人性、人德，与个人与国家之关系，可做一表如下：

各级之民	人　性	人　德		个人于国家之义务	
治者	理性	智慧	公义	治国	公义
士卒	情感	勇敢		守卫	
庶人	嗜欲	节制	（完人）	经济	（理想国）

快乐问题，向为讲伦理者所争执不休。或谓其为至善，或谓其为至恶；前者主张唯乐主义，后者主张苦行主义。众说纷纷，莫衷一是。柏氏对于快乐，亦有见解，请略述之如次：

柏氏谓快乐非"至善"（the good），其理由有三：（一）至善之为可欲，无以复加，快乐则不然。人既饱食暖衣，父母俱存，兄弟无故，亦可谓快乐矣。苟益之以德慧，则其为善也更大。快乐可以有所益而增其善，故非至善。（二）至善调和纯一，快乐则未必然，此乐与彼乐之间，往往冲突。（三）至善为最后目的，快乐则否。饮食之乐，在求饱去渴；读书之乐，在增学问；如此类推，快乐终必有所为而求之也。

二、亚氏之伦理思想

亚氏之思想，承柏氏之余绪，而修正之。柏氏主张有理、事之二世界，亚氏则一而已。此独一之世界，实具理事之两性质。两性质合，乃成此世界，不可须臾离也。亚氏谓万物成于二元素：（一）质材（matter）；（二）方式（form）。例如木，质材也，桌之形，方式也；二者合，而成桌。无木，形将何附？无形，木犹木耳，何有于桌？故质材也，方式也，物之所以成物也，二者不可任缺其一，更不可有所高下，有所畸重畸轻也。柏氏所谓之理世界，于此为方式；事世界，于此为质材。此亚氏所以修正其师之说，合其二世界而为一也。

亚氏既不承认有另一世界之在于现世界之上者，自不为解脱之说，其人生观专属入世方面。亚氏所期望于世人者，无非克尽为人之道，成其所谓完人者。谓人生之目的，在求幸福；求幸福，在尽量发展其本能；发展其本能，在扩充其理性之动作。夫人性有三部分：（一）营养；（二）感觉；（三）理性。前二者，为人与禽兽之所同具，唯理性为人类所独有。人之所以别于草、木、禽、兽，在有理性，然则人之所以为人，理性使然也。最能代表人之特性者，非理性而何？动作为动物之通能，天之生人也，斯赋之以动作之本能。人以其所独具之理性，合其动作，而成理性之动作。动作无不合理性，凡属理性之动作，无不为之，斯为尽量发展其本能；尽量发展其本能，幸福在其中矣。

扩充理性之行为，有道焉：行动举止，莫不志乎中庸是已。每行一事，不事太过，亦不为不及，必择中道而行之。亚氏极重中庸，其为人之方，即在此矣。苟行为皆出中庸，斯为成德，故道德以状态论，中庸是已。亚氏之论中庸，至为精辟。亚氏谓宇宙万物，皆有其"中"。故"中"有自然界与人事界之分。例如五之为数，其"中"在三；六寸之布，其"中"在三四寸之间。是之谓"中"，固定不移，不限于时间与空间，自然界之"中"也。人事界之"中"，有不然者——随境而殊，因时而异，以人而不同也。例如鞭子为严父，鞭妻为虐夫；万金之子，履丝不为过，常人之子，履丝则为奢矣。人事界之"中"，不若自然界之"中"之显而易见；必求助于理性，以认识之，然后以刚毅之力行之。每事过与不及多途，中庸之道一而已。且中道去过与不及，未必齐远。于是则视其事之情，其人之倾向，与夫一切特殊情形，而断其"中"之所在，而从事选择去取。亚氏设为补救之法焉：（一）亟避行为之去中庸最远者。例如吝啬与淫逸，俱不及中，而淫逸去中道尤远，故先避之。然后渐除吝啬，以求达中庸。（二）先顾违己之天然倾向。例如吾人之天性，倾向求乐，于是毋宁先自刻苦，然后渐进于中道。（三）苟中道不能骤达，则先去其过及之尤甚者。例如节制难能，先去淫逸，宁保吝啬，然后渐进于节制。

亚氏之论道德，有可述焉。道德者，一种善良之习惯也。此习惯之养成，有要素三：（一）情感与行为；（二）德志（moral purpose）；（三）中庸。情感行为，习惯之资料；德志为习惯之原动力；中庸为习惯之方法。无情感行为，则习惯无物，盖习惯之表现，唯在情感行为之中。无德志，则如无舵之舟，行于海中，既无定向，习惯于何有？无中庸，则习惯无以成其为善良，将一出于邪僻矣。

道德之性质，有不可已于言者。道德因行为而表现。行为必自动者，然后其为善为恶，乃及道德之范围。自动云者，自我主之，丝毫不受外界逼迫，而行之之时，尽悉一切情境，绝非出于无意者也。由是观之，亚氏之论道德，行为与动机并重，不偏不倚，正其中庸精神之所在也。行为无不合于中庸，斯为成德。道德之内容为行为，行为之合于中庸者为道德行为，然则谓中庸为道德之状态，无不可也。

夫欲成德，殊非易事，中庸之道，不一望而见。必有理智焉，以为成德之辅，然后遇事乃有辨别之明、判断之力，不然，将不知其何适，成德难矣。理智之目标，在求真理而已。求真理之方有五：（一）科学（science）；（二）直观理性（intuitive reason）；（三）智慧（wisdom）；（四）艺术（art）；（五）深虑（prudence）。科学之所治，为必然（necessary）常然（eternal）之物，其研究之结果，加表证之说明（demonstrative explanation）。直观理性者，对于科学最初原理之认识。智慧者，科学与直观理性之综合也。艺术者，兼工艺与美术二者；工艺有致用之功，美术供欣赏而已。深虑从事于人生目的之认识，而求所以达之之方。张东荪师谓以现代之言语译之，所谓直观理性，颇似玄学（metaphysics）；所谓科学，即今之科学；所谓智慧，盖即综合玄学与科学而成之哲学也。是五者，以对象论，可分二类：（一）求必然常然之真理者：科学、直观理性，与智慧是也；（二）应付偶然常变之事物，而即境求当者，艺术、深虑是也。以性质论，又可分为理论与实际二类：科学、直观理性、智慧，与不致用之艺术——美术——属于前者；致用之艺术——工艺——与深虑，属于后者。

亚氏所谓之理智，不专为成德之良辅而已也，其自身亦有研究之价值焉。盖人性有三部分：营养、情感、理性是已。营养，饮食男女之事；情感，喜怒哀乐之情；理性则以理智为实。饮食男女之有制，喜怒哀乐之有节，皆有赖于理智指导之功。故理性自身，不可不发达也，故理智尚矣。于是数学，与一切纯粹之科学（pure sciences），实不直接关于人生实用，要亦为人所不可缺，不可不讲求也。至于理智愈发达，则愈知所以为人，是又必然之势也。

亚氏极富分析精神，其论德目也，分为多种，兹录之于下，其详则非兹篇之所能及也已。（一）勇敢（courage）；（二）节制（temperance）；（三）乐施（liberality）；（四）慷慨（magnificence）；（五）豪侠（high-mindedness）；（六）温厚（gentleness）；（七）真率（friendliness）；（八）诚实（truthfulness）；（九）机敏（wittiness）；（十）友爱（friendship）；（十一）公义（justice）。其中以友爱为最大，而公义乃诸德之大成。亚氏所谓公义即合法之谓。此所谓法，非指国家之成文法已也，盖社会上一切是非善恶之标准，如道德、风俗习惯，以及成文法与不成文法，皆谓之法。合法云者，即合社会上一切标准之谓，换言之，合于为人之道是，故为诸德之大成也。

亚氏谓伦理学为政治学之一支。其所谓"政治"，范围甚广，盖即今世所谓"社会"。政治学云者，研究人类在社会组织下相处之道之学也。

亚氏关于快乐之意见，大有可述者焉。亚氏谓快乐论者之以快乐为至善，既误矣；而反快乐论者之以快乐为至恶，又无当也。彼之研究此问题，新辟门径，其为论最为可取。从来论快乐者，浑然不分种类，而往往偏认感官之乐为乐。夫感官之快乐，效果易见，其利也显，其害也昭。有见于其利者，则善之；有见于其害者，则恶之。于是二说相持，是非莫辨，善恶莫分。亚氏则分问题为三方面，而研究之：（一）快乐之起源；（二）快乐之种类；（三）快乐之善恶。快乐以起源论，则生于行为。各种行为，皆有其相当之快乐。快乐以种类论，则其分类标准，依行为而定。行为有属于感官者，有属于精神者；故快乐有感官的与精神的。快乐以善恶论，则亦以行为为标准。行为之善者，则其所生之快乐亦善；恶者，其所生之快乐亦恶。

以快乐生于行为，则其为物，不落子虚。使人求之者，知所取径。近在己之四肢五官，施其动作，则快乐至。以快乐分二大类——感官之类与精神之类——则从来之错见除。乃知快乐之为物，不必食而甘，服而美，居而安，换言之，身体上之安宁，物质上之美满而已。又有形上者焉：读书而得其趣，乐在其中；为人效劳而得其所，乐亦在其中。举凡一切行为，苟不倦怠，则乐趣常存；乐趣存，则行为一往直前，必达于至美满、至完善之境而后止。以行为之善恶，为快乐之善恶标准——行为善者，其所生之快乐善；恶者，其所生之快乐亦恶——于是快乐为善为恶之争息矣。欲知某种快乐之善恶如何，只需反察其所自生之行为：善，则其所生之快乐亦善；恶，则其所生之快乐亦恶。是之标准，真无所施而不适用者也。

三、柏亚二氏伦理思想之比较

二公伦理思想异同之点，既有于上文随见随举者矣。为求明了与完全故，更逐条列下：

（一）柏氏主张有理、事之二世界；前者真，后者妄；前者善，后者恶。亚氏则一而已，而此独一之世界，实含事理之性质。是二性质者，既不可须臾离，而单独存在；更不可有所善恶乎其间，而畸重畸轻之也。

（二）柏氏既谓有理事善恶不等之二世界，故有解脱之人生观。亚氏既只有一世界而已，善也，在其中，恶也，亦在其中；唯使其迁善而已，无所从解脱，故无出世之念，只有入世救世之思想。

（三）柏氏分人性为三部分：（1）嗜欲；（2）情感；（3）理性。亚氏亦分为三：（1）营养；（2）感觉；（3）理性。营养即嗜欲也，理性既同，至于感觉与情感虽稍异，然亦最为相近也。

（四）柏氏之德目，四而已；亚氏则十有一。可见亚氏富于分析精神，远非柏氏之所能及也。

（五）柏氏谓人善保其相当之德者，为公义；亚氏则以行为合于社会一切之是非善恶之标准者——尽为人之道者——为公义。二说虽异其词，其意则一也。

（六）柏氏讲伦理，不离政治；亚氏则以伦理学，为政治学之一支。其重社会人群之精神，无稍异也。

（七）柏氏之论快乐，不免混沌之弊；亚氏则分析精微，观察详审。其持论胜柏氏远矣。

第三部分

《理想国》或《道德与国家论》

（译文）

人物：苏格拉底、辜劳垦、普冷马霍士、图拉序马霍士、亚代蛮托士、克法洛士

卷　一

一　昨天我同辜劳垦一齐到佩赖欧斯，去祷告女神，同时也看看那初次举办的赛神会。我觉得本地人的游行仪仗很好，然而图拉克斯人所排的也不亚于他们的。咱们祷告过，还看了热闹，然后走进城。克法洛士的公子普冷马霍士远远看见我们奔向家来，就叫小僮跑来叫我们等他。小僮从背后牵住我的斗篷，说道："普冷马霍士要你等。"我转过身来问他在哪里。答道："在你后面走来，请你们等一等。"辜劳垦说："咱们等吧。"一会儿普冷马霍士走来了，还有辜劳垦的兄弟亚代蛮托士、匿恺亚士的公子匿恺拉托士，和别的几位，像是从游街队里来的。普冷马霍士说道："苏格拉底，你们似乎是赶回城去。""你猜得不错。"我说。他说："你可看见咱们人数多少？""怎么没看见？"他道："除非你们强过我们，否则留在这里。"我说："不是还剩下一条路吗？就是央你们放我们走。""你们央得了吗？"他说，"咱们不依可怎么样？""那可没办法了。"辜劳垦说着。亚代蛮托士也说："你们打定主意，我们不会依的。难道你们不知道晚上还有赛神的马上竞烛会吗？""马上的？这倒是新玩意儿，"我说，"他们拿着烛，赛马的时候彼此传递 —— 你是指这个吗？""是这样，"普冷马霍士答道，"此外还有夜会也值得看。晚饭后，咱们起身去看夜会，那里还会遇见许多少年，可以问谈。你

们留下吧，不要想别的。""似乎必得留下了。"辜劳垦说。我答道："既这样，必得这么办了。"

　　二　我们就到普冷马霍士家里去，那里遇见他的两个兄弟吕锡亚士和欧徐登穆士，还有哈克当尼恶斯地方的图拉序马霍士，和排安尼务斯地方的哈蛮剔底士。普冷马霍士的父亲克法洛士也在家。我觉得他很老了，因为我隔些时候没有见着他。他靠枕坐在榻上，刚在院里祭了神，头上还戴着花冠。我们在他旁边坐下——四围有些座位排着。克法洛士一看见我，就同我打招呼，说道："苏格拉底，你不常到佩赖欧斯来找我们，你必将常来。我如果还有气力随便进城，你就无须来此地，我可以上你那里去；现在你可得来得勤些。你知道，我身体上的快乐日减，思慕问谈的心也日增。不要见外，常来此地，同这班年轻人盘桓，像同朋友们，乃至一家人一样。""可不是，克法洛士，"我说，"我正高兴和老年人们谈。我觉得咱们必得跟老年人学，同向前步的人问路似的；那路也是我们将来所要走的，应当知道是怎样的——崎岖难走呢，还是平坦易行？因为你已经上了年纪，我很想知道你对于那境界的意见——诗人们所谓老年关到底是不是生命的难关？你有什么见教的？"

　　三　他答道："一定一定，苏格拉底，我要把我的经验告诉你。正如古语所谓'老寻老'的话，咱们几个年纪相同的人常常走在一起。咱们大多数相见就悲伤：追慕少年时候的快乐，每回想到酒肉女色，便惘然若有所失——当年生活多么好，现在简直不是人生。有的感觉亲友的欺凌，也埋怨年纪；凡一切坏事都归咎年纪。我呢，苏格拉底，倒觉得他们咎非其咎。如果咎在年纪，我应当有同样感觉，凡上了年纪的人都要有同样感觉。可是我曾遇见别人不这么样，记得从前一次和诗人索佛克类士在一起，有人问他：'索佛克类士啊，你对于爱情怎么样，是不是还能接近女性？'他答道：'朋友，我很高兴已经脱离这个厄，好像逃掉凶暴专横的主人翁似的。'当时我想他的话说得妙，现在还觉得有理。因为一上年纪，对那些事心如止水，得到自由；那种紧张的欲望一平息，索佛克类士所说的境界才完全实现，才从许多疯狂的主人翁胯下释放出来。苏格拉底，关于那些悔恨，以及对亲友们的不平，咎不在于年纪，另有一个原因，就是做人的态度。如果生活有规则，平日乐生不倦，老境并不太苦。否则无论年老年轻，一律是痛苦的。"

四 我佩服他的话，希望他再说，就怂恿他，对他说道："克法洛士，我想你说这话的时候，大家未必相信，他们以为，你所以能够坦然处你的老境，并不因为你做人的态度，只是因为你很富足。他们说富人有许多安慰。""你说得对，他们不相信的，"他答应着，"他们说的虽有几分道理，然而不如他们所想之甚。藤密托克类士说得好。塞力费恶斯的人骂他，说他凭借国家得名，不由自己本领；他回答：他若是塞力费恶斯的人，他不会成名，对方若是雅典人，也不会成名。这句话对那班不富足而不耐老境的人们正合适，因为好人贫乏未必能够坦然处其老境，坏人富足也未必能够自己乐生不倦。"我说："克法洛士，到底你所有的产业，大部分是承继的呢，还是自己创来的？""创！"他说，"苏格拉底，关于治产这一道，我介于祖父与父亲之间。祖父——我承袭他的名——承继上一代的同我现在所有的差不多，自己还增加了好几倍；在我父亲吕锡亚士手里弄得比现在的还少。假如我所留给这班孩子们的不比当年承继的少，还稍为多些，我就满意了。"我说："我所以问你的原因是觉得你对于钱财不甚爱惜。凡自己不创业的人往往如是。自己创业的比别人加倍爱惜钱财；像诗人爱惜自己的作品，父母爱惜自己的子女，创业者也因为是自己所手创的，在钱财上就认真起来，岂但同别人一样认识钱财的用处而已。因此这班人难于相处，因为他们满口称颂钱财，不知其他。""你说得对。"他说。

　　五 "完全对，"我答应，"再告诉我这一点：你想你由这许多财产里，所得到最大的好处是什么？"他答道："说出来也许是大家不相信的东西。""苏格拉底，"他继续说，"你注意，一个人知道自己快要死的时候，以往所没有的恐怖和忧虑都来了。凡关于下界的传说，如此生的罪恶在那里处罚，种种以前所嘲笑的故事，现在都叫他心神不安，恐怕真有其事。这种人，也许因为血气就衰，也许因为渐近彼界，对那些事看得更清楚了。他心里充满着疑惧，盘算着以往做了什么愆过。那发现自己生平罪恶满贯的，便像孩子一般，常常梦中惊醒，日夜不宁，余生唯有怅惘而已。那自知无愆无过的人，甜蜜的希望，如同保姆，总是跟随他，像聘达洛士所说的。他说得好，苏格拉底。他说：凡持躬正义虔诚的人，'甜蜜的希望，镇定心猿意马的希望，抚慰他的心，跟随他，做他老年的保姆'。这话真是说得再巧妙不过。在这一点上，我认为财产最有价值——并非对人人，只是对好人。不做违心欺诈的事，对神祭祀不欠，对人钱财不负，免得去世时怀着戒心——产业的大益处在此。当然还有许多别的用处，然而比较起来，苏格拉底，财富对于有心人，在这一点上算是最有用的。""你说得妙极了，克法洛士，"我说，"关于正义这一点，到底只是无条件地说真话，还所欠呢？或者这些事上也有有时正当，有时不正当？举个人人所要承认的例：由一人清醒的朋友那里借了武器，后来这朋友在病狂中来索还，就必不可还，还就不正当，并且对他说实话也是不可以的。""你说得对，"他答应，"那么不诳语不负欠不算正义的界说。"普冷马霍士插着说："当然算，如要相信辛谋匿底士的话，苏格拉底。"克法洛士道："无论如何，我把这场讨论交给你们，我必得伺候祭坛去。"我说："那么普冷马霍士你是所有一切的承继人？""当然。"他笑着说，一面走向祭坛去了。

六　我说："告诉我，理论的承继人：你说辛谋匿底士关于正义问题主张得对，到底他的主张是什么？"他答道："他说各还各所应得，这就是正义。我想他这话说得妙。""当然，"我说，"他是智慧而神通的人，不容易怀疑他的话。然而他这话怎么讲，普冷马霍士，也许你知道，我可不明白。显然他不是指我们方才所说的，把人家所寄存的东西当他在病狂中来索取时交还他。然而他所寄存确是他所应得，是不是？""是。""可是他变态时所索回的东西无论如何不得交还？""对。"他说。"那么辛谋匿底士所谓各还各所应得是正义，这句话似乎别有所指。""一定别有所指，"他说，"他认为朋友之间应当相利不相害。""我了解了，"我说，"他认为还与受者若是有害无利，而还者与受者彼此是朋友，那么交还所寄存的财物就不算还所应得。你说辛谋匿底士是不是这么讲？""是这么讲。""对仇人呢，是否应当还所应得？""当然要还其所应得，"他答道，"我想仇人之间各所应得的是彼此陷害，这是于仇人们相宜的。"

七　我说："辛谋匿底士关于正义的界说似乎是一种诗人的谜。好像他心里是想正义是归还各所相宜，然而他却用'应得'这字眼。""你看他会想别的吗？"他答应。"我的帝士！"我说，"假如有人问他：'辛谋匿底士啊，把什么应得而相宜的东西给什么人的，才叫作医术？'你想他用什么答复？""显然要举那门把药剂和饮食给身体的技术。"他说。"把什么应得而相宜的放在什么东西之上的，才叫作烹饪术？""把美味放在饮食上的那种技术。""好了，把什么东西给什么人的技术叫作正义？"他说："如要根据以前的话，以利予友、以害予仇的技术叫作正义。""那么福友祸仇是他所谓的正义？""我想是的。""在卫生上，当友与仇病的时候，谁最能福友祸仇？""医生。""海上遇险时，谁最能加利于船上的航

客？""驾驶员。""正义的人呢？在什么行为上，关于什么事，他最
能福友祸仇？""我想在战争上，关于联盟的事。""好了，亲爱的普
冷马霍士，医生对不病的人没有用。""对。""驾驶员对不航海的人
也没有用。""是的。""那么正义的人对不战争的也无用吗？""我
想不大对。""甚至和平的时候，正义也有用？""有用。""农业也
这样，是不是？""是。""在收获上有用？""是的。""鞋工也这
样？""也这样。""我想你因得鞋穿而说它有用。""当然。""正义
呢？它有什么用途，有什么收获，你说它在和平的时候有用？""在
订立契约上有用，苏格拉底。""契约，你是指联财合伙呢，还是指
别的？""当然指联财合伙。""在下棋上，正义的人是好而有用的
伙友呢，还是棋师？""棋师。""在堆砖叠石的事上，正义的人是不
是比泥石匠好而有用的伙友？""绝不是。""在什么合伙的事上，正
义的人做伙友比琴师好，正如琴师在弹琴上强过正义的人？""在钱
财上，我想。""联财买马卖马的时候不算吧，普冷马霍士；我想那
时候知马的人是好伙友，是不是？""显然。""买卖船只的时候，又
是造船师或驾驶员才算好伙友。""似乎是的。""金银在什么用途的
时候，正义的人才是比别人好的伙友？""放起来保存的时候，苏格
拉底。""你是指无用而放着的时候？""很对。""那么钱财无用的
时候，正义在钱财上有用？""似乎如此。""同样，镰刀保存起来
的时候，正义在公私上都有用；镰刀拿来用的时候，却是编藤术有
用？""显然。""你也要说盾与琴保存起来不用的时候，正义有用；
盾与琴拿来用的时候，却是战术和音乐有用？""一定的。""其他
一切东西莫不如此：东西有用，正义就无用；东西无用，正义便有
用？""似乎如此。"

八 "朋友，正义如果只是在无用的东西上有用，就没有什么
大好处。咱们来考虑这一点：最会打人的——无论用拳或用别的

东西——同时也最会自卫？""当然。""巧于防疫的也巧于暗中传疫？""我想是的。""善于守营的就是会偷探敌人的计划和其他举动的。""当然。""一件东西的精明看守者就是那件东西的大强盗。""似乎是的。""那么正当的人既是精于看守钱财，便也精于盗窃钱财。""理论上的确要推到这一步。"他说。"那么正义的人变成盗贼了。这一点你似乎是从何梅洛士学来的，因为他推崇欧度色务士的外祖亚乌托吕克士，说他在偷东西和作假证上，天生比人人都强。似乎据你和何梅洛士和辛谋匿底士的意见，正义是一种偷窃——福友祸仇的偷窃。你不是这么说吗？""我的帝士，"他说，"我不知道我是怎么说的；然而我还是想正义是福友祸仇的。""你说明友是显得好的，还是是好的而未必显得好？仇人也这样吗？""人会爱其所好，恶其所恶。"他说。"他们不会错吗？不是许多人对他们显得好，实际不好吗？""会错。""那么对他们，好人是仇敌，坏人是朋友？""当然。""同样，福恶祸善于他们成了正义？""似乎。""然而善人是正义的，不会做反正义的事？""对。""那么根据你的话，陷害无辜是正义。""绝不是，苏格拉底，"他说，"这推论不对。""那么，"我说，"福利正义的人，陷害反正义的人，是正义？""这个说法比那个强。""然而，普冷马霍士，对许多不知人的会有这种结果，就是：祸友福仇成了正义，因为他们把善人认为恶人，恶人当作善人。""这样说法正和以前所解释辛谋匿底士的话相反。""结果的确的确成这样。咱们改变一下吧，似乎咱们关于友与仇的假定不对。""怎样假定的，普冷马霍士？""显得好的是朋友。"我问："现在如何改变？"他说："似好而是好的人才是朋友，似好而非好的只是貌似朋友，实际上不是朋友。关于仇人也同样假定。""那么，根据这话，似乎好人是朋友，坏人是仇敌。""是的。""你叫咱们把以前关于正义的话增加一下，以前说，福友祸仇是正义；现在说，朋友若是好人，福利他，仇敌若是坏人，陷害他，这是正义。对不对？""对极了，"他说，"我想这是圆满的说法。"

九　我说："害人是正义的人所做的事吗？""当然，"他说，"他至少要陷害与他为仇而且是坏的人。""马被害之后是变好变坏？""变坏。""在狗的品德上变坏，还是在马的品德上变坏？""在马的品德上。""那么，狗若被害，在狗的品德上变坏，不是在马的品德上变坏？""一定。""朋友，对于人，不是也得这么说：人若被害，便在人的品德上变坏？""当然。""正义不是人的品德吗？""这也是一定的。""朋友，人若被害，不是一定要变成不正义了吗？""似乎。""音乐家能不能用音乐把人弄成不知音了？""不可能。""知马者能不能用骑马术把人弄成不知马了？""不能。""正义的人能不能用正义把人弄成不正义？或者，总括一句，好人能不能用美德把人弄坏了？""也不可能。""使东西变冷不是热的事，是热之反面的事。""对。""使东西变湿不是干之事，是干之反面的事。""当然。""害人也不是好人的事，是好人的反面的事。""似乎如此。""正义者是好人？""当然。""那么，普冷马霍士，害人，无论害朋友，或害任何人，都不是正义者的事，是正义者的反面——非正义者——的事。""我想你说的完全对，苏格拉底。"他答道。"那么，如有人说各还各所应得是正义，而意思是指正义者以利归还朋友、以害归还仇敌，说这话的就不是智者，因为他所说的不是真理；况且我们已经证明凡害人都不是正义者的事！""我同意。"他说。"那么，"我说，"如有人认为这是辛谋匿底士或毕亚士或辟榻恪士或其他智者和有福气的人所说的，你我就一齐攻击他。""我准备同你联阵。"他说。我说："你知道不知道我想正义是福友祸仇这句话是谁说的？""谁说的？"他问。"我想是培利安都洛士或排尔地卡士或克乍尔克再士或其他富而自大的人所说的。""你说的对极了。"他说。"好了，"我说，"这既证明不是正义，那么什么是正义？"

十　当我们正讨论的时候，图拉序马霍士累次想半路插进来，却被坐他旁边的止住，因为他们要听完这段话。我说完了，一有了隙，他就再忍不住了，挺起身来，像一只猛兽跄上扑杀我们似的。我同普冷马霍士都吓了一跳躲开，他跑到我们当中喊道："你们刚才说些什么无聊话，苏格拉底？你们为什么老惯于彼此推诿？你如果真想知道正义是什么，不要尽问，人家答复了，洋洋得意地反驳人家。你知道啊！问比答容易。你自己来答，说说你看正义是什么。不要告诉我正义是必需，是有利，是有益，是有裨，是有补，等等。把你所要说的说得明显准确些。如果再说那一类的无聊话，我是不接受的。"我听了他的这些话，像是当头一棍，再看他一眼，越发恐慌。我想，在他看我以前，我若不先看他，简直要吓成哑巴。当他对我们的话开始动气的时候，我先瞧他，所以才答得出，带抖地向他说道："图拉序马霍士，不要苦了我们；我们——我同他——研究这问题，如果犯了错误，也不是有意的。我们若是找黄金，绝不至于情愿彼此退让，坐失发财的机会；何况是找正义，比一堆黄金还要宝贵的东西，哪会这么傻，一味你推我让，不赶紧想法子找。朋友，千万不要那么想，只是我们能力不够罢了。从你们这样精敏的人那里，我们应当得到怜恕，不应当得到苛责。"

十一　他听了这话，大笑起来，冷言冷语地说道："我的海拉克类士啊！这就是苏格拉底讥讽的惯技。我早知道了，早预料到你是不肯答复的；有人问你，你总是想尽法子避免答复，一面讥讽人家。"我说："图拉序马霍士，你是智者，你明知，如果你问人家十二是什么，先警告他：'朋友，不要告诉我十二是二六、三四、六二、四三等等，你如说这一类的无聊话，我是不接受的。'——我想，你明知没有人能答复这样的问题。假定有人对你说：'图拉序马霍士啊，你说这话什么意思？我是不是不得把你所警告的拿一项来作答？妙人啊，如果答案恰巧是其中的一项，我也得不说实话而说别的吗？你这话什么意思？'你对他这质问可怎么答复？""喂，"他说，"这个例子和那个正相同吗！"我说："没有东西禁止它们不相同。就是不相同，被问的人如觉得相同，你想他不会不管咱们禁止不禁止，反正拿自己所感觉的作答吗？""你就要这么办吗？要把我所禁止的那一项来作答吗？"他说。"有什么稀奇，"我说，"假如我考虑后觉得是这样。"他说："关于正义，我如果另提一个答案，和那些统统不同，而比它们好，可怎么样？你应该认什么罚？""除了无知者所宜受的以外，还有什么别的？"我说，"无知者所宜受的是领有知者的教，我应当认这个罚。""你这个人倒好玩，"他说，"可是来领教以外，还得罚钱。""钱来的时候，就给你。""钱在这里，图拉序马霍士，如果只是钱上的事；我们统统会捐助苏格拉底。"辜劳垦道。"完全为的是……"他说，"叫苏格拉底好耍旧把戏：自己不答复，人家答复了，抓住人家的话来吹毛求疵。"我说："好人！人家怎能答复？一来，他既一无所知，也不自命有所知；二来，他就是有些意见，又受大人物警告，不许说出心里所想的。所以还是你说好，因为你说你知道，也自认有可说的。请你帮我忙，不要推辞，别舍不得指教辜劳垦和在座的别位。"

十二　我正说的时候，辜劳垦同别位一齐苦劝他不要推辞。图拉序马霍士显然是想说，要得人家的称赞——相信自己有极妙的答案。他却假装诚心诚意地推我答复。最后他依了，说道："这就是苏格拉底的智慧：自己不愿意指教人家，却到处要跟人家学，还丝毫不谢人家。"我答道："图拉序马霍士，你说我跟人家学，是对的；说我不谢人家，可错了。我尽我的能力图报，我所办得到的不过称赞颂扬，因为我没有钱呀！我觉得人家说得好，就竭力称赞——这一点，你一提出你的答案，你就会明白；我想你一定说得好。""听吧，"他说："我主张正义没有别的，只是强者的利益。你为什么不称赞呢？你又不愿意了。""我得先懂你的话呀，"我说，"此刻我还没懂呢。你说正义是强者的利益，图拉序马霍士，你这话怎么讲？我想你不是指这个吧：大力士普吕但牧士强过我们，牛肉对他身体有益，于是对我们这班比他弱的人也有益，也是正义的东西。""你这讨厌家伙，"他说，"你曲解我的话，好尽量破坏。""没的事，好朋友，"我说，"请你把你的话再讲清楚些。""难道你不知道，"他说，"国家有的是霸主所治的，有的是贵胄所治的，有的是庶民所治的？""可不是？""一国之中的统治阶级是强者？""当然。""各种政府各定于己有利的法律：庶民政府定下民治法律，霸者政府定下霸政法律，别的政府也这样。它们借立法宣布凡于己有利的东西对被治者是正义的，违反者处罚，认为犯法，认为为非。这就是，好朋友，我所谓个个国家里面所一律承认的正义，就是当权政府的利益。当权政府是强者，所以对思想正确的人，这是普遍的结果，强者的利益到处是正义。"我说："现在我懂得你的话，对不对，我得想法子检查。图拉序马霍士，虽然你加上了'强者的'字样，你也用'利益'二字作正义的答案，可是你方才禁止我用。也许你认为所加的是小节。大节小节尚未分晓，显然必得考察你的话对不对。我也承认正义是有利的东西，然而你加上限制，说它是强者的。我不知道，必得考察。""考察吧。"他说。

　　十三　"就考察，"我说，"请告诉我，你是不是说服从治者是正义？""我是这么说。""各国的治者是不是无过的，或者他们也会错？""当然会错。"他说。"那么他们立法，有时立得对，有时不对？""我想是这样。""立得对的于他们有利，不对的不利；你的意思怎么样？""是这样。""凡治者所定的是正义，被治者必得奉行？""可不是？""根据你的话，不但奉行于治者有利的事是正义，奉行相反而不利的事也是正义。""你说什么？"他喝道。"说你自己所说的，我相信。咱们好好地考究一下。咱们同意说：治者所命被治者的事有时是于己不利而误认为有利的，然而治者所命是被治者义所当行——这两点不是同意过了吗？""我想同意过。"他答道。我说："你想想，治者既会无意中发出有害于己的命令，同时你又说凡治者所命都是被治者义所当为，那么你是承认奉行于治者强者不利的事是正义。最智慧的图拉序马霍士啊，必然的结果不是变成实行与你所说正相反的倒是正义？因为弱者曾也被命去奉行于强者不利的事。""借帝士的名字说，"普冷马霍士喊道，"苏格拉底，这再明显没有了。"克类投冯接着说："假如你替他做证人。""要什么证人？"普冷马霍士答道，"图拉序马霍士自己承认，治者有时发于己有害的命令，然而这又是被治者义所当行。""都是因为，普冷马霍士，他把被治者奉行命令认为正义。""克类投冯，同时也因为他把强者的利益认为正义。他假定了这两点，又承认强者有时叫被治的弱者做于己有害的事。于是强者的利益之为正义并不在损害之上。"克类投冯答道："可是他说强者的利益是强者所相信于己有利的，这个弱者必须奉行，这个他认为正义。""图拉序马霍士不是这么说。"普冷马霍士道。我说："没有什么不同，普冷马霍士；如果他此刻是这么说，就这么接受他的。"

十四　"图拉序马霍士，请告诉我这是不是你所要说的正义——强者所觉得于己有利的利益，不管果然是不是？我们可以不可以认为你是这么说的？""绝不是，"他答道，"你想我把有过失的人，当他过失的时候，叫作强者吗？"我说："我真以为你是这么讲，因为你承认治者们不是无过，有时也会错误。""你在辩论上像个讼棍，苏格拉底，"他说，"譬如医生，当他治病弄出错误的时候，就错误而论，你还承认他是个医生吗？在计算上出错的，就当时的错误说，你还称他为会计师吗？我们说医生错误，会计师错误，小学教师错误；我想不过话是这么说，实际上，他们得某行的名称，在某行上就不会错，错的时候便保不住那名称。你是爱求准确的，所以用准确的话说，各行的术师没有错的，因为本行的知识缺乏才会错，缺乏本行知识便不算本行的术师。因此无论术师也好，智人也好，治者也好，一律如此；当治者果是治者的时候，没有错的，虽然大家常说医生错误和治者错误这一类的话。你得把我方才所答复的话作这种看法。其实最准确的答案是：治者真正是治者，不会有过；无过之中把于己最有利的立为法令，这是被治者所必须奉行的。所以，还是原先的话，我说，实现强者的利益是正义。"

十五　"图拉序马霍士，"我说，"我显得对你耍讼棍的手段吗？""可不是！"他答道。"你想我提出这问题是存着恶意同你捣乱吗？""还用想，我知道，"他说，"然而你也得不到便宜。你这种鬼手段瞒不了我；既瞒不了，你用言语也压我不倒。""我就没有这个存心，有福气的人啊，"我说，"为避免你我间再发生这类情事，请你分别清楚：你说成全治者、强者的利益是被治者、弱者义所当为，你这所谓治者、强者，到底是按通常的定义呢，还是按你方才所谓严格的定义？""是指按严格定义的治者，"他说，"你有本领，再来捣乱，再耍讼棍的手段，我并不求饶；我猜你没本领。""你想我发疯到这地步，"我说，"敢来掀虎须，敢对图拉序马霍士耍讼棍的手腕？""你方才不是尝试过？"他说，"你这不中用的东西。""够了，这类的话说够了，"我道，"你方才所谓严格定义下的医生到底是弄钱的呢，还是看病的？记住，只说真正的医生。""看病的。"他答道。"驾驶员呢？真正的驾驶员是船上水手的治者呢，还是一个水手？""是水手的治者。""我想不必考虑到他也在船上驶船而不称他作水手，因为他并不为驶船而得驾驶员之名，倒为有驾驶的技术，和管理水手的才干。""对。"他说。"病人也好，水手也好，他们不是各有各的利益吗？""当然。"我说："技术不是为了这个而产生的吗，就是，为了替他们个个求利益？""是为这个。"他说。"那么再讲各门技术本身的利益，除了尽量求全以外，还有没有别的？""你问这话什么意思？"我说："你若问我身体够不够资格自成身体，或者还需要别的东西，我就答应，'当然需要。这是医术之所以产生——因为身体有缺陷，不够自成这么一个机关。医术就是为了替身体求利益而设的'。你想这话对不对？""对的。"他答道。"医术本身是不是有缺陷的？乃至其他技术，是不是需要某种品德或能力，如同眼睛需要视能，耳朵需要听力，因此需要一种技术照管它们，替它们求有利于视听的东西？在技术本身上，有没有什么缺陷？每门技术是不是都需要另一门替它求利益？同时这另一门的又需要另一门，如此类推以至于无穷？或者每门技术自己替自己求利益？或者无需自己，也无需人家，来找利益弥补缺陷，因为技术绝没有缺陷与过失，除了替自己所为而存的对象求利益之外，不应当替别的东西求利益？技术本身是不是无疵无瑕，一旦不失其固有严格的性质，便一旦是正确的？用严格的话说，是不是这样？""似乎是这样。"他说。"那么，"我说，"医术不替本身求利益，替人的身体求利益。""是的。"他说。"马术不替马术自身求利益，替马求利益；其他技术都为其对象，不为其自身，因为自身无所需。""似乎是这样。"他答道。"图拉序马霍士，技术是统治，而且强过它的对象。"他很勉强地承认。"那么没有一门学术顾到强者的利益，叫人促进它；却专顾自己所统治的弱者的利益，而成全它。"他最终承认了，虽然也想法子挣扎一下。他既承认了，我又说："没有一位医生，真正是医生的时候，顾虑或促进自己的利益，却专为病人谋利益？因为严格定义下的医生是身体的统治者，而不是弄钱的——这一点是已经同意过，不是吗？"他承认。"那么严格定义下的驾驶员不也是水手们的统治者，而不是水手吗？"他承认。"这种驾驶员兼统治者也不顾虑不促进自己的利益，专顾虑专促进被统治的水手们的利益。"他也勉强承认。"那么，图拉序马霍士，"我说，"凡掌握统治权的人，只要是真正的统治者，没有一个顾到促进自己的利益，却专为他所对而施行治术的被治者谋利益，在一切言行上都是专注于这一点，专顾被治者的福利。"

十六 我们说到这地方，人人都明白正义的界说变成和他所提的正相反。图拉序马霍士不答复我的话，却对我说道："苏格拉底，你有保姆没有？""什么意思？"我问，"不答复我的话，倒问起这个来。"他说："因为她看着你流鼻涕，也不替你擦——你实在需要擦擦。你糊涂到连羊和牧羊的人都不会分别，她也不教你。""实在什么意思？"我问。"因为你想牧羊和放牛的注意牛羊本身的好处，豢养它们，使它们肥胖，倒不顾业主和自己的利益。你真以为各国的治者，真正的治者，对被治者的态度同牧人对牛羊不一样，日夜所用心的不是自己怎样牟利，倒是别的问题。你对正义和不正义的问题这样外行，乃至于不明白正义实在是他人的好处，强者治者的利益，事人和治于人者所合当忍受的损失；反过来，不正义捆制着真正和顺而守正义的人，被治者成就强者的利益，服侍他，让他享福，自己毫无所得。最肤浅的苏格拉底啊，你得注意这一层：正义的人处处比不正义的吃亏。先说联财做生意吧，散股的时候，正义的人所得只有比不正义的少，绝不会多。对国家，有所捐输，同样的身家，正义的人多给，不正义的少给；有所收入，一个得得多，一个一点也得不到。担任公家职务的时候，正义者就是没有什么别的损失，至少要荒废自己身家的事；唯其正义，丝毫无所得于公家，此外还要招亲友的怨，因为不肯违反正义来照顾他们。不正义的人呢，情形恰恰相反。我指方才所说有大力量括地皮的。你如想知道做非正义者比做正义者在私人利益上方便多少，看看这个人好了。你如注意到极端不正义的事，最容易了解这情形：这类事一方面成就负人的人莫大的幸福，另一方面把受亏而不肯负人的弄得狼狈不堪。这就是暴政；或公然，或营私，拿别人的东西——神物人财、公业私产，不是积渐掠取，却要一网打尽。至于零星小窃，一旦被发觉，便受莫大刑罚；这种小作恶的叫作庙劫、人拐、跳墙的盗、扒手的贼。然而，劫人的钱财以外，还要把人拿来做奴隶的，既不受这些丑名，还被自己的臣民，乃至远方饫闻其罪孽的，称颂'福祉无疆'。因为痛骂不正义的人们之所以痛骂，不是怕作恶，倒是怕受亏。这样看来，苏格拉底，充分的不正义倒比正义更有力，更自由，更为主；一方面强者的利益是正义，另一方面自己的利益是不正义。"

十七　像澡堂上按摩的拿水在我们身上从头往下冲，图拉序马霍士既把这一大堆话倒在我们耳朵里，便想起要走。在座的人不让他走，逼他留下，说明方才所讲的道理。我自己也苦求他，说道："图拉序马霍士先生，你把这一场话堆在我们身上，却要走啦，不肯充分指教我们，自己也不想研究一下到底所说的对不对？你想此刻所要检定的是小问题，不是决定我们个个做人成功与失败的道理？""我何尝这样想？"图拉序马霍士答道。"你好像是这么想，"我说，"或者对我们的事漠不关心；我们不了解你说你知道的道理，将来做人做得好坏，你满不在意。好朋友，希望你热心些，也把这道理指教我们，给我们在座的这许多位做个人情，于你也是无伤的事。因为在我，我还没有深信你的话，从不想反正义会比正义更有利；就是放纵反正义的，任其所欲为，于他又有什么好处？假定某人反正义，力能为非，智足逃罪，仍然不会使我相信这是比正义有利的事。也许在座的也有人这么想，不但我一人。好朋友，请你充分劝服我们，使我们觉悟尊重正义过于非正义是不对的。"我怎能劝服你？"他说，"你不相信我方才所说的，我还有什么办法？难道我得把我的话硬放在你心里吗？""我的帝士，"我喊道，"千万不要这样。第一步，坚守你的主张，就是改变立场，也得坦坦白白地，不要欺瞒我们。咱们再来考察以前的话：你瞧，图拉序马霍士，你先给真正的医生下严格的界说，后来关于牧人，便以为无需坚守严格态度，却想真正的牧人之牧羊，不为羊的最大好处，像酒肉客那样专顾自己的口福，或像做买卖的只为卖钱，倒不像一个牧人。其实牧畜术不管别的，专为其分内所照管的畜生谋最大的好处；只要丝毫无愧做这门技术，它自己的好处，所以使它尽美尽善的，已经全在其中了。同样，我想我们不得不承认，所有的治者，就其为治者而论，除了被治者的最大好处以外，并不注意别的——无论国家的治者也好，私人的治者也好。你想各国真正的治者是自愿出来治人吗？"我的帝士，不，我知道他们不是自愿。"他答道。

十八 "其他的统治呢，图拉序马霍？"我问，"你难道不知道没有人情愿出来治人；治者要酬报，因为治人的事对治者本身没有利益，益处在被治者身上？请告诉我这一点：我们不是常说各技术在功用上不相同吗？我的好人，不要提出违心的答案，才能有结果。"是在功用上不同，"他答道。"各技术是不是各贡各所固有而彼此不相同的利益——如医术贡献健康，航业贡献海上的安全，其他如此类推？""满对。""求酬技术不是贡献报酬吗，因为这是它的功用？你是否把医术和航业当作一门？或者像你以前所提议的，要严格分别：驾驶员得航海的益处而康健起来，也绝不因此把航业叫作医术？""当然不。"他说。"我想你也不会把求酬技术当作医术，假如得酬的康健起来。""当然不。""医术呢？医病取报酬，便把医术叫作求酬技术吗？""不。"他说。"咱们不是同意过：各技术各贡各所固有的利益？""就算是这样吧。"他说。"那么，一切操业的人所得的相同的利益显然是由本行以外另一门相同的技术得来的。""似乎是的。"他答道。"我们承认，求酬的工人之所以得酬，是因为本行之外另操一种求酬技术。"他勉勉强强地赞成。"那么，每个工人不是由本行技术获得报酬的利益。严格说来，一方面医术产生健康，另一方面求酬技术产生报酬；一方面建筑术产生房屋，另一方面相联的求酬技术产生报酬；其他一切技术莫不如此。各门技术各自完成它的工作，加利于分内所管的对象。如不另取报酬，工人由本行的技术有什么利益可得？""显然没有。"他说。"那么，他工作不取报酬的时候，便不贡献他本行的利益？""我想他贡献。""那么，图拉序马霍士，这已经显然了：没有一门技术或一种统治是管自己的利益，却像咱们以前所说的，每替被统治者牟利，只顾弱者的利益，不顾强者的利益。亲爱的图拉序马霍士啊，只为了这个，我刚才说，没有人情愿出来治人，替别人当苦差；治人者要求报酬，因为想好好地施行治术的人，按此术的原则，绝不做有利于己的事，只做有利于被治者的事。似乎因为这一点，必得有报酬给那班肯出来当治者的——或给金钱，或给美誉，或给刑罚，假如不肯出来。"

十九　"你说这话什么意思，苏格拉底？"辜劳垦问。"那两种报酬我懂得；所谓刑罚，你说也是一种报酬，我可不明白。"我说："你也不了解上等人物肯出来治人，所希求的酬报是什么。难道你不知道好名爱财被认为，其实也是一种可耻的事？""我知道。"他说。"那么，"我说，"就是因为这一点，好人不肯为钱财，为名誉，而出来治人。他们不愿意以治人的劳绩公然取酬，变成一个佣人；也不愿意暗中受报，变成一个贼子。他们也不为名，因为他们本不好名。必得有一种强迫和刑罚加到他们身上，假如他们不肯出来。所以，非不得已而去从政，认为一件可耻的事。刑罚莫过于受治于坏人，假如自己不肯为治。我想好人肯从政就是因为这一点，然而他们入政界并非进乐园，在那里享受，倒是迫不得已，因为找不到比他们更好的人，或与他们相等的，来卸责。假定有一个好人国，其中所争的必是不做官，正如现在所争的是做官。由此可见，真正的治者天然不注意自己的利益，只顾被治者的利益；大概聪明人宁愿享人家的福，不肯讨麻烦替别人谋利益。所以我绝不迁就图拉序马霍士，而承认正义是强者的利益。这一点我们以后再考虑。他此刻所说的，不正义的生活强于正义的生活，这问题我觉得重大得多。你挑哪一种的生活，辜劳垦？"我问，"你觉得哪一种说法可靠些？""我说正义的生活比较有益。"他答道。"你可听见了图拉序马霍士所举不正义的生活的好处有多么多？"我问。"我听见了，"他说，"可是我不相信。""咱们要不要——如果可能的话——劝告他，他所说的不对？""怎么不要？"他说。"假如我们用一篇话驳他，列举正义生活的好处有多少，然后他来，然后我们再来；这样必得把双方所举的好处拿来统计测量，需要一个公正人评判。如果像以前那样，一面讨论，一面接受彼此所赞同的，那么我们同时又是说客，又是评判员。""满对。"他说。"你觉得哪一种办法好？"我问。"这一种。"他答道。

二十 "来，图拉序马霍士，"我说，"从头答复我们。你说极端的不正义比极端的正义有利。""我的确这么说，并且讲过所以这么说的理由。"他答道。"那么关于这一点你有什么意见？二者之中，你把其一叫作善，其他叫作恶？""可不是？""正义是善，不正义是恶？""很像吧？"他说，"你这好玩的人；因为我说反正义有利，正义无利。""怎么呢？""我的意思正相反啊！"他道。"难道正义是恶？""未必，满高尚的好心肠。""那么你说不正义是坏心肠？""不，是好策略。"他答道。"图拉序马霍士，你觉得反正义的人又好又聪明？""反正义反得圆满彻底、能够夷人城灭人国的，至少这班人是。"他说，"你也许以为我是指扒手的——不被人发觉，这类事固然有利，然而不值得提，还是我方才所说的那件事有价值。"我说："我还不明白你的意思，这一点我觉得奇怪：你把非正义放在品德与智慧之列，正义放在反面。""我的确是这样归类。""这么一来，情形可更僵了，可不好办了，朋友，"我说，"你说反正义有利，如果像别人那样，还承认它是坏事，是可耻的事，那么还可以根据普通的观念，有话可说。现在，你显然是要说它又美又强，还要把一切我们所认为属于正义的加于其上，因为你既大胆把它放在品德和智慧之列。""你预言得真对。"他道。"然而，"我说，"只要我觉得你所说的是由衷之言，我就不应当退缩，而不把你的话拿来考究。我想，图拉序马霍士，你不是开玩笑，倒是认真发表对于真理的意见。"他道："我真说也好，假说也好，于你有什么不同，你难道不驳吗？""没有什么不同。"我说，"那几点以外，请你再答复我这一点。你想正义者要不要占另外一个正义者的便宜？""绝不，"他答道，"否则他就不算一个好心肠的。""关于正义的事呢，他要不要超过正义的界限？""也不超过正义的界限。"他说。"对于不正义的人，他是不是以为应当超过他，占他的便宜，或者以为不应当？""他认为应该，可是他没有能力办到。"他说。"我不是问这个，"我说，"我问正义者是不是认为不应该，是不是不想，超过其他正义者，占他的便宜；倒认为应该，倒想，超过非正义者，占非正义者的便宜？""他是这样。"他答道。"非正义者呢？他是不是想应该占正义者的便宜，超过正义的事？""可不是？"他说，"他认为应该超过一切，占所有的便宜。""那么，非正义者也要占其他非正义者的便宜，对非正义的事也要变本加厉；一切都想占最大的便宜？""是这样。"

二十一 "咱们可以这么说，"我道，"正义者不想超过和他同类的，只想超过和他不同类的；非正义者无论同类不同类都要超过。""你说得妙极了。"他说。"然而，"我说，"非正义者又好又聪明，正义者也不好也不聪明。""这也对。"他道。"那么，"我说，"非正义者像好人，像聪明的人；正义者两个都不像？""既是什么样的人，可不像什么样的人；不是的哪里会像？"他答道。"妙。那么，每人像什么样的，就是什么样的。""还会是别的吗？"他说。"好了，图拉序马霍士，你说是不是有人懂音乐，有人不懂？""是的。""哪一个聪慧，哪一个不聪慧？""我想知音的聪慧，不知音的不聪慧。""他聪慧的地方也是他的好处，不聪慧的地方就是他的坏处？""是的。""医生呢，是不是也一样？""也一样。""好朋友，你想乐师调琴的时候，在弦的松紧上，是不是要超过其他乐师的办法，认为应当和他立异？""我想不。""对不知音的呢？是不是要超过他？""免不了。"他说。"医生呢？医生制定食谱的时候，是不是要和其他医生立异，要超过医学上的办法？""当然不。""可是要超过不知医的人？""是的。""看看一切有学问和无学问上的情形，你想一个行家是否想超过另外一个行家，所言所行必要和他立异，在同样的事上，不肯和同行者的办法相同？""也许应当相同。"他说。"不学无术的人呢？有学问的也好，无学问的也好，他不是一律要超过吗？""也许。""有学问者是智慧的？""我承认。""智慧者是好人？""我承认。""那么，好人智者不想超过他的同类，只想超过不同类和相反的人。""似乎是这样。"他说。"坏人愚人，不论与他同类的也好，和他相反的也好，一律想超过。""好像是。""那么，图拉序马霍士，咱们所谓非正义者是否同类和不同类都要超过？你是不是这么说的？""是的。"他答道。"然而正义者不想超过同类的，只想超过不同类的？""是的。"我说："那么，正义者像智者，像好人；非正义者像愚夫，像坏人。""很像。""然而我们同意过，每人像什么样的，就是什么样的。""同意过。""那么，正义者显然是好人，是智者；非正义者是坏人，是愚夫。"

二十二 图拉序马霍士承认这一切话，并不像我此刻所述的这么顺，很牵强为难，满脸出汗 —— 因为那是夏天。当时我看见一件新奇的事：图拉序马霍士也会脸红。我们既同意了正义是品德与智慧，不正义是丑恶和愚昧，我说："好了，就这样决定吧；可是我们也说过不正义强而有力，你记得不记得，图拉序马霍士？""我记得，"他答道，"你此刻所讲的我不满意，我关于这问题还有话说。我说出来，你一定又说我高谈阔论。要吗，让我尽量发挥？否则，你爱问答的话，就问我问题。我呢，却像听着老太太们讲故事，尽答些'好了'，或只管点头摇头。"我说："千万不要胡乱答复，说些不由衷的话。"他道："你既不许我发挥，只好拍你的马屁，你还有什么要求的？""没有，我的帝士，"我说，"你想怎么办，就怎么办，我可要问了。""问吧。"我说："为研究的次序，同以前一样，我要问这一点，就是：非正义的性质同正义的性质比较如何？以前说过，非正义比正义强而有力。现在呢，正义既是智慧与品德，我想很容易证明它强过非正义，假如非正义是愚昧的话。没有人不了解这一点，但是，图拉序马霍士，我的问题不是这么简单，我要在这方面考究：你不是说国家会变成不正义，想征服许多别的国家，把它们拿来做奴隶吗？""可不是？"他说，"这正是最上等的国家 —— 十全不正义的国家 —— 所要做的。"我说："我了解了，这是你的理论。可是我要考究这一点：侵略国是否不用正义而能保持它的威权，或者要用正义？""如果像你方才所说的，正义是智慧，那么必得用正义；像我所说的，就得用非正义。"他答道。"我真佩服你，图拉序马霍士，"我喊道，"你不但只是点头摇头，还提出绝妙的答案。""我要讨好你啊。"他说。

二十三 "谢谢你。劳驾再告诉我这一点：你想一个国家、一支军队、一群强盗、一帮小贼，或朋比为奸的任何党徒，如果彼此相负，还能成事吗？""当然不能。"他说。"彼此不相负，有什么效果？不是更能成事吗？""当然。""因为，图拉序马霍士，不正义产生离异、仇怨、斗争；正义产生友谊，和同一的意志。是不是？""就算是吧，免得违拂你的意思。"他说。"谢谢你，好朋友。请你告诉我这一点：这是不是不正义所做的工作——到处引起嫌隙，无论在自由人中，或在奴隶帮里，总是弄得彼此离异，不能合作？""满对。""在两个人里面，不是弄得彼此分隔，相仇相恨，同时也仇恨正义的人？""恐怕是这样。"他说。"可佩服的朋友，如果不正义只在一个人身上，是不是失掉效力，或者效力一点不减？""假定一点不减吧。"他说。"那么，它显然有这么一种效力，就是：凡不正义所在的地方，无论国家、种族、军队，或任何团体，第一步先使你因内部的冲突崩溃而不能有一致的行动，其次使你与己为仇，和一切反对者为仇，和正义的人为仇——是不是这样？""完全是这样。""我想，非正义在个人身上也弄出这些结果来，因为非正义的本性是如此。第一步使他内心矛盾，没有统一的意志，以致一事无成；然后使他与己为仇，和正义者为仇。是不是？""是。""朋友，神是正义的？""就算是吧。"他答道。"那么，图拉序马霍士，非正义者是神的仇敌，正义者是神的朋友。""尽管大胆发挥吧，我不会反对你，免得讨在座这些人的嫌。""来，"我说，"让我饱享这一桌酒席的余肴，请你像方才那样答复我。正义者显得又好，又聪明，又能干，非正义者绝不能合作。我们若说非正义者有时紧凑起来合办一件什么事，这话不尽然；因为十全的非正义者绝不能彼此相容，这显然是还有几分正义在他们里面，使他们陷害别人的时候，不同时也陷害他们自己。他们以几分的正义而成事，他们出动去为非的时候，还是半坏人，因为全坏的人和十足的非正义者一事也不能做。我知道这是如此，不像你先前所主张的那样。至于咱们以后所提出要研究的，正义者的生活是否比非正义的好而快乐的问题，此刻必得拿出研究。我觉得现在根据所已说的话，便可证明正义的生活是比较好而快乐；然而照样需要仔细研究一番，因为这不是普通的问题，是关于应当怎样做人的问题。"研究吧。"他道。"就研究，"我说，"请告诉我，你想马是不是有一种工作？""我想有。""你是不是把马或任何东西的工作认为唯有它能做，或做得好的事情？""我不懂。"他说。"这样：除眼睛以外，你能用别的看东西吗？""当然不能。""听声音呢，你能不用耳朵而用别的吗？""绝不能。""那么，说闻与见是耳与目的工作，不妥当吗？""顶妥当了。""斩藤枝可以用刀用斧，还可以用许多别的家具？""可不是？""然而没有一件能像特为这事所铸的钩镰那样好用吧？""果然。""那么，咱们不是要把斩藤认为钩镰的工作吗？""要的。"

二十四 "我方才问，各所独能或所最长的事是否各的工作，这问题你此刻可了解得更清楚了吧？""我了解了，我也觉得这是各所各有的工作。"他答道。"好了，"我说，"那么你想是不是各有各的品德，支配各所擅能的工作？咱们回到同样的例：咱们说道，眼有眼的工作？""有。""那么也有眼的品德？""也有。""耳朵呢，不是有它们的工作吗？""是有。""那就也有品德？""也有。""一切别的东西不是也一样吗？""一样。""注意：眼睛失去本来的品德而有缺陷，还会做它的工作做得好吗？""哪会！"他说，"你是指失明成瞽吧？""不管什么品德，"我说，"我还没问到这一层，只问能工作的东西是不是以其固有的品德而工作得好，因其缺陷而工作得坏？"至少这一点你说得对。"他答道。"那么，耳朵失掉固有的品德，它的工作便做得坏？""当然。""咱们要不要把所有其他东西放在这一条道理上？""我想要。""来，第二步考究这个：心灵有一种工作，用世界上任何别的东西都做不成；如管理、统治、谋划等等，除心灵以外，你能把这些工作归到任何东西，认为它的特殊工作吗？""不能归到别的东西。""生活呢，这是不是心灵的工作？""当然了，这还有疑问吗？"他道。"咱们承认不承认心灵也有一种品德？""承认。""图拉序马霍士，心灵失掉固有的品德，它自己的工作还是依样做得好呢，或者绝不可能？""不可能。""那么，坏心灵必是管理统治得坏，好心灵这些事全做得好。""一定的。""咱们不是同意过，心灵的品德是正义，缺陷是不正义？""同意过。""那么，正义的心和正义的人的生活好，不正义的坏。""按你的话，似乎是这样。"他说。"生活好的快乐，有福气；不好的正相反。""可不是？""那么，正义者快乐，非正义者痛苦。""就算这样吧。"他说。"当然痛苦无利，快乐有利。""可不是？""那么，有福气的图拉序马霍士啊，非正义绝不会比正义有利。""苏格拉底，这就算你在班迪士节期中的一席宴吧。"他说。"图拉序马霍士，实在是你请客，"我说，"你此刻对我不那么凶了，气平下去了。可是我自己没有好好地吃，不怪你。嘴馋的人总是旧菜还没有吃完，就要抢着新上桌的菜尝尝；我觉得我也是这样，起先正义是什么的问题研究还没有结果，就要丢开去研究附带的问题——正义是丑恶和愚昧呢，还是品德与智慧？后来提出非正义比正义有利的话，又不免抛掉那问题，转到这句话上。所以这一场讨论的结果只是余小子一无所知：我不知道正义是什么，到底是品德不是品德，守正义的人究竟快乐不快乐。"

卷　二

一　我说完这个，以为这一场话可算结束了，谁知道还只是开端呢。葛劳垦对于一切事总是勃勃有生气，图拉序马霍士罢阵，他还不肯甘休，说道："苏格拉底，你主张在一切情形之下正义好过不正义，这一点你只要我们半信半疑便算了事呢，或者希望我们真正信服？""如果是我自己所能为力的事，我当然要你们真正信服。"我答道。"然而你并没有努力。请告诉我，你想有没有一种'好'，专为其本身，不为其效果，而被我们追求的——如欣欢，和除却享受以外别无后患的快乐？""我觉得有这么一种的。"我说。"还有一种也为其本身，也为其效果，而受人家欢迎？如思虑、眼界、健康……这一类东西有双重可取的地方。""是的。"我说。"你还见到第三种的'好'吗？练功、养病、行医、治产属于这一类。我们认为这些事劳苦而有利，要它们，不为它们本身，而为它们的酬报和效果。""是有这第三种的，"我说，"怎么呢？""你把正义放在这几类之中的哪一类？"他问。我答："我想放在顶好的一类，为其本身，为其效果，而必受想得福气的人欢迎的。"他说："然而大众不这么想，以为是属于劳碌的一类——为报酬和名誉而不得不顾到，否则本身那样苦涩，实在应当躲避。"

二　我说："我知道大众是这样感觉，并且图拉序马霍士一向就是因为这一点反对正义，赞成不正义；可是我这笨人难学得会时髦的主张。""来，"他说，"听我的，看看合不合你的脾胃。我觉得图拉序马霍士像一条蛇，老早被你的符咒迷住了，然而关于正义和不正义的说明还不能使我心服。我所要听的是：它们各是什么，在心灵上它们本身各有什么能力；它们的报酬和效果姑且不论。我想这么做，假如你同意。我要把图拉序马霍士的理由重述一遍，并且先说大家以为正义是什么性质，是怎样产生；第二步再说明凡顾到正义的人不是自愿顾到，因为必不得已，不因为正义是‘好’；第三步说明他们这种态度是对的，因为，据他们说，不正义的生活比正义的好得多。老实说，苏格拉底，我并不赞成这种态度；可是我听了图拉序马霍士和无数人的话，简直弄糊涂了，简直把我的耳朵弄聋了。另一方面，那些替正义辩护——说正义比不正义好——的主张，我却也没听见过合意的。我愿意听见正义本身受称赞，我想由你这里最可以听得到。所以我要故意称赞不正义的生活，给你一个榜样，你才知道我要听你怎样称扬正义，批驳不正义。想想我所说的于你合意不合意。”“再合意没有了，”我说，“有心人除这问题以外，还想常常谈什么问题，听什么问题？”“你说得妙极了，”他道，“现在请听我所谓第一步要讲的：正义的性质与来源。大家以为负人天然是好的，负于人天然是坏的；负于人的坏处多过负人的好处。因此，负人和负于人的滋味都尝过以后，那班无力负人而不能避免负于人的便想不如彼此互约不负人，也不负于人。他们开始立法成约，把法律上所许可的叫作合法，叫作正义；这是正义的来源与本性。正义的本性介于极好和极坏之间——极好是负人不必抵偿，极坏是被人负无力报复。介于二者之间的正义不是以‘好’的资格受欢迎，是因为弱者无力负人而被借重。凡有力负人而具有人性的绝不会同任何人订不相负之约，否则便是疯子。苏格拉底，据说正义的性质如此，正义的来源如此。”

三“守正义的人不由心愿，只因无力为非——我们只要想象一件事实，这一点便可迎刃而解：假定给他们俩——正义者和非正义者——方便，听其所欲为，然后追随侦察，看他们的欲望把他们领到哪里去。我们会抓到正义者走上同非正义者一样的路，因为占便宜是人类的天性，大家当作'好'去追求，只是被法律的强迫才转到尊重公道的路上。我所说给他们的方便最像相传吕底亚人的祖宗所得的那种魔力。据说他是当时吕底亚国王雇用的牧人。一天大雷雨兼地震，他行牧的地方裂成一个坑。他看见了觉得奇怪，便钻下去，据说在下面还看见别的怪现象。有一匹铜马，心空，旁边有几个门。往里偷看，见有死尸一具，似乎大过人体。尸身没有别的，只有手上的一只金戒指。他取下戒指，走出坑来。有一次，牧人们开例会预备对国王报告一月里的牧畜情形，他也到会，手上戴着那戒指。他同别的牧人坐在一起，恰巧戒指的面朝里，向手掌心。同席的人看不见他，谈论他，好像他不在似的。他觉得怪，再把戒指转着玩，面转向外去；大家又看得见他了。他发觉这巧妙，把戒指拿来试验，看看是否真有这种魔力。果然，戒指面朝里，自己人就不见；朝外，又见了。他证实了这一点，马上运动做个进呈报告的使者；入了王宫，和王后私通，一齐把王杀掉，篡他的位。假如有两个这样的戒指，其一正义者戴上，其他非正义者戴上，似乎没有一个那样哑木铃，守着正义，别人的东西秋毫不犯——既有能力，甚至上市场爱拿什么拿什么，入人家爱与谁通与谁通，想杀谁就杀谁，想饶谁就饶谁，还能做些别的事，仿佛地下神仙。这样，正义者所做的同非正义者并没有什么分别，他们同走一条路。有人会说这是大证据，证明没有人自愿守正义，只是迫不得已；守正义不因为它是个人的好处，人若自信有力作恶，便就作恶。因为大家以为正义比不正义对私人有利得多；他们果然这样相信，据主张这个理论的人说。取得这种方便的人，而不肯作恶，不侵犯他人财物，旁观者便以为蠢得可怜，虽则在大伙面前假装称赞他，因为怕自己吃别人作恶的亏，便彼此相欺一套。这一层是这样。"

四 "替方才所讲的两种生活判优劣，莫如把极端正义的同极端不正义的分开，判断才能正确；否则正确不了。怎样分开呢？这样：非正义者的不正义处必不可拿掉一分，正义者的正义处绝不能减去半点——要假定两种生活各达极端。第一步，非正义者的举动要像精巧的技术人才。如上等的驾驶员和医生，洞悉本行之内什么可做，什么不可做，然后分别趋避取舍；就是错了，也要有本领挽回。想成极端不正义的人，作恶要做得周全，必得无声无嗅；被发觉的便是不足论也。因为不正义至于登峰造极，必得内不正义，外显得正义。总而言之，我们应当把十全的不正义归还彻底的反正义者，丝毫不打折扣；承认他做最不正义的事，而得最正义的名；甚至错了，也有力弥缝；偶尔不正义的行为被人揭出，能以三寸之舌耸人听闻，需要高压手段，便用高压手段，不乏气力，不少帮手，不缺钱财。非正义者既是如此，根据理论，要把正义者放在他旁边：正义者是老实而高尚的人，如爱斯许洛士所说的，不肯外表像好，要真正做好。必得把他的外表拿掉，因为他若显得正义，便以正义的名目而得名誉财物，我们无从断定他到底是为正义而守正义呢，还是为名誉，为钱财。所以必得把他一身脱得精光，只留正义，叫他同那位非正义者处于正相反的地位。他绝不做不正义的事，偏要得到不正义的名，才试得出他的正义。虽得恶名而食其果，却不折不挠，至死不稍变节，宁愿显得不正义，实际是正义。这样，他们俩各趋极端，一个顶正义，一个顶不正义；然后断定谁的生活快乐些。"

五 "啊呀！亲爱的辜劳垦，"我喊道，"你多么卖力气替他们摩擦得精光，像铜像似的，好判优劣。""我尽力做吧，"他答道，"如果他们真是这样，那就不难推算他们每人生活的后运如何。咱们必得往下讲，如果话说得粗鲁些，别想是我说的，当作那班称扬非正义的人们的口气好了。他们这么说：正义者的性格既如此，就要受鞭受扭，手足挂链，眉目打烙，遍尝一切刑罚，最后还要钉在十字架上；这才觉悟真正正义是行不通的，必得貌似正义才行。爱斯许洛士的话最适合于不正义的人；因为据他们说，实际上，不正义的人是凭真理行事，不凭意见做人，他不要不正义之名，只要不正义之实。'他有深思远虑的心田，发出缜筹密策的果子'：一来，以正义的假名而操国家的治权；二来，娶妇嫁女一凭所愿，联财合伙听他摒挡；此外无利不图——不怕行大不韪。上官堂，无论公诉私讼，都要胜利，占对方的便宜；占便宜而致富，福利朋友，陷害仇人。祭神谢神阔绰得很，对神比正义者好，待所阿好的人也比正义者厚。所以他合当受神的光宠过于正义的人。苏格拉底，神与人所赐予非正义者的生活是如此这般地比正义者的好呀！"

六　辜劳垦说完这些话，我本想答应几句，可是他的弟兄亚代蛮托士接着说道："苏格拉底，他的话你认为说得充分了吗？""怎么呢？"我问。"顶需要说的一点倒没有说。"他道。我说："俗语有'兄弟相帮'的话，他漏掉什么，你帮他补上。然而他这所说的已经够压倒我，叫我无力帮正义的忙。""无聊话！"他说，"请听：我们必得把他反面的理论——称赞正义批驳不正义的话——也说一遍，我心目中辜劳垦的意思才会更明白些。凡父兄或保护者劝诫子弟，都说正义必需，从不称赏正义的本身，只是钦羡正义的美名。他们希望子弟外表正义，由正义之名，娶好亲，得高位，享辜劳垦方才所说的不正义的人因假名誉而得的好福气。他们把名声的问题说得更透彻，他们主张神有赏罚，讲了许多虔敬的人受神赐福的故事；如高尚的海西务德士和何梅洛士所说的。海氏唱道：'树顶橡结实，树中蜂酿蜜；羊胖满身毛，重得难起立。'何氏也歌颂许多类似的赐福故事，如'好君王敬神明，守正义：土中出谷树结实，野多牛羊海多鱼'。穆赛务士父子所说正人受天之福更大，在他们的故事里，把正义者引到下界，和神仙同席喝酒，头戴花冠，永远醉着——他们认为长醉是做好人最大的果报。有人把神的果报拖得更长：虔敬守誓的人，子子孙孙，代代不绝。他们这样称扬正义。他们把不虔敬、不正义的人埋在下界污泥中，让他们挑水；在世的时候，把坏名声加在他们身上，还受些辜劳垦所讲的蒙不正义之名的正义者所受的刑罚。他们说不正义的人所享受如此，别无其他。这是他们褒扬正义者和贬抑非正义者的地方。"

七 "苏格拉底，除了前面所讲的，关于正义不正义的问题，再研究另一种的理论，常人与诗家所主张的。他们异口同声地陈述：节制与正义虽好而苦辛；放纵和不正义既乐又易达，只是为世俗舆论及法律习惯所不取。他们说，不正义往往比正义有利。坏而有财势的人，他们不惜公然暗里称扬艳羡；好而贫弱的，便侮蔑他们，虽然承认他们是好人。他们的理论最离奇的是关于神明和品德的问题，据说甚至神明也把坏命运分给许多好人，让他们过苦生活；坏人的运气倒好。叫花的祭司和预言家都上富人的门，说自己有一种神所授予的能力，在赛神节中的娱神会上，用祭礼与符咒，替人家本身或祖先洗赎以往的愆过；也能用小代价替人复仇，无论仇家是正人是邪士——据说他们有法术召遣神明。他们还引些诗人做这些话的佐证。有的诗人写作恶的易处，说道：'坏事既多又好做，作恶的路平而近。为善的路多苦辛，上帝叫你带汗行。'可见正义的路又长又崎岖。有人引何梅洛士的话证明神也卖人情，何氏说：'神听祷告会动心，人有愆过便求情，烧香祭奠祷神明。'他们还举了相传月神与穆萨的苗裔穆赛务士和奥费务士的一大堆书。根据那些书，他们祭祀忙，不但叫个人，还要使国家，相信生人可用祭礼和娱神的事洗赎愆过，也有一种替死人赎罪的礼节，超度他们脱离彼界的痛苦。假如祭祀不修，种种可怕的事都等着他们。”

　　八　他说："苏格拉底，关于人与神怎样赏善罚恶的问题，所说的这些的话，这样的话，年轻人听了，心里会有什么影响——他们天真烂漫，思路敏捷，也许会由这些话里推想要过最好的生活，应当走上什么路，做什么样的人？他尽许会引聘达洛士的话问问自己：'生命堡寨高且深，要想上寨保此生，正义诡计孰是门？'据说方才所提的有正义之实而无正义之名的一点，于我毫无益处，显然是受苦受罪。不正义而得正义的名，据说生活如神仙。智者们指点我，外表能左右真理，也能支配快乐，我必得一心一意倾向外表。把前门外厅布满道德的图画，后院养着诡计多端、唯利是图的老狐狸，像大智者亚希洛霍士所讲的。也许有人会说，作恶不易永远瞒人。咱们可以答应一句：'大事没有容易的，然而要想得快乐，总归要走这条路——理论结果所指点的路。想瞒人，可以结朋组党，还有游说大师会教你公庭法院里的技术，半用甜言蜜语，半用强力淫威，做到白占便宜而不必抵偿。''可是神明瞒不了，吓不住。''是的。假如没有神，或有而不管人事，我们也不必想瞒。假如又有又要管人事，我们也不过听了传说，看了诗人们所写的神的世系，才知道的；他们本身就说神会卖人情，能被祈祷祭祀弄到回心转意的。这些人的话，不是全信，就得全不信。信，就要作恶，把所得于作恶的拿来祭神。做正义的人，也不过免受神的刑罚，却失掉作恶所得的利益。做不正义的人，可以得利益；有了愆过，恳求神明，依样可以免受刑罚。''可是在下界要受此世作恶的刑罚——不是本身，就是子孙。''不，好朋友，'这位打算盘的先生答道，'那些超度的礼节极有效，救罪的神明顶得力，据各大国所宣布的，神的后人——诗家和先知们——所启示的，都是如此'。"

九 "还根据什么理由,我们认为正义比极端的不正义可取? 根据多数人和大人物的话,不正义加上假外观,不论对神对人,生前死后,事事都可如意。苏格拉底,由这些话看来,凡精神、物质、身家各方面能力雄厚的,怎么会肯恭维正义,听见人家恭维,哪能禁得住不发笑? 就是有人能指出我们所说的错误,充分明白正义是极好的,他还是顶会原谅不正义的人,不责备他们。他知道,除非天性神洁不喜作恶,或真有学识避免作恶,没有人情愿做正义者;都是因为自己怯懦衰老,或其他弱点,而非议不正义,其实非不为也,不能也。这一点是显然的,因为这流人之中,头一个有能力的就是头一个尽量作恶的。这整个现象的原因,你们这班自命正义的宣传者,从古代著书立说、至今被人传诵不衰的英豪起,没有一个褒扬正义,贬抑不正义,不关它们的舆论毁誉与利害,而别的。至于它们自身是什么,其所本有的能力,寄托在正义者和非正义者的心灵中,神所不察人所不知的,又是怎样,也没有人曾在诗文里充分讨论过,证明在心灵本身上,不正义是极丑极恶,正义是尽美尽善。假如起头你们就是统统这么讲,从小就这样劝告我们,我们现在就不必彼此相防吃彼此作恶的亏,个个都要变成自己防自己的健将,唯恐自己为非,与莫大的丑恶为伍。苏格拉底,关于正义不正义的问题,图拉序马霍士等要提出这些话,也许还不止这些话,来颠倒是非,胡乱调换正义与不正义的功效——据我看。不瞒你,我此刻是故意极力替不正义辩护,因为极想听你反面的理论。不要只是用空话告诉我们正义强于不正义,要证明它们每个本身对正义者和非正义者的影响如何,因此一个好,一个坏;如辜劳垦所嘱咐的,要把它们的名声和世俗的舆论撇开。除非你把它们每个的真名声拿掉而加上假的,我们就要说你所褒扬的不是正义,是正义的外表,所贬抑的不是不正义,是不正义的外表;是劝人作恶而设法遮瞒；是赞成图拉序马霍士的话：一方面正义是他人的好处，强者的利益，另一方面不正义是自己的好处，弱者的损失。你既承认正义属于顶好的一类，其效果固然可取，其自身更是可取的，如见闻、思想、健康，以及其他一切本性上真正的'好'，而不是舆论上所认为好的 —— 请你称扬正义的这一点，就是，本身有利于正义者；也贬抑不正义的这一点，就是，本身有害于非正义者。至于报酬与名声，留给别人去称扬。别人根据利害和毁誉褒贬正义与不正义，我接受他们，而对你，我可不接受 —— 除非你叫我接受，因为你一生专门研究这问题。所以，不要只是用空话告诉我们正义强于不正义，要证明它们每个本身对正义者和非正义的影响如何，因此一个好，一个坏 —— 无论神察人知也好，神不察人不知也好。"

十 我已经久仰辜劳垦和亚代蛮托士的品格，听了他们这次的言论，更觉得高兴，说道："名父之子啊，辜劳垦的爱慕者叙述你们麦加拉之役的军功的诗，起句不坏呀！他写道：'亚立斯同的儿子，高贤其父神其家。'朋友，我觉得这句写得妙。你们一定受过神的启发，假如不相信不正义好过正义，虽然能替不正义辩护得这样有声有色。我想你们实在不相信，由你们别方面的做人态度可以看得出，单靠此刻的话，也许还要怀疑呢。可是我愈信任你们，对这问题愈没有把握。我不知道要怎样补救，我觉得自己没有能力，因为，我想对图拉序马霍士所说的一场话已经证明了正义好过不正义，可是你还不接受。另一方面，我又不得不出来救济，我怕有慢神的嫌疑 —— 眼见正义被诬蔑，三寸气没断，一张嘴还在，而不出来奔走呼号。最好的办法唯有尽力挽救吧。"辜劳垦和在座别位都苦求我出来救济，不要停止讨论，要研究到底，看看正义与不正义各是什么，各有何等利益。我就按心里所想的告诉他们，此刻所要研究的不是一个小问题，据我看，需要敏锐的眼光。我说："咱们既不是聪明人，不如这么研究：假定有人叫一班眼力不强的远处看小字，以后有人发觉别处有同样的字，又大距离又近；我想这是天幸的事，能够先看大的，再看小的，比比相同不相同。”“很对，”亚代蛮托士说，“然而在正义问题的研究上，你发现了什么同样的例子，苏格拉底？”“我要告诉你，”我说，“我们承认有个人的正义，也有整个国家的正义吧？”“当然有。”他说。“国家比个人大吧？”“大。”他答道。“大东西上的正义也许又大又容易看得出。如果你愿意，咱们先研究国家里面的正义是什么，然后同样看看个人的，在小规模上找与大规模相同之点。”“我想你说得妙。”他道。我说：“假如我们理论上发现国家的来源，尽许也会发现国家中的正义与不正义的来源”。“也许。”他说。“这一点做成功了，更有希望达到我们研究的目标？”“有希望得多。”“是不是要试试？我想这不是小工作，考虑一下。”“考虑过了，”亚代蛮托士说，“就这么办吧。”

十一 我说：“我想国家之所以产生，是因为我们人人都不能自给，需求很多。你想国家还有什么别的起源？”“没有了。”他说。“因为需要多，便甲求乙，乙求丙……结果大伙聚居一处，过共同互助的生活，这种团体我们叫作国家。对不对？”“对极了。”“或供或取，相信于己有便。”“当然。”“来，”我说，“咱们理论上从头组织一个国家。似乎组织国家的动机在于我们的需要。”“可不是？”“最初最大的需要是维持生命的粮食。”“当然。”“第二是房子，第三是衣服，等等。”“是这样。”“好了，”我说，“国家如何自给这些东西？要不要一个种田的、一个盖房的、一个织布的？还要不要加上一个做鞋的，或备办身体上各种需要的？”“当然要。”他说。“那么，供给最低限度之需要的国家至少要有四五个人。”“似乎要的。”“他们每人要不要把自己工作的结果拿出来与大家共享 —— 如一个农夫用四倍的时间和气力预备四个人的粮食，同他们共享；或者不管别人，只花四分之一的时间预备四分之一的粮食给自己用，把其余四分之三的时间，一部分花在盖房子，一部分用于做衣服，一部分拿来做鞋子，事事物物自作自享，不肯讨麻烦同别人合作合享？"亚代蛮托士说："苏格拉底，也许前一种的办法比后一种的好。""这毫不稀奇，借帝士的名字说。你既提起，我联想到，一来，各人天生的资质本不尽同，往往相异。有人宜于这件事，有人宜于那件事。你觉得不觉得？""我觉得。""并且，是一人兼几差做事做得好呢，还是一人一差做得好？""一人一差做得好。"他说。"我想这一点也是显然的：一件工作的时期错过，工作就毁了。""显然的。""没有别的，因为时机不等作者，作者却要专候时机，不可当作旁骛。""必须这样。""假如一人做一件事，合其本性，得其时机，一其心意，结果工作容易，成绩又多又好。""满对。""那么，亚代蛮托士，供给方才所举的那些东西，需要四个以上的人。显然农夫不能自己铸犁铸锄，和一切农具，假如要合用的话。盖房的匠人自己也不造工具，虽然所需要的很多。布工鞋匠一律如此。""对。""木匠冶工，和许多类似的工匠，都成了我们这小镇里的一分子，便把它的人口加多了。""当然。""然而，再加上放牛的和牧羊的等等，还不算太大吧？加上他们，农夫才有牛犁田，他同盖房的工匠才有畜生运东西，布工和鞋匠才有牛皮羊毛可用。""把这些人统统加上，可也不是小国家了。"他道。我说："建国于物产齐备、无需输入品的地方，几乎是不可能的事。""不可能。""那么，还要一批人到别的国家采办所需品。""要的。""假如采办的人不带些人家所需要的东西同人家交换自己所需要的，难免空手出去，空手回来。是不是？""我也这么想。""那么，境内的出产品只够自己用还不行，也得顾到同自己交换所需品的国家所要的货色与数量。""也得顾到。""所以我们的国家需要更多的农夫，和别的工人。""更多的。""也需要各种货物进出口的买办人才,他们是商人,是不是?""是。""那么我们也需要商人。""当然。""假如货物由海上运输,还需要许多熟悉航海的人。""很多。"

十二 "一国之中,怎样彼此交换各人工作的结果?这是合群建国的目的。""显然是用买卖的方法。"他说。"于是产生市场和钱币,钱币是交易的记号。""当然。""农夫或别的工人把自己的出产品运上市场,和他交易的人不同时到,他是不是要丢下自己的工作,白坐在市场上等?""绝不是,"他说,"有人会想到这一层,自己出来代办;在管理得好的国家里,这班人差不多都是身体极弱,他事不能做的。他们必得留在市场,用钱同卖主换货,拿货和买主换钱。"我说:"因为这一种需要,国内便产生一批零星买卖的坐商。那班坐镇市场上做买卖的不是叫作坐商,那班奔走各国的不是叫作行商?""当然。""我想还有一班工人,劳心方面无可贡献于社会,体力却宜做苦工;他们卖气力供人家的需要,其代价叫作佣资,本身叫作佣人。是不是?""当然是。""似乎这班佣人也是国家的补足品。""我也这么想。""那么,亚代蛮托士,我们的国家已经扩充到无所不备了。""也许。""国家里面的正义和不正义在什么地方,产生于我们所考虑的那一部分?""我不知道,苏格拉底,"他说,"莫非在各部分彼此间的某种需求上吧?""也许你说得对,"我说,"咱们必得考究,不要退缩。先考究在这种设备之下的人民怎样过生活。他们不是种稻、酿酒、制衣服、做鞋子、盖房子——夏天工作,大部分光身赤脚,冬天就把衣服鞋袜穿得紧紧厚厚的?用大麦做面包,用小麦做面粉——或捏或搓,或蒸或烤,成片成块排在芦叶上,靠在石榴枝架的床,躺在扁柏叶铺的褥,和儿女们大吃大喝,头戴花冠,唱歌赞美神明。大家一起过快活日子。谨防贫苦和战争,不肯超过财力多生子息。"

十三　辜劳垦接着说："好像你还没替这班大吃大喝的预备下饭的东西呢。""你说得对，"我答道，"我忘了他们也要下饭的东西。当然有盐，有橄榄，有干酪；野蔬园菜，凡乡间所采得到的，都采来煮着吃。还有无花果、荚豆、豌豆……做小吃；烘石榴，炒栎子，饭后徐徐小酌。这样，他们一生过安宁康健的生活，当然可以长寿；死后，把同样的生活传给子孙。"他说："苏格拉底，此刻所建的如果是猪国，所预备的粮食也不过这几样吧？""猪需要什么，辜劳垦？"我问。"普通所认为需要的，"他答道，"我想，叫猪的生活不苦，也得有床躺，有桌吃饭；像方才所说的，有下饭的东西，饭后有小吃。""好了，我懂得了，"我说，"咱们不但考究国家的来源，似乎还考究繁华国家的来源。也许这办法不错。考究这一种的国家，也许会发现国家里面的正义与不正义是怎样产生的。我觉得真正的国家是方才所讲的健全的国家。你如果要看高度的国家，也不妨看看。似乎那些设备，那种生活，有人认为不满意，必得加上床褥椅桌，和别的家具；还要香水、香料、枣栗、饼饵、歌女……各色各样无所不备。不但起先所说的房屋衣履是必需品，还得推行绘画刺绣，搜集黄金象牙，等等。是不是？""是。"他答道。"那么，这个国家岂不是又得扩充？因为只是健全还不够，还得加上许多立国所不必需的人物。如猎人和仿工——仿工有形色方面的，有文艺方面的；文艺方面的有创作家及其助手——唱导的、扮演的、舞蹈的、揽台的等等。又如做各种家具的工人，特别是做妇女装饰品的。也需要更多的佣人。儿童的教师、乳母、干嬷、厨子、打杂、理发匠、修容妇等等，不是也需要吗？此外还要些养猪的，我们以前的国家里一只猪没有，因为不需要；现在需要了，同时还要许多羊给人吃。是不是？""可不是？""在这种生活之下，也比以前更需要医生？""需要得多。"

十四 "原先那块土地够养活当时的人口，我想现在又要太小了；是不是？""是这样。"他说。"我们要有充分土地牧畜耕种，必得割取邻国的；邻国如果超过必需的范围，从事无边的聚敛，也得割取我们的？""最不可免的事，苏格拉底。"他答道。"第二步就要战争，辛劳垦；还有别的结果吗？""是要战争。"他说。"暂且不论战争的好坏，"我说，"只承认也发现了战争的来源——战争和国家里最重大的公私祸患同一来源。""满对。""那么，朋友，这国家又得扩充，不但小部分地扩充，却要加上整个军队，为方才所举的一切财物，出去和侵略者抗战。""怎么？人民不够自卫吗？""不够，"我说，"假如你和我们大家方才讨论建国时，所同意的各点不错的话。你也许记得，咱们同意说：一人兼许多技术，工作不会好。""你说得对。"他道。"那么，"我问，"战争不是技术吗？""当然是。"他答。"难道对于鞋艺的注意反要超过对于战术？""没的事。""咱们不许鞋工同时耕种、纺织、建筑，只许做鞋，为求本行工作做得好；同样，各行的人，每人各领一件与本性相宜的事做毕生的职业，不分思虑，不失时机，为求工作美满。战争的事不是顶重要，不是更得做得好吗？下棋掷骰，假如不是一心一意从小学起，尚且难精，农夫鞋匠等等倒那么容易兼通战术？对于一门技术或一项操练，没有相当知识，未经充分训练，就是把家具拿在手里也无用，也不会变成那门术师、那项选手；一朝挟盾持矛，或带别的兵器，难道就配当重兵轻骑，或临其他战阵？""那，家具的价值可大了！"他说。

十五 我说："一方面守卒的工作顶重要，另一方面就需要最多的时间、最大的技术、最长的训练。""我也这么想。"他说。"这个职业是不是也需要相宜的性格？""可不需要？""那么，假如我们有能力选择，似乎选择是我们的事；我们必将断定：什么人物，何种性格，宜于保卫国家。""是我们的事。""我的帝士，"我说，"我们可担任了一件不小的事。然而，力所能及，必不可退缩。""不可退缩，"他说。"你想在守卫的工作上，一只小义狗的性格同一个小壮士的性格有什么不同？"我说。"你这话什么意思？"他问。"他们都得感觉灵敏，所见到的要追得快，所捉着的要有力征服。""需要这些本领。""打仗要打得好，必得勇敢。""可不是？""没有血气的会勇敢吗——无论是马，是狗，或是别的畜生？你难道不知道血气无敌，心灵有血气，所向无恐无怖，不屈不挠？""我知道。""守卒身体所必具的条件已经明显了。""是的。""心灵上的也了然了，就是，必得有血气。""也了然了。""辜劳垦，"我问，"他们这种性情，不会彼此相残，同时对国人凶狠吗？""我的帝士，这可难免。"他答道。"然而他们必得对同胞温和，对敌人严酷，否则等不了人家来，自己先毁灭自己。""对。"他说。"我们可要怎么办呢？"我说，"什么地方找得到又温和又有血气的性格呢？二者似乎相反。""似乎。""可是缺一就不是好守卒。这好像不可能的条件，结果好守卒是不可能的东西。""也许。"他说。我心慌了，细细想想以前的话，说道："朋友，难怪咱们心慌，咱们把方才打的比喻抛在脑后了。""什么意思？""咱们没想到那两种相反的性情可以合在一起——咱们一向认为不可能。""在什么地方合在一起？"在别的畜生上也可以遇见，尤其是方才同守卒作比的义狗。"你知道义狗的生性是对所认识的熟人最温和不过，对生人正相反。""我知道。""那么，"我说，"这条件是可能的，咱们不是违反天性找这种守卒。""似乎不是。"

十六 "你想，将来的守卒是不是还需要这条件，就是，有血气之外，还得天性爱智慧？""什么意思？我不了解。"他说。我说："这一点在狗里面见得到，是畜生值得赞赏的地方。""什么？""狗

看见不认识的人就生气，不必以前吃过他的亏；看见所认识的人便
欢迎，甚至从来没受他的惠。你对这一点不惊叹吗？""我始终没注
意过，"他说，"然而这是显然的事实。""这是它的好性格，也是真
正爱智的精神。""何以见得？""因为它根据相识不相识辨别朋友与
仇人，"我答道，"朋友和路人由知与不知来分界，怎能不算好学精
神？""不能不算。"他说。"好学同爱智不是一回事？"我问。"是
一回事。"他答。"那么我们可以不可以假定：对相识的朋友温和，
本性上必是爱智好学？""可以假定。"他道。"那么，要做卫国的好
守卒，必得本性爱智慧，有血气，机敏而健强？""绝对必得。"他
说。"守卒的基本性格要这样，可得如何培养教育？这一点能不能
帮我们发现国家里面的正义与不正义的来源——我们整个讨论的目
标？咱们话要说得充分，可别拉长了。"辜劳垦的弟兄说："我预料
对这问题一定有帮助。""亲爱的亚代蛮托士，"我说，"就是话长些，
也不可以放弃。""不可以。""来，像讲故事似的，从从容容在口头
上把这班人教育起来。""要办的。"

　　十七　"什么教育？是否难于找到比时间所发现的更好的办
法？我想，时间所发现的是身体上气力的操练和心灵上文学的涵
养。""是的。""是不是文学先于体育？""可不是？""提到文
学，你把故事也放在内，是不是？""是。""故事有两种：一部分
真的，一部分假的？""对。""两种都得教，可是先教假的？""我
不懂你的话。"他说。"难道你不知道，我们先讲故事给孩子听，故
事大致是假的，却有真理在内？我们先教故事，后教体育。""是这
样。""所以我说文学必得比体育先来。""你说得对。"

　　"你知道，一切工作的起点最重要，尤其是幼童的教育。因
为幼童时期最容易移情易性，在他心里要打什么印子就成什么印
子。那么，我们可容许儿童随便听随便什么人随便造的故事，心里

接受些先入之见，和我们所希望他成年时候应有的几种观念很相反的？""绝不容许。""那么，第一步似乎要监督编故事的人，编得好的采用，编得坏的批驳。所采用的，叫母亲和保姆说给儿童听，用这些故事形成儿童的心灵，远过于用怀抱提携养大他的身体。他们现在所讲的许多故事都得不要。""什么故事？"他问。"我们可以由大故事见到小故事，"我说，"大小故事格式必是相同，必有同样功效，你想是不是？""我想是，"他说，"然而我不懂你所谓大故事是什么。"我说："我指海西务德士和何梅洛士，以及别的诗人们所叙述的。我觉得，这班人捏造假故事，流传民间至今不息。""什么样的故事，你说哪一点堪得责备？"他问。"第一步，撒谎最堪责备，尤其是卑鄙恶浊的谎。"我答。"什么谎？""描写神明豪杰描写得不忠实，正如画家画东西画得不像。""这类事堪得责备，"他说，"我们指什么故事，意思要怎样？""第一步，"我说，"关于最大事件最大的谎撒得真不妙；海西务德士竟写乌浪偌斯做那样的事，苦伦偌士又那样报复他。又如苦伦偌士的事，他怎样吃自己儿子的亏，等等，纵使是真的，我想也不能轻易说给没思想的孩子们听，最好是遮瞒起来。就是有说的必要，也得在秘密会社中，只许极少数人听；听的还得谢愿，不能用猪，要用极稀罕的大礼物——使听的人愈少愈好。""那些故事真是荒谬之谈。"他说。"亚代蛮托士，"我说，"在我们的国家里不许传说，不得告诉年轻人：作恶满贯不足为奇，儿子不择手段科罚父亲的过失倒是效法最高最大的神明的故事。""我的帝士，"他说，"我也觉得那些故事不应当说。"我说："如要使将来保卫国家的人觉得彼此轻易闹意见是极可耻的事，就绝不可容许神与神交战相残的故事流传——其实并没有这回事。更不应当把巨人相争，以及神明豪杰对亲友的种种仇恨，拿来当佳话美谈，入画图刺绣。假如有办法宣传古时人民绝不彼此仇恨，指出同室操戈之侮慢神明，这最是翁翁婆婆们初步所应当对儿童诉说的；儿童稍长，又得强迫诗人谨依此例构造诗歌的故事。至于黑拉被儿子绑起来；海费斯托士看见父亲打母亲，帮母亲的忙，被父亲从天上扔下；以及何梅洛士所造的种种神明交战的故事——诸如此类，不管作者用意在不在寓言，都不许存于我们的国家里。因为年轻人不能分别什么是寓言，什么不是寓言；这年龄所接受的意见洗不掉，改不了。也许就是因为这原因，儿童头一次所听的故事，必得极力编成最有助于立德修身的。"

十八 "有理，"他说："然而有人若问那些故事是什么故事，可得举什么答复？"我说："亚代蛮托士啊，你我此刻不是创作家，只是建国者。建国者知道故事的格式就够了，自己不必编故事；创作家要依照他的格式编故事，不得出其范围。""对，"他道，"就是这问题——神话的格式得怎样？""这样，"我说，"无论史诗、情曲、悲歌，每写到神，必得把他的真态归还他。""必得。""神是真的好，并且要这样对人说？""可不是？""好的不会有害，会不会？""我想不会。""无害的不至于为害？""绝不至于。""不为害的会作恶吗？""也不会。""不为恶的不做罪恶的原因？""哪会做？""好的是不是有利的？""是。""那么是好事的原因？""是的。""不是万事的原因，好事负责，坏事不负责。""满对。"他说。"那么，"我说，"神既然是好，就不是一切事物的原因，像多数人所说的；他对小部分的人事负责，大部分不负责。我们所遇的好事比坏事多得多，好事的原因必得归于神，坏事要另找原因，与神无干。""我想你说得对极了。"他道。"那么，"我说，"咱们不能接受何梅洛士及其他作家关于神明的疯话。何氏说：'帝士宫廷里，放着两个缸——一个装好运，一个装坏运；'得到两种命运混合的人'有时苦辛有时乐'，得到纯粹坏运的'衔着饥饿流四方'。我们也不承认'好运和坏运，帝士来分配'。"

十九 "有人说，潘达洛士的违誓背盟是受帝士和阿腾那的指使，众神中的不和睦应由帝士与登密士负责——这些话我们都不许说。年轻人也不许听埃斯许洛士的话，他说：'神种恶性根，意在灭其人。'如有人描写'倪务背的悲伤'（前面两句引自埃斯许洛士同题的作品），叙述排落朴士的家乘、图漏伊亚的战史等等，不是不许说这种事出于神的意旨，就得设法用咱们此刻所要求的解释，对人说：神的举措必公必善，受神谴罚其实有益。受罚的人可怜是神使他可怜，这话不许作家说；受罚的人弄到必需受罚的地步才算可怜，神罚他是为他好，这话许作家说。说神一方面是好，一方面是人生祸害的原因，这一点必得力争。国家要有法纪，就不许有人作这种传说，或编入诗文，人民无论老幼，都不许听；因为说这话就不虔敬，不但对我们无益，而且自相矛盾。""我拥护你这条法律，这条法律我认为满意。"他说。"那么，"我说，"神不是万事的原因，只是好事的原因——可算关于神明的一条规律，词客说士们所必须遵守的。""理由很充分。"他说。"第二点呢？你想神是个变戏法的，用魔术各时间现身各种模样，一刻自己变形，一刻叫人家幻想他变形呢？或者最划一，最不会变本形？""我此刻说不出。"他道。"怎么？凡脱离本形的，不是自变，就是被变；这是必然的吧？""必然的。""最健全的东西不是最不受外来的变动吗？例如身体受饮食操作的变动，树木受日光风雨的变动——最健强的所受的变动最少？""可不是？""最刚毅最灵通的心灵不是也最不受外来的变动骚扰吗？""是的。""根据同样理由，一切组合品、建筑物、缝织衣，凡做得好而结实的，最不受时间和其他情形的影响。""是这样。""那么，凡天然健全，或人事周密，或二者兼备的，这种东西最不受外来的变动。""似乎是的。""神及神器当然各方面健全。""可不是？""根据这一点，神最不至于变幻多端。""最不至于。"

二十"神会不会自己变形?""显然会,如果他受外来的变动。"他答道。"他把自己变成比原样更美更善呢,或比原样较丑较恶?""他变的话,必是往坏处变。"他说。"我们不承认神在美与善上有任何缺陷。""你说得对极了。"他道。"既是这样,亚代蛮托士,你想神或人里面,有自愿把自己变坏的吗?""不可能。"他说。"那么,"我说,"每位神明既是尽美尽善,显然不肯自己变样,永要保留始终如一的本形。""我觉得这是铁定的。"他说。"那么,好朋友,"我说,"不许一位作家对我们说:'神们百样化身行,好像远客匿姓名,遍访人间各市城。'也不许假造些普楼替务士和铁剔士的故事。无论悲剧或别的歌曲里,都不许说黑拉变身为女巫,替'生命的源头、亚给阿的河流、阴那霍的子息'呼化。还有许多类似的故事统统不得假造。也不许做母亲的中那班作家的毒,讲坏故事吓唬儿女,说些神明夜里装作各色各样的生人到处走;这不但亵渎神明,还丧小孩的胆。""不许讲。"他说。"然而,"我问,"神们本身既是不变,还会叫我们觉得他们幻形多端,变戏法来骗我们吗?""也许。"他答道。"怎么,"我说,"神们也想用言语行为弄出幻象来骗人吗?""我不知道。"他说。"难道你不知道所有的神与人都恨真的假吗——假如这句话可以这么说?""什么意思?"他问。"我的意思是这样,"我说,"没有人情愿自己的最重要部分关于最重要的事受骗,顶不愿意假的分子跑到那部分里去。""我此刻还没懂。"他说。"你以为我的话有什么奥妙,其实我只是说:心灵关于真理方面被骗,执迷不悟,错见横胸,这种愚妄状态是人人所痛心疾首,所避之不暇的。""满对。"他说。"把我此刻所讲的——被骗后心灵上所起的愚昧状态——叫作真的假,可算再妥当没有了。言语上的假是那种心灵状态的摹本——后起的摹本,不纯粹的假。对不对?""完全对。"

　　二十一　"那么，真的假可算神怒人怨了。""我觉得是这样。""至于言语上的假，在什么时候，对待何等人，才是有用，而且可免于讥评？不是对待仇人有用吗？朋友在疯狂愚昧状态之下想作恶，为挽救他起见，对他说谎，正如对症下药，这不是也有用吗？又如方才所提的故事，因为不明了古代的真相，不是可以极力追拟，以求实效？""很可以这样。"他说。"根据以上那一条理由，说谎对神有用？难道神不明了古代情形，要假托模拟？""简直笑话。"他说。"神的身上找不到撒谎的作家。""我想找不到。""他会不会怕仇人而说谎？""才不会呢。""那么为挽救朋友们疯狂愚昧的举动？""神不同疯狂愚昧的为友。"他说。"那么，神没有可撒谎的理由。""没有。""由各方面看，神明无假。""绝对无假。"他说。"那么，神在言行上绝对一致，完全真实；自己既不变形，也不用言语幻象，或日征夜兆，来欺骗人家。""你说的时候，我也这么想。"他说。"那么，"我说，"你同意这是词客说士们讲到神的时候所必须遵守的第二条规律，就是：神们不是自己千变万化的魔术家，也不用言行上的欺诈手段来迷惑我们？""我同意。""何梅洛士有好多地方我们赞赏，帝士给亚格孟农托梦一点可不敢恭维。我们也不恭维埃斯许洛士这一点，他写登剔士口述亚波伦在她的喜筵上唱歌，是：'预言我儿子，康强将不死。历说我福多，替我唱凯歌，我心水扬波。我想费保斯，嘴灵能先知。谁料筵中歌颉颃，杀我子息狠如狼。'作家关于神明这样说法，我们就要同他过不去，不许他演唱。也不许教师拿他的作品教孩子们，如果要尽人之性，把他们养成虔敬神洁的护国士。""绝不许，"他说，"我承认这些规条，要当作法律应用。"

　　　　　　　　　　　　　　　　　　（根据希腊文原文翻译）

严群年表

清光绪三十三年（1907） 1 岁 [①]

严群，字孟群，又字一指、不党，号淳斋。4 月 21 日（农
历三月初九）生于福建省侯官县阳岐乡。为长男，有二弟一妹。
高、曾二祖皆业医，有名于时。祖传安，先后任职于清南洋及
北洋水师。父家驹，清宣统元年（1909）考取首届庚款留美，
获伊利诺伊大学理学学士、哈佛大学理学硕士学位；归国后，
任唐山路矿学堂（北方交通大学前身）教授兼数学系主任。

民国四年（1915）前 9 岁前

其伯祖严复先生时居北京，设家塾，延聘皖省宿儒金家庆
先生为其子女授业，严群亦附学，受启蒙教育。

民国四年（1915） 9 岁

返唐山，由父亲自授。

民国八年（1919） 13 岁

回家乡，受业于同乡赵凤洲先生（前清解元），习古文。
父亲授英文与数学。

民国十年（1921） 15 岁

入美以美教会学堂福州鹤龄英华中学。

民国十三年（1924） 18 岁

从亲命，与对江新岐乡孙师瑛女士成婚。严、孙两家有通

[①] 本年表所列年龄均为虚岁。

家之谊。孙女士叔祖孙香海先生，系严复先生在天津水师学堂学生；其父孙世华先生亦留学生，习电机工程，居美时即与严群之父相识。

民国十六年（1927）21 岁

于英华中学毕业。同年 8 月考入福建协和大学哲学系，从此开始其从事研究哲学的生涯。严群之所以对哲学有深厚兴趣，除因家庭影响及其个性善思辨外，在中学时，曾细读过英国大哲学家罗素（Bertrand Russell）的名著《哲学问题》（*The Problems of Philosophy*），深为该书文笔之流畅、条理之清晰、论证之严谨所倾倒。开始学习法文。

民国十七年（1928）22 岁

转入北平燕京大学哲学系。当时该系华籍教授有黄子通、张东荪、张君劢等；金岳霖、冯友兰亦来兼课。开始学习德文。

民国二十年（1931）25 岁

于燕京大学哲学系毕业，获文学学士学位。毕业论文为《亚里士多德之伦理思想》。同年 8 月，入燕京大学研究院，专攻古希腊哲学。

民国二十二年（1933）27 岁

《亚里士多德之伦理思想》，经张君劢、张东荪审阅并作序，由商务印书馆出版。

民国二十三年（1934）28 岁

于燕京大学研究院毕业，获文学硕士学位。毕业论文为《柏拉图》，同年 8 月由世界书局出版。同月获哈佛燕京学社奖学金，继续在研究院研究一年。在研究院期间，撰写了多篇学术论文，部分已于国内刊物发表，其他历经劫难，稿已不存。诸如：《苏格拉底之灵魂说》、《论柏拉图之爱底亚斯》、《柏拉图与亚里士多德之伦理思想及其比较》、《康德之论意志自由、灵魂不灭及上帝存在》、《释黑格儿哲学中"有"等于"思"之义》、《斯牧次"全体"进化论之鸟瞰》、《快乐主义与心理上之快乐论》、《历史变迁之因素》、《孔子与亚里士多德之中庸思想之比较》、《墨子研究》等，都是这期间的撰述。

民国二十四年（1935）29 岁

获洛克菲勒基金会奖学金，赴美留学。入哥伦比亚大学研究院，深入研究古希腊哲学。

民国二十六年（1937）31 岁

转入耶鲁大学古典语文系，专习拉丁文与古希腊文，兼习梵文、希伯来文、暹罗文等。包括先前学习的英、德、法文，共学过十种外国文。拉丁文与古希腊文熟练，为翻译古希腊哲学名著奠定了基础。

民国二十七年（1938）32 岁

开始由古希腊文翻译柏拉图对话录。

民国二十八年（1939）33 岁

8 月由美归国。不久离沪北上，应燕京大学之聘，任哲学系讲师。

民国二十九年（1940）34 岁

应燕京校长司徒雷登氏之托，为研究生讲授古希腊文。

民国三十年（1941）35 岁

仍作哲学系讲师，兼代理系主任。这期间开始撰写《〈大学〉全书思想系统》及《〈中庸〉全书思想系统》二文。

民国三十一年（1942）36 岁

珍珠港事变后，燕京大学停办。2 月入北平中国大学哲教（哲学与教育）系任教授，讲授中、西哲学，直至 1946 年 7 月。

敌伪时期，清华、北大、燕京等大学教职员，无法前往大后方，而又不愿入伪学校者，多进中国大学。所以当时的中国大学有似沙漠之绿洲，人才济济，盛极一时。开始翻译柏拉图《理想国》。并用文言文译罗素之《哲学问题》，今稿已不存。

民国三十四年（1945）39岁

8月日本无条件投降。当时教育部于1945年12月至1946年7月，为"教育部特设北平临时大学补习班"，应聘任教授。

民国三十五年（1946）40岁

燕京大学复校，8月开始任燕大副教授，至1947年7月。

民国三十六年（1947）41岁

8月应浙江大学校长竺可桢之邀，南下杭州，任哲学系教授。

民国三十七年（1948）42岁

仍任浙大教授；并兼任杭州之江大学教授，讲授教育哲学。

1949年 43岁

5月3日杭州解放。师事大儒马一浮先生。在南下杭州任教于浙大期间，除继续翻译柏拉图对话录外，还写了多篇论文。诸如：《分析的批评的希腊哲学史——前苏格拉底部》（后由商务印书馆出版）一书中之七篇独立论文；为纪念严复评点《老子》文章发表四十五周年，撰写了《说老之"道"——老子思想之分析与批评》、《希腊思想——希腊的自然哲学与近代的自然科学》、《说"孝"》等。

1950年 44岁

浙江大学哲学系停办，转入外国文学系，讲授古希腊文与英文翻译；并为药学系讲授药用拉丁文。

1952 年　46 岁

高校院系调整，调入浙江师范学院，讲授逻辑学。

1953 年　47 岁

兼职浙江卫生学校，讲授医用拉丁文一学期。

1954 年　48 岁

兼职浙江医学院，讲授医用拉丁文一学期。

1958 年　52 岁

浙江师范学院更名为杭州大学，入政治系，仍讲授逻辑学。应中国科学院之聘，任哲学研究所特邀研究员。继续翻译柏拉图对话录。

1963 年　57 岁

赴北京参加中国科学院哲学社会科学部第四次扩大会议。所译柏拉图对话录中的《泰阿泰德·智术之师》一书由商务印书馆出版。

1965 年　59 岁

辅导杭大青年教师四人学习逻辑学，准备担任逻辑学教师，其中二人一直在做这门学科的教学工作。

1966 年　60 岁

"文化大革命"开始，备受冲击。十年动乱期间，家被抄，藏书及手稿被焚或丢失；最可惜者是大量已译就的柏拉图对话录文稿不知去向。进牛棚，直至"四人帮"倒台。这段时间，身心极度疲惫，精神体力大不如前。

1978 年　72 岁

10 月，参加在安徽芜湖召开的全国首届外国哲学史讨论会。宣读论文《哈拉克类托士》。后发表于《安徽劳动大学学报》，转载于《西方哲学史讨论集》（生活·读书·新知三联书店出版）。任浙江省哲学学会副会长。

1979 年　73 岁

年初开始，为杭大本校及外校教师开设古希腊文和拉丁文课近一年，教完了全课程。

1981 年　75 岁

《分析的批评的希腊哲学史 —— 前苏格拉底部》11 月由商务印书馆出版。任杭州大学希腊研究所所长。

1982 年　76 岁

2 月，招收四名研究生。并讲授古希腊文及拉丁文。

1983 年　77 岁

着手翻译柏拉图对话录中的《菲独》。9 月，所译柏拉图对话录中的《游叙弗伦·苏格拉底的申辩·克力同》由商务印书馆出版。

1984 年　78 岁

12 月，四名研究生通过论文答辩，均获硕士学位。

1985 年　78 岁 [①]

1 月 14 日因心脏病发作不治逝世。《菲独》未译就。严群先生一生最大的企望，就是将全部柏拉图对话录由古希腊原文译为中文及撰写《分析的批评的希腊哲学史》全部，未竟其志而抱憾终生。

1993 年

5 月，所译柏拉图对话录中的《赖锡斯·拉哈斯·费雷泊士》一书由商务印书馆出版。

---

① 农历正月初一长一岁，该年正月初一在 1 月 14 日之后，故仍为七十八岁。

《严群文集》后序

王维贤

我从 1942 年到 1947 年间，每个学期都听严群先生的哲学课，他是我受教最多，也是我受教最深的老师。从 40 年代末到他逝世的 1985 年，我跟他一直在杭州工作；1956 年后，我还接了他逻辑教学的班，成了一同在杭大政治教育系教书的教师。我虽然跟严先生受学时间很久，相处时间更长，但在此前，他的大部分著作我都没有好好读过。最近两三年，因为受他的子女的委托，整理他的著作，才认真地看了他留下来的所有遗著。当然，这些著作只是他全部著作的一部分，是灾后的劫余，但从中也可以看出他的思想发展的脉络、他的基本的理论观点。

现在整理工作已基本完成，阅读遗著过程中颇有感触，略谈一二。

首先，研究西方哲学的人，必然要遇到中西文化，特别是中西哲学的交会，继而考虑中西哲学的融合问题。记得在报上曾看到张岱年师谈现代中国哲学家中西方思想影响的比例问题。我们根据张先生的说法，以过去清华大学的几位哲学家为例，试加分判：金岳霖先生是中三西七，张岱年先生是中七西三，冯友兰先生是中西各半。严群先生也不例外。严先生没有系统的哲学著作，但他不失为一位深得中西方哲学思想的精髓、深爱中西方哲学思想的哲学家。

表面上看，他是植根于西方思想，以西释中；但是由于他的家学渊源，他对中国哲学思想的热爱，实质上他是在中西哲学思想的比较中，企图阐释中国哲学，发扬中国哲学。说他的哲学是中西参半，未尝不可。不过他的大部分著作是 20 世纪三四十年代完成的，而且他饱受西方思想的熏陶，不能不受西方哲学思想的深刻的影响。这种以西释中、在比较中阐述中国哲学的方法，留着深深的时代烙印。

其次，严先生是一位西方哲学史，特别是希腊哲学史的研究学者，他关于中国哲学的著作，也是以哲学史的形式出现的，可以说他同时是一位中国哲学史家。从他的著作，以及其他一些中国的、外国的哲学史，都可以看出书中所蕴含的著者的哲学思想。有体系的，甚至是博大体系的哲学史家，如中国的冯友兰、英国的罗素，其著作更可以看出这一点。孔子讲"述而不作"，《周易》有十传，都是以"述古"的形式显示作者的思想。当然，这与博大的、成体系的哲学著作不同，但是作者的哲学思想仍然溢于言表。严先生出版的那本《分析的批评的希腊哲学史——前苏格拉底部》，和长达七万字的论文《说老之"道"——老子思想之分析与批评》，都有在"分析"之后加"批评"的字眼，内容也正是以"批评"的形式显示作者的哲学观点和作者对中西哲学的比较分析。他的论文《孔子与亚里士多德之中庸思想之比较》更是以直接对比中西两哲学家的"中庸"思想为中心内容的，在其《亚里士多德之伦理思想》等著作中也处处侧重于中西思想的比较的讨论。这些著作都明确地反映了作者的哲学观点。

第三，严先生在阐释不同学派、不同哲学家或不同专著的时候，大多先分专题引用原文，逐条进行诠释，然后再综合地加以评述，并提出自己的观点。虽然对古代复杂思想家、哲学家的理解可能见仁见智，各有不同，但这种研究方法，使人觉得所述有根有据，绝非浮谈泛论，且给读者以根据原文做不同理解的余地。另外严先生的诠释也大多精炼严密，深得作者原意，评议通贯古今中外，条分缕析，时有胜义。

现在进而谈谈严先生在西方哲学史和中国哲学史的研究中所反映的理论观点。

严先生主要是研究希腊哲学的，他的哲学思想的一些主要部分，散见于他关于希腊哲学史的著作中。这些观点虽然是零碎地、分散地表达的，但综合起来，却构成一个完整的思想体系。他的思想的背景和核心是两个字：科学。科学也是希腊哲学家的核心，是希腊哲学对人类文化的最重大的贡献。严先生认为，哲学和科学都是要"繁中求简，散中求总，异中求同，殊中求共"。苏格拉底的求概念的方法，柏拉图意典说表现的从形下到形上，从特殊到一般，为后世的科学研究和哲学探讨提供了前提。希腊前苏格拉底各派哲学对客观世界"本体"的追求，苏格拉底向探讨人事的转变，经过柏拉图意典的追求，达到亚里士多德的接近泛神论的哲学观点，以及他在科学方法和科学分类上的重大成就，奠定了西方科学思想的传统。严先生这种希腊哲学史观和他对科学的推崇，构成了他的哲学思想的基础。

严先生反对宗教，反对有超自然的上帝创造世界，赞同宇宙的秩序、规律即寓于自然界之中。他不但反对创世的宗教观，而且反对有独立于物或与物相对的心，认为心、物对立只存在于认识论，心同物的关系只是宇宙中此物与彼物的关系。他主张本体上的一元论，认为二元论或多元论是哲学上的失败。而且这一元的本体是物而不是心。他在宇宙论上的另一个特点是反对爱利亚学派的唯静主义的宇宙观，认为他们的"有""太空、太板"，因而倾向于赫拉克利特的观点，认为赫氏的"火"，说是本体，实为"过程"，认为这种观点是同中国思想相通的。在谈到恩培多克勒的哲学时，称赞他为自然主义的泯心物对立的自然主义的认识论找到根据。关于严先生对这些问题的看法，可以引用他在《希腊昂那克萨哥拉士（Anaxagoras）心物二元的唯心意匠论》一文的一段话作为说明：

　　其实直截了当的办法，莫如便认物种之中自有秩序条理，自然而然演成万物；用一班哲学上的话说，即心物不分，只把心与物看作整个宇宙的两种表现：心是性（quality）方面的表现，物是量（quantity）方面的表现，性不能无量，量不能无性，亦即心不能离物，物不能离心——是一而若二，二而实一的东西。因此我说，在本体论与宇宙观上，不宜有截然而不相伴的心与物两概念，有了以后，只是增加许多莫须有而不能解决的问题。这两个概念只能在知识论上保留着，并且只能当作主观与客观的分别，不可视为"实有"（substance）。因为人与物原是整个宇宙中的部分，宇宙中的各部分彼此会发生关系，人与物的关系只是一部分与另一部分的关系，而人之知物，所谓知识也者，不过人与物之关系的一种。人与物在知识的关系上，因观点而分彼此；此为主观，彼为客观，主观叫作心，客观叫作物；知识的关系停止，心物之分就不存在，至于宇宙的本然，更无心物之分，所以我说，心与物不可视为宇宙的实有。

　　假如心与物是截然为二面不相干的实有，那么在知识上，人的心怎能知物？最高限度，有性而无量的心，只能知物之性，何以还能知物之量？在本体论和宇宙观上，怎能够说，物种能接受心的计画与目的，经其整理而成形形色色的宇宙万物？（《学原》第二卷第八期［1948］，第19页）

严先生在其早期的著作《读柏格森哲学后几句毫无价值的话》就表现出他的重科学、反直觉的思想。

严先生对中国哲学的研究花过相当精力，主要涉及的是儒道两家，他比较深入地分析过老子的《道德经》、先秦儒家的经典著作《中庸》和《大学》，以及以朱熹为代表的宋明理学的本体论和宇宙观。在这些著作中，我们看到这样一些研究倾向和哲学观点：

一、以西方哲学的理论术语阐释中国哲学，在比较异同中见中国哲学的特色。研究中国古代哲学思想，可以用追本溯源的方法，还其本来面目；也可以用现代的观点术语阐释古人的思想，然后比较异同，达到了解古人的目的。这两种方法看似分殊，其实都不免站在现代人的立场去研究古人。完全的以古释古，甚至完全的以原著释原著，是不可能的，因为这样做等于没有解释，必然使人茫然而无所得。用现代的观点术语解释古人，最怕的是比附，把古人现代化。严先生的中国古代哲学研究工作，没有比附的毛病，却能清晰地、可理解地告诉我们古人的思想体系及其理论意义。当然，他在选择阐述的对象和阐述的过程中都反映了他个人的理论观点。康有为的"托古改制"固然为后人所诟病，但"借古人之酒杯，浇今人之块垒"，不仅文学家，哲学家、历史学家也常常这样做。

二、严先生在他的中国哲学研究中，像他在西方哲学研究中一样，表现出他的泛神论式的一元的、唯物的、自然主义的倾向。他对《老子》的"道"和《中庸》的"道"都采用这种观点加以解释。他在《〈中庸〉全书思想系统》中，对《中庸》的所谓"道"是这样解释的：

　　天地之间，有物焉，万事万物之所率循而不坠者，是为道。以今世之术语出之，则谓之"秩序"。……"自道"云者，谓其发动流行，自然而然，非此道之外，别有物焉，而张主左右其间也。

　　此道盖即宇宙之本体，是本体之发动流行，纯出于自然。于斯可见《中庸》一书盖主自然主义（naturalism）之哲学……所谓"道"者，乃其自创自守，自然而不得不然之律令。由斯言之，《中庸》一书又兼所谓泛神论（pantheism）之诣矣。唯道为自然而不得不然之律令，斯又定命论（determinism）之旨趣，《中庸》首句即标"天命"两字，可以见已。

论到天人关系时，该文说：

　　天道莫非真理，人之思虑云为，物之动静成毁，固皆天道之所包，辙亦真理之一部，是天人合一，民物同体，斯又自然主义推理所必至者也。夫人之所以能知天地万物者，正坐天地万物原属一体，此乃知识发生之根基，存在之关键，历代儒家之所默契者也。其言伦理，则标仁民爱物之义，亦以民物原皆与我同体，不仁民，不爱物，无以异于手不爱足，膝不爱股，是谓逆天拂性者矣。

　　这几段话对《中庸》的"道"和"儒家"常讲的"天人合一，人物一体"的思想及其相互关系讲得很清楚。这是对以《中庸》为代表的儒家思想的阐释，也是对作者哲学思想的表述。

　　在《说老之"道"——老子思想之分析与批评》中，严先生对老子的"道"也有详细的论述。他认为老子同苏格拉底都处于思想变革之际，但因二人所处的具体形势不同，所以老子"舍物而天"，苏氏则"舍天而人"，这是因为西方哲学一开始就注重本体论和宇宙论的探究，而中国哲学则一开始就重在人事的研究。并且认为中国古代哲学唯有老子独树一帜，"探夫天道之隐"，为后世理学融儒佛创造条件，老子在中国哲学史上的贡献是伟大的。关于老子的"道"，严先生首先把它同黑格尔的绝对精神相比较，认为相似而不相同。在比较老子同亚里士多德时更正面说明了老子"道"的含义："且夫亚氏之'上帝'，其为宇宙万物之鹄，而为其所向所趋也，乃是宇宙万物之外，而致之于动，而愈动而愈出。若老子之'道'，则存乎宇宙万物之中，宇宙万物，特其动静往复之形迹耳。以宇宙之术语出之：亚之'上帝'，超神（transcendent deity）也，老之'道'，泛神（pantheistic）也。老之言曰：'大道氾兮，其可左右？'（卅四章）"

在比较老子与亚里士多德的宇宙论时，严先生用亚氏的储能效实的概念说明二者，也说明了中西哲学倾向的差异。亚氏从储能到效实"一往直前，永无止境"，而老子的储能趋于效实，"适可而止"，止而复反于储能，因此老子有"多言数穷，不如守中"的话，这正表现出西方哲学倾向于"务分析而不厌其繁"，中国哲学"重内心之涵养，轻外界之探求"，这正是西方学者承亚氏之余绪，而特重于科学的重要原因之一。

严先生关于中国的政治、伦理道德的论述很多，特别表现在关于《大学》、《中庸》二书的论述中。他认为中国哲学的以伦理统一政治，以天人合一为基础的"民吾同胞，物吾与也"是贯串一切伦理、政治、法律的核心。这不能不说是他对中国伦理思想的精髓的认识，也是他的观点的具体体现。他把中国政治伦理思想同民主思想统一起来是很有见地的。我们引他在《〈大学〉全书思想系统》的一段话，说明他的这种观点：

"自天子以至于庶人，一是皆以修身为本"者，修身实兼格、致、诚、正而言，此五者之事备，则不失为善人，退有以立己，进有以立人，立己为民，立人为君，为民者进而可以为君，为君者退而可以为民，夫非民主政治之真意也欤？故曰：儒家之政治理想，所谓王政者，貌虽有君，其意则民主也已。

《朱子论理气太极》及《孔子与亚里士多德之中庸学说及其比较》两文，从比较中探求中西哲学的异同。严先生既不偏袒中国哲学，也不专崇西方思想，而是以理论上的一贯与科学精神为准。"科学"与"民主"是"五四运动"追求的目的，也是严先生他们这一代人向往的目标。这种精神在今天也还有积极意义。

最后，再说几句关于本书的编辑的话。

编辑这本文集，严先生的子女是出了大力的。严先生的手稿是行草，他们不但辨认无误，并查对引文，而且用非常工整的楷书抄写，几乎没有误写的地方。这不但需要大量的精力，而且要有较好的中国学术素养，而他们都不是学哲学的。保存严先生手稿方面，他们也做了大量工作；没有他们的保护，这些劫余的手稿也许早已遗失。他们对父亲的文集的出版，倾注了大量心血，没有他们兄妹的集体努力，这本文集是编不成的。

2002 年 2 月 7 日于杭州